进化

顶级企业家自述40年成长心法

正和岛 / 主编

中信出版集团 | 北京

图书在版编目（CIP）数据

进化：顶级企业家自述40年成长心法 / 正和岛主编
. -- 北京：中信出版社，2019.2（2019.5重印）
ISBN 978-7-5086-9789-5

I. ①进… II. ①正… III. ①企业家－生平事迹－中国－现代 IV. ①K825.38

中国版本图书馆CIP数据核字（2018）第270723号

进化——顶级企业家自述40年成长心法

主　　编：正和岛
出版发行：中信出版集团股份有限公司
（北京市朝阳区惠新东街甲4号富盛大厦2座　邮编　100029）
承 印 者：北京通州皇家印刷厂

开　　本：880mm×1230mm　1/32　　印　　张：12.75　　字　　数：252千字
版　　次：2019年2月第1版　　印　　次：2019年5月第2次印刷
广告经营许可证：京朝工商广字第8087号
书　　号：ISBN 978-7-5086-9789-5
定　　价：68.00元

目　录

序　言

进化：未来世界的主题

大约半年前，我们收到李书福的一份自述稿件。

这位时常搅动国际汽车产业风云的“汽车疯子”，难得地回顾了自己幼时当放牛娃的时光。“小时候的我，骑在牛背上，一边让牛吃草，一边看书学习；晚上还要在牛棚周边点燃牛烟，把蚊子赶走，让牛好好休息。这样，牛也高兴，我也快乐。”

农民出身，从背着相机到处拉人拍照的“野照相”，一路折腾到今天收购、并购了福特、沃尔沃的汽车界风云人物，这位朴实、偏执的中年人说，他愿意做牛，“因为牛吃进去的是草，挤出来的是奶，这让我很有价值贡献感”。

在东华老师（正和岛创始人兼首席架构师刘东华）的倡议下，由李书福的故事开始，我们邀请中国商界的企业领袖敞开心扉，自陈心曲，在过尽千帆、沧桑历遍的时代关键点，记录下他们的初心与感怀。

南宋诗人杨万里有名句："万山不许一溪奔，拦得溪声日夜喧。到得前头山脚尽，堂堂溪水出前村。"在某种程度上，这首诗正是中国民营企业家的生动写照。尽管不时遭遇"万山不许一溪奔"的艰难，但千万条溪流从未放弃东流入海的热望与执念，它们日夜喧腾、一路向前，终于汇聚成中国经济今天蔚然壮观的"大海"景观……

2018 年是改革开放 40 周年。四十年来家国，三千里地山河。背负青天朝下看，换了人间。中国这几十年的地覆天翻、玄黄巨变，在整个人类史上也堪称罕见。成就背后有大国运势，有伟人擘画，但最应该感谢与致敬的，恐怕还是企业家群体的砥砺奋发，他们内心深处的不甘与不服。而作为中国"经济奇迹"的书写者、建设者，发生在他们身上的磨难与进步也映射着一个国家主动进取的艰难与努力。

2019 年，我们迎来新中国成立 70 周年。一个国家的光荣与梦想，是十几亿民众不懈奋斗的结果，尤其是企业家。中国历史上有"轻商"的传统，企业、企业家的贡献与付出时有被忽略。事实上，他们是一个国家综合实力不断向上跃迁的支柱与阶梯。

有人说，几千年来，我们进化的是聪明，退化的是智慧（分别表现为工具理性的进步和价值理性的倒退），其实，在企业家群体中，也有分野。一些人在践踏规则、野蛮生长中物是人非，迷失异化；一些人在攻城略地、建功立业后坐享其成，迅疾退化；只有一部分人在人性暗礁与时代浪潮中逆流而上，实现进化。“谁能想到丑陋的一个蛹，却会变成翩翩的蝴蝶模样？”（李敖语）他们如蝶破茧，振翅高飞，生命形态升级的背后是对天空的全情向往和不屈不挠的基因能量。

由此，正和岛编辑了这本书，它是一个群体的心灵成长史，也浓缩着数十位行业标杆的企业转型史，甚至十多亿国民的命运演进史。它是对过往的梳理，却也隐含着对未来的启迪。

在“简史三部曲”作者、以色列历史学家尤瓦尔·赫拉利看来，40 亿年来，地球生物进化的准则始终没有改变，那就是物竞天择。但是，在接下来的一两百年，这一法则将被颠覆，人们将不愿再被动地等待自然的选择。未来将在人类的主动进化中被重新定义，重新塑造。

进化，将是未来世界的主题。

这让我想起书中一位企业家的故事。这位集企业家、登山家、诗人身份于一身的卓越个体，有着难以想象的残酷童年：13 岁时，父母皆失，流浪街头，与狗抢食。在他和伙伴们眼里，“人间美味”就是附近一个饭馆的厨师用布袋倒给他们的剩骨头。

用石头砸开骨头以后，首先看到的是密密麻麻、正在蠕动的蛆虫。用草棍拨开它们，就能吸到里面油滑爽口的骨髓了。

这是黄怒波的故事。

多年以后，他说，“那时候的命贱，所以我们也从来不闹肚子。现在想起来，这也是一种进化吧”。

陈　为

本书总策划、正和岛总编辑

2018年12月29日

01 李书福

吉利集团的底层密码

岛君说

适逢改革开放40周年。40年来，中国社会沧桑巨变；40年来，中国企业筚路蓝缕；40年来，中国企业家以实践出真知。

“唯改革创新者胜。”40年的商业历史变迁表明，不是所有创业者都能成为企业家，只有极少数企业家真正踏上了向创变者进化的道路。

作为改革开放的第一代创业者，吉利汽车创始人李书福正在成为中国商界创变者的范例。谦和低调、不善言辞但坚毅执着的他，第一次完整讲述自己的创业故事和人生体悟，殊为难得。他的回顾，诠释了大时代下个人选择的曲折艰难，以及“商以载道”的自然功成；他的语言朴实、风趣，读来亲切可感：

“我是一个放牛娃”“我觉得勤奋、踏实、苦干、与人为善是正道”“我们唯有勤奋工作、努力拼搏，才能回报这个时代，才能感天动地”……

“一切历史都是思想史。”从雷军的“小米之问”到李书福的“吉利之悟”，这不仅是企业家的个人觉醒，更是时代精神在这个群体内心深处的激荡。

2018年注定是不平凡的一年，是企业家精神新一轮升级开启之年，也是时代创变者集体登场的转型元年。

以李书福先生的这篇自述为开端，正和岛推出一系列企业家思想访谈和精神自述，还原这个群体精神自立和心灵成长的轨迹，期待其中折射出来的思想之光，可以照亮中国企业走向伟大的漫漫前路。

此为本书开篇之序文。

01
22 岁时，第一次创业失败

我是一个放牛娃。上小学时，我利用暑假的时间为生产队放牛，每天挣 0.15 元，一个暑假能挣 6~10 元。对我来讲，这是一笔大钱。小学每学期的书本费大概是 1.2 元，学费是免交的，有了这笔钱，我比其他同学富裕多了。

上初中一年级时，党的十一届三中全会召开，改革开放的浩荡春风吹遍神州大地，吹进了校园和乡村。虽然我沉浸在放牛的快乐生活之中，但改革开放的春雷在我心中激起千层浪花，散发无穷涟漪。农村的土地可以被承包经营了，农民可以离土不离乡地搞乡镇企业，甚至搞个体私营经济也被允许了，我真以为自己的耳朵出了毛病，天下还有这样的大好事？因此，我无心上学了，开始研究党的十一届三中全会以来的一系列文件、方针、政策。

原本三年的初中学业，我用了两年时间就匆匆完成了，并且以优异的成绩考上了路桥中学尖子班。随着改革步伐的不断加快，我对高中学习失去了耐心，人在学校，心却在游离。这使我父亲极度不满，为此，我几次受到惩罚。高中还没有毕业，我就开始有了参与市场经济活动的各种规划。

我向父亲要了几百元，买了一台手提照相机，骑着家里的自行车就开启了我的创业生涯。我走街串巷，见人就问人家要不要照相。由于我服务热情，照相技术也不错，很快挣了几百元。

后来，我开了照相馆，用现在的话说，我的业务已经升级了。由于资金有限，照相馆的所有设备几乎都是我自己设计、制作的，包括大型座机、灯光、道具等。当然，在那个年代开照相馆也是不容易的，必须要得到公安局批准。

由于照相属于特种行业，而我没有特种营业执照，因此我多次受到教育和处罚。可能由于我的态度比较好，即便被要求关门停业，照相馆仍然坚持了近两年时间。后来，随着改革开放的力度越来越大，我就寻求新的机会，进入了转型发展时期。

那个时候的台州，废旧电器市场已经比较发达了。我从废旧电器零件中分离金属铜、金属银、金属金，利用我家房子比较大的优势，进行家庭作坊式的生产。这完全是变废为宝的技术，可谓“循环经济”，效益确实不错。

后来，我的这些技术被其他人学会了，因而出现激烈的供应链竞争，废旧零部件的获得成本也越来越高，我又被迫进入了新一轮的艰难转型。

早期冰箱配件简易厂房

随着改革开放的不断深入，中国人民的生活水平也不断提高，电冰箱开始进入家庭，我再次开启了一个新的创业进程——研究生产电冰箱配件。虽然过程十分坎坷，但磨难的经历就是宝贵的财富。奋斗的过程给我留下了许多美好的回忆。

因为公司在初创阶段，没有土地，更没有厂房，我只能租用街道的工房进行产品试制与研究。虽然在理论上设想得很好，但实际生产出来的产品总是不尽如人意。经过近 400 个日夜的反复失败与总结，我的手掌都被磨得找不到一块完好的皮肤，见人不敢伸手，整个人也疲惫不堪。

研究试生产终于成功了，但街道要自己发展工业，决定收回厂房，我只能转移到其他地方。转移到哪里呢？我真不知道。当然，天无绝人之路，在同学家长的帮助下，我找到了路桥中学校办工厂，并以校办工厂的名义生产、销售产品。费了九牛二虎之力，我把所有机器设备都搬迁到了新租用的路中校办厂。刚安顿下来，开始生产不到一个星期，又有事情发生了。

这个校办厂的周边是教师宿舍，我们加班加点生产电冰箱零件产生较大噪声，老师们晚上很难入睡，集体罢教。学校要求我们必须立即搬迁，我们又被厂房问题难住了。

搬到哪里呢？我们在方圆几十里到处托人，找来找去，终于找到了一个废弃的自来水厂，虽然房子不大，但周边没有居民。我们很高兴，终于找到了一个新的安身立命的地方，一个可以继续圆梦的地方。

但这个水厂的电源已经被切断，我们必须找供电部门批电。几经周折，并与村支书反复协商，我们终于找到这个村的电管员，请求他给我们装一个电表，把村里的电分一些给我们用于生产。

结果，祸闯大了。有人举报，说我们工厂没有经过工商局批准私自接电，黄岩县电力公司要求县检察院对我们的厂长监视居住并立案审查。这一来，吓得我不敢再去那个新的地方，生产又陷入了停顿。那一年，我 22 岁。

02
走出无序竞争的“怪圈”

在恐惧、无奈、叫天不应、入地无门的情况下，有一个声音在向我们召唤——为发展乡镇企业，家乡的工业办公室主任主动找到了我们。真是“山重水复疑无路，柳暗花明又一村”，在他的协调下，我们租用了一个村庄的生产队仓库，把那些设备搬到这个新租用的仓库里，开始生产电冰箱零件。

这些设备的搬运，我们都是用人力手拉车，像蜗牛挪动般实现转移的。一辆手拉车要三四个人，一共有几十辆手拉车，我们边推边拉。那几天碰巧下了倾盆大雨，虽然我们汗流浃背，根本分不清是雨水还是汗水，但只要能向前挪动一步，就是我们的成功，就是大家的共同追求。

这一干就是几十公里。由于道路泥泞、坑洼窄小，这些设备又太重，捆绑锁紧难度很大，需要几个昼夜才能搬运完成。那种艰辛与折磨，与我当年牵牛耕地时的感受是一样的。

因为搬迁，“路桥中学校办工厂”的名称我们不能用了。在乡工业办公室主任的帮助下，我们成了一家戴“红帽子”的乡镇企业——黄岩县石曲电冰箱配件厂。

有了营业执照后，我们便轰轰烈烈地大规模招聘员工，开始扩大产能、制作设备、研发新产品。我们生产的电冰箱零配件供不应求，我们也因此一举成名，成了全国最有竞争力的蒸发器、冷凝器、过滤器研究生产企业，产品销往全国几乎所有电冰箱厂，包括上海的上菱、远东阿里斯顿，安徽的美菱、扬子，杭州的西泠、华日等。

后来，由于企业发展较为顺利，我们又扩大了产品种类，开始生产电冰箱、电冰柜等制冷设备，青岛奥柯玛电冰柜就是我们为其贴牌生产的。我们的产品供不应求，企业发展欣欣向荣。我们很快成为台州最大的民营企业，在浙江乃至全国都有较高知名度。

1989 年，由于客观环境的变化和内部股东存在意见分歧等原因，我深感疲惫，把全部资产送给了乡政府。资产被政府接管后，我虽然一夜回归无产阶级，但浑身轻松。我去上大学了。

1992 年 3 月，我从已经送给政府的资产中回租了一部分厂房，开始新的创业生涯。对我来讲，这是第四次创业了。

此时，邓小平南方谈话在天地间又一次荡起了滚滚春潮，万丈春晖暖透了大江南北、长城内外，整个中国进一步迈开了气壮山河的新步伐，我的创业热血又一次被点燃。那一年，我已经 28 岁了。这一次我研究生产什么呢？装潢材料。

20 世纪 90 年代，进口装潢材料在中国很受欢迎，国产装潢材料的研究生产刚刚起步。人民的生活水平提高后，装潢已经成为人们生活的重要组成部分。我们研究生产的装潢材料完全可以取代进口材料，而且价格低廉，很受市场欢迎。我们又一炮打响，产品供不应求。

1996 年，吉利集团总部原址

我们马上扩大生产，把送给乡政府的厂房、土地以市场价格一点一点地买回来。按照我的习惯，又是自己设计、制造设备，大规模生产镁铝曲板、铝板幕墙等装潢材料。我们的产品不但满足国内市场需求，而且出口几十个国家和地区。

后来，我们的这些自主创新成果又被其他人学走了。虽然我们有专利，有所谓的知识产权，但被别人模仿也许是那个年代里逃不开的命运安排。当然，今天的法制环境已经有了很大的进步。为此，我又放弃了这个产业，开始研究摩托车。

吉利是全国第一个研究生产摩托车的民营企业。后来很多人发现，吉利公司生产的摩托车供不应求，企业搞得红红火火，自然又有许多企业跟着学。几年间，全国几十家摩托车公司涌现，如雨后春笋。

但是有些企业缺乏合规意识，市场出现了无序竞争，甚至偷税漏税等不正当竞争，我又退出了这一领域。我们能研究、生产摩托车，应归功于当时的台州市工商联主席池幼章老师，他给了我很大的启发。在此，我要向池老师表示感谢。

03
花再多钱也买不来能力，学习才是唯一可持续的竞争力

接下去的故事，大家就都知道了，吉利转型升级，开始研究生产汽车。那一年，我已经 35 岁了。吉利进入汽车领域与吴迎秋老师的支持、启发有很大关系，吴老师给了我很多帮助，借此机会，我要向吴老师表示感谢。

同时，我还要特别向时任浙江省副省长叶荣宝同志表示感谢，要向台州、宁波各级党委、政府、社会各界及所有关心支持我们梦想实现的领导、朋友们表示感谢，向全国各地有吉利产业基地的地区的各级领导表示感谢，向所有吉利汽车用户表示感谢。

我们发展汽车产业是从办学开始的，严格培养、培训技师技工，不断提高办学层次，不断加大办学投入。今天，吉利汽车公司取得的发展与吉利重视人才培养是分不开的。

研究、生产汽车？除了我自己和少部分人，真的没有太多人相信。大家都认为中国在汽车工业领域已经没有优势了，这个领

域早已经被西方国家垄断了，中国企业只有与外国汽车公司合资或者合作才有可能取得成功。

但是我认为，中国的改革开放政策一定会更加成熟、更加稳健，中国的现代化建设一定会持续推进，中国一定会成为世界上最大的汽车市场。虽然在那个时代，中国汽车市场每年的销量才几十万辆，汽车才刚刚进入家庭。

如果中国每年的汽车销量超过 3 000 万辆，但不是中国自己的汽车企业生产的，那一定不是一个好消息。

1998 年，第一辆吉利汽车豪情下线

汽车年产销量从几十万辆到几千万辆，这个成长的过程本身就是一个很大的商机。进入汽车领域虽然面临很大挑战，有很多困难与问题，但这一领域的商业空间很大，商业机遇期也很长，我们可以有足够的时间打基础、练内功，有足够的时间培养、培训人才，也有足够的时间、空间允许我们犯一次或几次错误，这是用钱买不来的机会效益。

因此，我决定抓住这个时间窗口，坚定地进入汽车领域。

我领导组建了项目筹备组，在公司内部选了两位工程师，加上我自己，共 3 个人就开始研究汽车技术。我们都知道，这是一条不归路，但这不仅是天时地利的召唤，更是我们追求理想的自我决定。汽车行业内有一句话：你恨谁就叫谁去造汽车。当然我要造汽车，不是因为谁恨我，而是我自己的选择。

实践证明，这条路实在太艰辛，但也确实很诱人。在这条路上，时而景色秀丽，时而乌云密布，我们勇敢地在这条路上参加了没有尽头的马拉松赛跑。虽然我们跑得腰痛腿软，全身浸透汗水，有时还精神恍惚、不知所措，但前方的路依然充满神秘感，勾起我们无穷的想象，探索远方秘密的心情根本无法平静，已经扬起的创业风帆将继续推动我们走向充满无限可能的汽车世界。

汽车一定会实现电动化、智能化，一定会成为智能空间移动终端，一定会帮助主人解决更多困难和问题；一定会垂直起降，自由飞行在江河山川、城市乡村；一定会成为主人的秘书、保镖，为主人赚钱，帮主人消费，逗主人高兴，与主人聊天，保主人平安，帮助主人增长知识；一定会自己清洗、保养，等等。

但是，所有这一切，都需要我们加大科技投入，发扬科学精神，不断累积基础数据，不断突破技术瓶颈，不断培养研发人才，不断提高研发能力，不断实践总结与优化系统规划，从根本上掌控核心科技，必须形成线上线下两方面的智能优势，二者缺一不可。吉利在全球有近 2 万名研发工程师，每年投入数百亿元研发费用，在自己确立的技术路线上坚定地持续投入。

只有不断积累厚积薄发的优势，才能走出一条有自己特色的可持续发展道路。能力用钱是买不来的，只有通过自己的努力学习、刻苦锻炼，才能掌握真本领，才能面对各种挑战，引领行业变革。

04
吉利 30 年的四个启示

吉利 30 多年的实践与探索，我可以总结为以下几条。

1. 做事情必须认准一个方向，坚定一个信念，提炼一种精神，凝聚一股力量，完成一个使命。

企业一定要打基础、练内功，千万不能随泡沫飞扬，跟风起哄，否则风口过后将会留下一片狼藉的凄惨景象。退潮以后，裸泳者将会很难看，搞得不好有可能回不了家。

2. 中国汽车工业要做强做大，必须进一步放开管制，欢迎更多人参与到中国汽车工业发展中来，鼓励各种形式的创新与探索。

当前，中国进入电动汽车行业的投资者很多，互联网企业造车也搞得如火如荼，这是一个很好的势头，一定要积极引导、大力支持。

但是，有些现象必须引起我们的重视，比如，既不造车，也不自己承担风险，而是利用互联网概念、电动车概念以及借发展实体经济投资汽车工业的名义乘机变相捞钱的行为，这种行为不利于市场经济的健康发展。

刘鹤副总理说得好：借钱是要还的，投资是要承担风险的，做生意是要本钱的，做坏事是要付出代价的。我认为：实业就是实业，搞实业必须持之以恒，不能急于求成，搞实业赚不了快钱。

当然，现在进入汽车行业不是没有机会了，只是机会少了一些，难度大了一点。就好像打高尔夫球一样，有些人已经打了一段时间，快接近果岭了，而新进入者要么一杆进洞，要么就不要参加这场比赛，否则成功的概率不大。也就是说，机会只有一次了，一定要聚精会神、认真严肃、高度重视，必须一次成功，不能有任何闪失，更不能三心二意。

就当前的中国汽车工业而言，在对外放开之前，应尽快对内放开，早日形成自己的能力。这样可以给用户带来更多实惠，同时可以提高中国汽车工业的全球竞争力。我是一个市场派，完全鼓励与支持公平竞争，坚决反对特权与贸易保护主义。

3. 不能急功近利，要想实现梦想，就必须脚踏实地遵守事物的客观规律，播下希望的种子就会带来光辉的前景，埋下罪恶的祸根就会带来无情的灾难。

中国的改革开放政策为国家的可持续发展奠定了基础，播下了民族复兴的伟大种子，中华民族一定会因此拥有光辉的未来。

大道至简，规律不可抗拒，一分耕耘就有一份回报，只有内外兼修、厚道善良、顽强勇敢、披星戴月，才能拥有更美好的明天。

4. 企业长期可持续发展的前提是必须依法合规、公平透明，必须以人为本、合作共赢。

在经济全球化的今天，任何小聪明都有可能变成严重的问题，产生严重的后果。

做成一个成功的企业很难，而毁掉一个企业的前途可能就在眼下，可能就是因为某一件小事。

所以，做企业必须每天如履薄冰、小心谨慎，时刻牢记合规的重要性、法律的严肃性。

05
企业抄近路走捷径，非常危险

我生在新社会，长在红旗下，从小接受朴素的家庭教育，对党的感情非常深厚。我父亲是农民，无论是过去还是现在，我们全家都是普通百姓。遇到这样一个伟大的时代，我们这些人才有参与市场公平竞争的机会。我们可以自由地研究新技术、新产品，这在改革开放前是不敢想象的，今天已经成为现实。

我们唯有勤奋工作、努力拼搏，才能回报这个时代，才能感天动地；唯有遵纪守法、诚实做人，才能得到用户的认可。

中国改革开放 40 年的实践与发展，证明了社会主义集中力量办大事的制度优越性，证明了改革开放创新探索的时代必要性，证明了竞争、合作、团结友善、包容发展的成长规律性，证明了正气向上、心态积极的成功必然性。但是，今天的中国还是有人选择抄近路、走捷径，还是有人在利用各种手段诋毁他人，那是很危险的。

创造幸福要靠自己的辛勤劳动、刻苦工作，天上不会掉馅饼，天下没有免费的午餐，这也是我一贯坚持的原则。我觉得，勤奋、踏实、苦干、与人为善才是正道。

那些用自己的错误观点臆断别人的正确行为、用自己的扭曲心态衡量别人的健康心灵的人，那些没有底线的谣言、唯恐天下不乱的言行，最终都是不会有市场的。

那些因制造并传播谎言而扬扬得意的人也一定会随着时间的推移露出马脚。我希望大家不要传谣、信谣，尽最大可能提高自己辨别真伪是非的能力。

汽车产业是全球性产业，是制造业之王，21 世纪是科技革命、产业变革、商业重塑的世纪。无论是吉利、沃尔沃、奔驰、宝腾、路特斯，还是世界上的其他汽车公司，都面临巨大挑战。

在相互尊重、互不影响独立性的前提下，依法合规地探索一条携手共进的新型发展道路，是经济全球化背景下企业应该尝试的创造性思维，这种思维可以给用户带来更多利益，对行业产生积极影响。

吉利收购戴姆勒部分股权，就是基于以上思考所做出的商业决定，收购资金基本上来源于海外资本市场，完全没有使用中国境内资金。其中，80% 左右的资金来自海外的外资银行，小部分资金来自海外的中资银行，还有一部分是吉利自有资金。这完全是市场化的资本组合，市场化的自我平衡的资金结构安排，这种安排没有任何特殊背景。

无论是中国政府，还是德国政府，它们都对我们的交易进行了充分且认真的了解，依法且严格的审查。

世界上所有投资都是机遇与风险并存的，吉利投资戴姆勒也存在机遇与风险。这既是一项完全合规、公平的透明交易，也是一次冒险的创造性探索。我们希望通过这种探索更好地迎接 21 世纪的商业竞争。

40 年弹指一挥间，40 年两鬓斑白、追求永恒；40 年祖国经济社会大变革，人民生活水平大变样，综合国力明显提高；40 年河山壮丽、高铁纵横，创新创业、高质量发展已经成为新时代经济社会发展的主旋律，中国经济转型、供给侧结构性改革正在有序推进；40 年在坎坷曲折中高歌猛进，中国排除内忧外患找到了四大自信，踏上了进一步改革开放的伟大进程。

我和所有中国同胞一样，无比感恩党的改革开放的伟大政策，感恩各级党委、政府各有关部门领导的关怀、关心与帮助，感恩社会各界专家、学者、新闻界朋友的支持、帮助，也感谢汽车界老前辈打下的坚实基础，感谢汽车界同行的支持与理解。

因为这 40 年的历史机遇，吉利从无到有、从小到大、由弱变强，从小山村走向全中国、全世界。所有这一切都应归功于改革开放的好政策，我们必须倍加珍惜，为中国汽车跑遍全世界，而不是全世界的汽车跑遍全中国而顽强拼搏。

吉利的发展史就是创新创业、大胆实践、不断转型升级的成长史，就是不断为用户带来获得感的奋斗史。

吉利集团董事长李书福

我们生产装潢材料取代进口装潢材料，为用户带来了实惠；我们生产电冰箱配件取代进口电冰箱配件，为用户带来了实惠；我们生产摩托车取代进口摩托车，把踏板式摩托车的价格从每辆 3 万元降到 3 000 元，为用户带来了实惠；我们生产汽车，带动中国汽车市场的价格降了一大截，为用户带来了实惠。

当年的夏利每辆约13万元，而今天同类同档车每辆3万多元；当年的桑塔纳每辆20多万元，人们还要排队购车，现在同类同档车价格只要5万元。大家可以算一算，汽车价格降了多少？

我们把沃尔沃轿车全球研发中心迁到了中国，把沃尔沃轿车全球生产基地转移到了中国，我们成功地实现了沃尔沃豪华轿车“中国制造，出口全球”的目标，让中国制造的豪华轿车为全世界市场提供服务。而且无论是中国人、美国人、欧洲人，还是全球其他地方的用户，买到的沃尔沃轿车都是一套标准，没有任何歧视。

我们还带动、培养了大量上、下游产业价值链企业的发展，提高了中国本土汽车零部件企业的同步研发能力，影响并推动了成千上万个实体企业坚定地持续投入，顽强地生存与发展。

当然，今天的中国制造业依然面临如何实现从全球价值创造链的中低端走向中高端的现实挑战。但是，我们千万不能急于求成，否则欲速则不达。只要认准方向，弄清问题的本质，持续努力就能取得成功。这是考验中国制造业的关键时刻。

在全面深化改革、推动经济高质量发展的进程中，如何实现合规发展，如何实现全球价值链利用与合作共赢，如何实现稳健的转型升级，已经成为摆在我们面前的重要课题。

06
结语

我从放牛的实践中悟出一些道理：与牛沟通交流，虽然用弹琴的方式很难奏效，但只要方法得当、态度真诚，就能实现有效沟通。比如白天把牛喂饱，晚上为牛驱赶蚊子，要有合适的方法才能让牛满意。

小时候的我，骑在牛背上，一边让牛吃草，一边看书学习；晚上还要在牛棚周边点燃牛烟，把蚊子赶走，让牛好好休息。这样，牛也高兴，我也快乐。

我是如何骑上牛背的呢？那时，我才八九岁，而且由于营养不良，我个子很矮。为了骑上牛背，我想了好久才找到技巧。我先把牛牵到草长势较好的地方，让牛低头进食，然后在牛行走弯曲时，一边用手抓住牛的脖子，一边用脚飞快地踩上牛的左大腿关节，这样就能很轻松地骑上牛背，实现“双赢”。

在全球经济一体化的今天，跨文化融合、跨区域合作、跨业态协同，都是企业界必须面对的现实。只要有利于提升用户体验，只要能够实现合作共赢，什么模式都可以讨论。

人与牛之间都可以合作得很好，人与人之间为什么不能坦诚相处呢？我很愿意做牛，因为只要有草吃，我就会很幸福；我很愿意做牛，因为牛吃进去的是草，挤出来的是奶，这让我很有价值贡献感；我很愿意做牛，因为牛可以为农民耕地，给农民带来快乐，这让我很有成就感；我很愿意做牛，因为牛很诚实，不忽悠，很受人尊重；我很愿意做牛，因为牛总是被人牵着鼻子，不会走错方向。

放牛的我能有今天的日子，已经感激不尽。我们一定要在创新研发、人才培养方面继续加大投入，一定要在精准扶贫、能源可再生利用、汽车电动化技术、线上数字科技及车载芯片研发等方面有所作为，一定要为生态文明建设、汽车产业可持续发展积极贡献力量，一定要在上下游产业链的合规制度建设、员工合法权益保护、增加更多就业岗位等方面有所作为。

我们必须积极承担企业社会责任，必须知恩图报、致富思源，必须团结带领全体员工在创新创业的道路上实现更可持续的发展，必须积极践行习近平新时代中国特色社会主义思想，全心全意为实现中华民族伟大复兴的中国梦而努力奋斗。

02

郭广昌

我与复星走到今天的六个『为什么』

岛君说

当他在上海街头分发调研问卷时，可曾想到，有一天他的公司会成为这座城市里第一家上市的民营企业？当他省下饭钱买了一瓶青岛啤酒畅饮时，可曾想到，有一天他会成为这家百年品牌的重要股东？当他骑车来到海南天涯逐梦时，可曾想到，有一天他在这里打造的梦幻世界会成为无数人向往的乐园？当他在教室里啃着艰涩厚重的哲学课本时，可曾想到，有一天他有条件、有决心为全球每个家庭带去健康、快乐和富足？……

26载春秋，郭广昌的6个“为什么”清晰勾勒出他的心路历程、人生轨迹和复星的发展脉络，他的传奇故事看似是机缘巧合下的各种幸运，背后却是一种无可阻挡的必然。“why”（为什么）中有人生真义，每个认真思考、认真行动、认真坚持的人，运气都不会太差。

企业家是改革开放中最大的探险者和建设者，他们扼住命运的咽喉，乘上了时代的快车，他们的故事就是“中国梦”与“时代精神”的生动演绎。不管是浙江乡村里与牛对话的“放牛娃”李书福，还是上海街道上骑着自行车一路打拼的郭广昌，他们身上浓缩着40年来这个国家改革图强、向前向上的曲折与精彩、艰辛与喜悦。

01
为什么读哲学系

感谢小平同志，感谢改革开放政策，让我吃饱不饿肚子，让我能通过努力考上大学。也感谢母校复旦、复旦哲学系，让我这个农家子弟成为今天的郭广昌。

我老家是浙江横店，那里山比田多，当年是一个很穷的地方。不过我是幸运的，因为在我人生中最关键的少年时期，改革开放政策来了。靠着分田到户，虽然还是粗茶淡饭，但我总算能吃饱了，也没有耽误我长身体；因为恢复高考，我可以通过自己的努力，有机会考上大学了，有机会第一次坐火车出远门，来到大上海。所以这 40 年来，我一直深深感恩小平同志、感恩改革开放政策，希望能更好地回报我们的国家、社会。这是我的初心，我一直牢记。

1992 年，25 岁的郭广昌和同学开始创业

因为有了这份初心，当年在考大学的时候，我觉得国家要有更加伟大的未来，一定要坚持改革开放的道路；而改革开放，首先是要解放思想。如果未来我能够为解放思想做出贡献，那我就会是一个对国家、对社会有价值的人。抱着这样的想法，我非常认真地将复旦哲学系作为了大学专业的第一选择。

可能有人说：哲学是无用之学。的确，在哲学系的学习没有教给我任何一项具体的技能，但它教会了我思考和学习的方法。更重要的是，哲学学习要求多读书，而且是没有限制地阅读，这让我对社会、对生活有了更多涉猎和理解。正是因为我的大学生活与书为伴，所以特别充实，也让我的内心特别丰富。也正是因为有了广泛阅读的基础，我对个人、社会以及国家的未来有了更多思考。

而在我当年所涉猎的众多书籍中，就有这样一本，对我的影响颇为深远，那就是《礼记·大学》。其中的许多哲学思想，都成为我之后的立业之本。那句“修身，齐家，治国，平天下”让我思考良久。人们常说，大学是一个人的世界观、价值观、人生观建立并确定的时期。我思考着，作为一个处于改革开放之际的中华男儿，我的未来之路当在何方？

02
为什么要骑自行车到北京和海南

读万卷书，行万里路。两年多的校园生活过后，从没出过远门的我在心中一直酝酿着要出去看一看的情绪，校园外改革开放带来的翻天覆地的变化也不断吸引着我。

1987 年暑假，我终于将这种想法付诸实践，决定去看看我们的首都。可怎么去？那个时候兜里是真没钱，在学校做点小生意勉强可以供自己读书，但出门的路费真没着落。我想来想去，好在时间充裕，就决定一路骑自行车去北京；而路费，则来自我一个好朋友的当厂长的妈妈，她给了我 200 元钱，支持我实现去北京的梦想。

抵达北京后，我就把自行车卖了，用来换回程的旅资。回程路上，我特意绕道去青岛，而且从那里坐船回上海也更便宜。结果谁也没想到，我在青岛还经历了一段今天看起来有些神奇的故事。

到了青岛，我做的第一件事就是去买回上海的船票。可买完票，我发现身上的钱只够吃顿很简单的饭或买瓶青岛啤酒了。那时候，青岛啤酒已经是中国名牌了，特别稀缺。而我在复旦，和同学分着喝一瓶光明啤酒，都能高兴半天。我就想，来了青岛无论如何都要“奢侈”一把啊。所以我一下狠心，不吃饭了，最终喝上了青岛啤酒。

当时我就在想，如果以后能天天喝青岛啤酒，那就太爽了！可谁想，现在复星已经成为青岛啤酒的第二大股东，“复星高照，鸿运当头”，啤酒也成为复星同学们最爱的饮料之一。想想这一切，改革开放让我们有了面包，也有了啤酒，这是最伟大的力量。

去北京的第二年，海南正式建省的消息传遍了中国大地。那时，复旦校园里有很多人想要去看看这片改革开放的热土，我也不例外。于是在这一年，我又有了骑自行车旅行的计划。

1988 年暑假，我和 12 名同学从上海出发，拿着永久自行车厂赞助的 3 000 元钱和复旦大学团委的一封介绍信，沿着东南海岸线一路骑行到海南。因为当时我国的 5 个经济特区都在这条线上，所以我们一边骑行一边调研，一路骑行了 3 000 多公里，最终到达了海南。

此刻，我仍清晰地记得当时 10 万人才下海南的盛况和自己感受到的震撼。我觉得，这应该就是时代的力量吧。当时，我们在海南待了六七天。“闯海墙”前每天都是人头攒动。很多“海漂”

的大学生找不到工作，就在街上卖馄饨、摆地摊。虽然基础设施非常不完善，整个海口只有一个红绿灯，但是大家都看到了改革开放的巨大机遇，并愿意为了自己的美好生活而努力拼搏。因为这次旅行，我也在心灵深处埋下了一颗种子，那就是：“总有一天我会再来寻找一片属于我的土地！”

前段时间，我再次到海南三亚，见证海南旅游3.0的标杆——三亚亚特兰蒂斯盛大开业。我已经忘了自己那天是如何在仪式上完成发言的，后来许多朋友告诉我，台上的我曾数度哽咽。我想，30年前的种子从扎根到萌芽，再到成为今天这拥有1 314间客房、亚洲最大的水族缸和精彩绝伦的水上乐园与海豚湾的亚特兰蒂斯胜境，凝聚了太多人的心血和爱，我也已期待了太久。

03
为什么创立复星

感谢改革开放，让我获得了改变自己人生的机遇；感谢上海，这座开放的城市给予了我们几个初出校园的“外地人”更多的包容。所以，我也决心用商业的方式创造价值、回报社会。

大学毕业时，我特别感激复旦老师的信任，给了我一个能留在上海、留在复旦当老师的机会。我也特别珍惜这个机会，因为在上海有一份稳定的工作，对我的家庭来说已是远超预期，同时还能够报答母校的培养之恩，两全其美。

当时，作为团委老师，我依然还生活在校园这座象牙塔之中，工资不高但时间充裕，可以做很多自己感兴趣的事情，特别是可以以旁观者的身份看社会的变革和发展。所以在这期间，我一直关注外面的社会，关注改革开放热火朝天的建设。

可时间长了，我又开始思考：这股变革的浪潮已开始席卷中华大地，而我仍停留在纯粹的“修身”上，我的未来当在何方？因为在上大学的时候，我就在校园里做一些小生意以完成学业，这时我又看到校园外商业对于社会变革的积极作用，所以就想着能否以从事商业的方式投入改革开放的热潮。说实话，在最初有从商的想法时，我对自己也没抱太大的期望，想着如果能通过商业改变自己家的生活条件，达到“齐家”的境界，就知足了。

1992 年，受邓小平南方谈话的感召，我毅然决然地和几位志同道合的复旦同学一起，开始了真正的“下海”历程，全身心地投入经济建设的大潮。那时候，我们的启动资金只有 3.8 万元。

决定做起来容易，实施起来却并不容易，我和我的伙伴们不得不面对一无所有的尴尬境地。初创的复星一无人才、二无市场、三无资金，真可以说是一个“三无企业”。怎么办？我又想到了我的“老伙计”——自行车。

当时，刚刚进入上海市场的一家公司正招标寻找咨询公司为它出谋划策。经过一番激烈的角逐后，我们竞标成功。然后，我们几个人就天天骑着自行车到街头发放调查问卷。记得当时，我还被治安巡逻员扣下过调查问卷，并被带到了街道治安管理办公室，经过一番解释，才拿回了两袋子问卷重新奔赴街头。好在我们的努力最终得到了回报，元祖食品非常满意我们的市场调研，也采纳了我们的建议。后来，我们又陆续完成了几单调查报告。这也证明我确实能够通过商业的方式养活自己，给了我莫大的信心。

再后来，更多来自复旦的同学加入了我们，尤其是其中好几位还是生物遗传学专业的。由于他们的加入，复星拥有了第一款实体产品——PCR（聚合酶链式反应）乙肝诊断试剂。

尽管有了好产品，渠道还是得一点点打开。我还记得当年我跟汪同学（汪群斌）通宵坐着绿皮火车的硬座、全国各地去推销的情景。

现在想想，那就是复星产业的开端，我们正式进入了生物医药领域，开始在这一产业上深耕细作，并以此为基础不断进行技术投入和研发创新，真正将产业运营和科技创新作为复星发展的驱动力。于是，就在我们日夜奋斗的不知不觉之间，复星已“立业”。

正因为看到了商业和科技创新带给人们的健康和快乐，我们将《大学》中那句“修身，齐家，治国，平天下”的哲言改为了“修身、齐家、立业、助天下”，并以此作为我们复星的使命和价值观。因为我们知道，在我们的身边，依然还有许许多多的人未能安居乐业，我们需要通过“立业”去“助天下”，帮助他们过上幸福的生活。这，是复星决心实业报国最真实的写照。

04
为什么要参与混改

改革开放的股份制改革让像复星这样的民营企业如雨后春笋般涌现，而紧随其后的中国资本市场与混合所有制的兴起则让复星有机会深度参与改革的进程，分享并成为中国高速成长的一部分。

1986 年，改革开放的总设计师邓小平同志将一张股票赠予来访的时任美国纽交所主席约翰·范尔霖先生，以表示要将上海打造为国际金融中心的决心。那个时候，我绝对想不到在 12 年后，我们复星会成为上海首家上市的民营企业。

记得当时，IPO（首次公开募股）实行的还是总量控制的审批制。那时的上海市政府以及计划委的领导在听取了复星的汇报后，对我们这家大学毕业生创业投入医药自主开发公司评价很高。1998 年，为了支持上海本地科技民营企业的发展，也出于对大学生创业的扶持，上海市政府就将一个 IPO 的资格给了复星。这里，我要再次感谢上海市政府能把这么好的发展机会留给我们这几位初出茅庐、创业不过几年的大学生，还要感恩上海这座城市给予我们的包容，让我们有机会在这里闯出一片天地。

1998 年，郭广昌在办公室

“复星实业”（后更名为复星医药）的成功上市为我们提供了产业高速发展的资本。而当时正逢国企大面积亏损、债务重组、去过剩产能的大背景之下，上市融得的资金让我们有能力参与到国企改制的历史进程中，从而让国企重新焕发活力。

2003 年，我们与中国医药集团共同出资设立了国药控股。其中，复星出资 5 亿元现金占比 49%，国药集团则以医药流通业务的存量资产出资占比 51%。这是中国医药商业领域第一家央企与民营企业联合成立的混合所有制企业。

当时，国药的医药流通业务正面临不小的运营困难，但我们看好它在全国跨省市的销售网络，这与我们的制药业务可以很好地协同。

随着我们的加入，许多市场化的管理理念，包括决策机制、市场意识、管理方式、激励机制等被引入公司且成效显著，国药控股随后几年的销售额几乎年年激增。作为非控股股东，我们给自己的定位就是负责任的长期战略股东，既不越位也不缺位。

2009 年，我们还帮助国药控股在香港成功上市，成为当时自 2000 年以来全球医药行业最大规模的 IPO。如今，国药控股的销售规模已突破 2 700 亿元，对比第一年的 80 亿元，增长了 30 多倍，国药控股成为中国最大、排名全球前三的医药分销与供应链服务提供商。

像这样成功的“混合”范例，那时有很多，尤其是在医药产业，包括重庆药友、江苏万邦、桂林南药等，它们都已成为中国医药行业重要的创新引领企业。其中，桂林南药研发生产的青蒿琥酯注射剂，是唯一通过世界卫生组织认证的重症疟疾治疗药物，过去 10 年已在非洲挽救了超过 2 000 万患者的生命。

回顾从 1998 年公司上市到现在的这段历程，我们也对复星医药的发展、创新实践感到非常自豪。在参与混合所有制的基础上，我们 9 年前自主孵化的生物医药“独角兽”①——复宏汉霖的首款单克隆抗体生物类似药 HLX01 正式通过了临床试验三期，即将成为国内首个上市的生物类似药；我们的小分子创新药研发平

① “独角兽”是投资界对估值在 10 亿美元以上，且创办时间较短的公司的称谓。——编者注

台——重庆复创已经有 4 个创新药进入了临床阶段，一年内将有 6 个产品同时在中国和美国上市；我们还先后整合了美国、英国、印度等全球优质的医药研发和制造资源。扪心自问，我们没有辜负当年上海和各级领导对我们的期许。

当然除了医药之外，我们通过相似的方式也开始逐步进入别的产业，比如南钢、豫园等。2016 年，由我们牵头的民营联合体与浙江省政府签署协议，以 PPP（政府和社会资本合作）方式共同建造总投资预计达到 462 亿元的杭绍台高铁项目。这是中国首条民营资本控股的高铁，让政府、国企和民营企业的资源和优势实现互补，这一交通基础设施的建立将大大提升覆盖地区的城市功能和效率。

通过紧跟国家产业发展和人民需求升级的步伐，复星至今已参与了 30 多个混改项目，从公司治理、战略制定、资本对接、运营管理等多个层面为合作的国企和央企注入活力，实现多方共赢。通过混合所有制，我们受益于中国成长的动力，实现了自身产业的迅速扩张，从最初的医药、地产行业发展到钢铁、零售、保险等多行业，成为一家多元化产业集团；通过对混合所有制企业的改善运营，我们的产业基础也逐步夯实，战略眼界逐步放大，这为我们之后的全球化战略打下了基础。

我们清楚地认识到，只要我们从事每一个产业时都扎扎实实、步步为营、不烧钱、不为了大而大，只要我们重视人才的任用和选拔，这种产业的耕耘就可以扎得更深、融合得更宽，客户所获得的服务也将更便捷、优质。我越来越确定，这便是复星的立业之本。

05 为什么要全球化

如果你想在全球发展，一定要了解中国，因为中国已是全球第二大经济体；如果你想在中国发展，一定要了解全球，因为中国此时已非常国际化。这是我对未来商业的一个最基本看法，同时拥有中国和全球的动力，将是我们最强大的竞争力之一。

2007年是复星的全球化元年，也是改革开放的近第30个年头。随着在香港的成功上市，我们首次踏入了国际资本市场，采纳国际标准的财务和会计制度，接受全球投资者的检验，也将自己的视野扩大到了全球。

那时候我觉得，中国经济已经发展到了一个阶段，世界上最好的企业都来中国了，如果中国企业不能“走出去”，没有整合全球资源的能力，就没办法跟别人竞争。所以，复星在那时提出了全球化战略，而且我们相信全球化是中国经济和企业发展到一定阶段的必然选择。

2008年，美国爆发次贷危机，全球经济在接下来的数年陷入衰退。由于当时中国全球化的步伐还较为谨慎，真正“走出去”的企业还不多，故而受到的冲击也比较有限。反倒是大量海外资产出现估值深度回调，由此产生了大量价值错配的投资机会。

然而，尽管机会不少，海外投资依然风险重重，尤其当时复星在海外投资领域还是一名“新学生”，不仅找标的不易，评估标的价值更不易。所以，我们初期只是在海外二级市场上试水一些价值被严重低估的中国优秀企业，因为至少在评估中国企业时，我们是有底的。此时，复星急需一位领路人把自己“领进门”，帮助自己在海外尽可能地多“排雷”。

同时，在战略层面，我们“走出去”并不是为了低买高卖，而是希望借力中国消费市场的崛起，把海外优质的品牌和产品“引回来”。我觉得，30 年的改革开放使中国政府积累了较为丰富的市场经济的运作和管理经验，中国多年来持续的工业化和城市化进程，以及国内逐步释放的巨大消费和投资需求都将为复星未来的发展提供强劲且持久的动能。作为“中国专家”，我们要善用“中国动力嫁接全球资源”。

2010 年年初，美国前财长约翰·斯诺首先加入复星担任董事会顾问，分享他在世界 500 强企业和政府部门从事高级行政工作的经验。然后，复星与全球最大的私募股权基金——凯雷投资集团宣布在全球展开战略合作，共同聚焦中国经济高速增长所带来的机会，并成立了中国首只由外商投资的合伙制基金。通过和国际领先的个人、团队合作，复星开始在全球化投资、融资、运营管理、人力资源等各方面向国际一流企业对标、学习，逐步向全球化企业迈进。

很快，我们也迎来了复星有史以来第一笔重大海外投资——法国旅游度假连锁集团——地中海俱乐部（Club Med）。在这之前，复星从未正式涉足旅游业。为了这笔投资，我们做了大量研究，发现全球旅游产业非常庞大，尤其是休闲度假这一旅游产业的大头，在中国几乎为零。于是，我们决定把国外的品牌和经验引进来，在旅游供给侧方面帮助中国做一些事。

当时的地中海俱乐部已经连续 5 年亏损，对于来自中国的我们，陷入困境的董事会同意让我们以小股比参股，但要帮助他们进入中国市场。尽管对于旅游产业，当时的我们不及他们专业，但要说起中国市场，我们多年产业运营所积累下的知识和资源对他们来说简直就是无价之宝。2010 年，在入股后仅 6 个月，我们就成功帮助地中海俱乐部在中国黑龙江的亚布力开发出第一家度假村。这次高效的合作让高傲的法国人对我们刮目相看，信任也在彼此间建立起来。

之后，我们再接再厉，继续帮助他们在中国扩张，中国游客数量高速增长，很快中国便成了其继法国之后的全球第二大市场。与此同时，在对旅游产业已有相当深的理解和认识后，我们于 2013 年对地中海俱乐部提出私有化控股，并于 2015 年完成私有化。通过我们的管理输出与资源赋能，地中海俱乐部在私有化后成功扭亏为盈，度假村近三年的经营利润年复合增长率都达到 26%。

在整个地中海俱乐部项目中，从接触到参股再到私有化，通过与全世界最好的投资机构和个人合作，我们一直在了解、学习和钻研，探索全球化的路径和方法，积累人才，并逐渐形成了复星“出海”模式的雏形。而这个项目正是我们的模式得到验证并走向成熟的过程，之后通过不断复制这一模式，我们的全球化战略也得以全面铺开。今天，我们已经在 17 个国家和地区深度开展业务，产业也越做越广，已在医疗、旅游、时尚、保险等多个领域拥有数十个国际品牌。复星已变身为一个全球赋能平台，凭借自己多年积累的产业运营能力对旗下企业进行协同整合来创造价值。

回望过去的 10 多年，复星的全球化进程可能不是最快的，但一直很稳。它的成功基于我们对中国未来经济发展趋势的准确判断，也基于我们步步为营、行稳致远的产业发展理念。

此外，随着今天的中国产业不断进步升级，我们也已经在不少领域有能力向全球输出产品、技术和模式，尤其是非洲、印度等新兴市场。所以，我们今天的全球化战略不再只是用“中国动力嫁接全球资源”，而是已经升级到 2.0 版本——“中国 - 全球双向驱动”。此乃“助天下”。

06
为什么要让全球每个家庭生活更幸福

在“助天下”理念的指引下，复星现在有了一个非常宏大的使命愿景——让全球每个家庭生活更幸福，我将用毕生的努力去实现这一目标。

今天，我也经常思考复星和我存在的理由。从当初 3.8 万元的启动资金到今天超过 5 300 亿元的总资产，复星的规模不断扩大；复星的年度净利润已超过 130 亿元，过去 5 年保持了平均 29% 的高速增长；复星的净负债率低于 50%，财务实力强健；现在的复星已位列福布斯世界 500 强的第 416 位。然而，数字能代表复星的一切吗？

当看着大都市里那些为了美好生活而深夜加班的年轻人，公园里与家人一同快乐奔跑的孩子，医院里由儿女陪伴守护的老人，还有贫困山区里为自己孩子的温饱、健康、教育而烦恼的父母，我知道这世上还有太多的事需要复星和我去做。把以上这些事归纳起来，就是复星的使命——让全球每个家庭生活更幸福。

这绝不是空口而谈，在复星眼中，因为改革开放 40 周年，因为中国与世界的融合，因为全球技术的创新，我们正处在一个最好的时代。同时，站在最好的时代潮头，我和复星对未来也充满了憧憬。对于未来：

- 我们看到，消费者的时间越来越宝贵。所以，用心精选产品和服务，节约客户选择的时间，就是为他们创造价值。
- 我们看到，技术转化为产品和产业的速度越来越快。所以，科技将成为支持我们为客户服务的最强大基石。比如在大健康领域，我们希望因为复星，癌症将不再成为生命的威胁。对此，我们已经看到了曙光。

• 我们看到，商业环节的各个参与者的边界更加模糊。所以，构建完善的生态系统，用跨界的方式融合资源，提供可信赖、一站式的协同服务，是复星的追求。

• 我们看到，柔性化的工业智造已经实现。所以，回归生产、智造，客户个性化的需求终将以工业化的成本得以实现。

• 我们看到，因为移动互联网等新技术，组织内部的管理更有效率、更到边到底。这将让复星的全球跨界融合大而不钝。

基于此，复星将业务重新划分为健康、快乐、富足三大板块，并以“植根中国，服务全球十亿家庭客户，智造健康、快乐、富足的幸福生态系统”作为我们新的企业愿景。

• 之所以不是个人，而是家庭客户，是因为家庭是我们这个世界最小的“幸福单位”，无论你处于生命的哪个阶段，家人的相伴都是你的幸福不可或缺的一部分。

• 之所以是健康、快乐和富足，是因为这三者基本涵盖了一个幸福家庭的全部需求，而这三个需求所对应的产业也是复星深耕运营多年的领域。

• 之所以要植根中国、服务全球，是因为复星始终坚信中国具有发展动力，坚信中国市场水大鱼大，中国的未来一定会更美好。同时，伴随着中国产业的全球化，复星也要承担起越来越多的全球责任。

- 之所以是幸福生态系统，是因为一个家庭的健康、快乐、富足需求是相互关联的，复星为家庭客户提供的产品和服务也不是单一的，而是一个有机的生态系统，一个客户与智造者无缝连接的C2M生态系统，它提供的是一整套以客户需求为中心的定制化解决方案。

与此同时，复星还将牢记“助天下”的初心，实实在在地去帮助更多人。无论是让中国150万乡村医生活得更有尊严、更好地去服务当地村民的“乡村医生”健康扶贫项目，还是以青蒿琥酯为基础、助力全球彻底消灭疟疾的努力，复星已经在路上。我们要做对的事、难的事、需要时间积累的事，并将坚持走下去。

这就是我创业26年来心中所思、所想，也是我内心最坚信的。最后，作为中国改革开放的见证者和受益者，我要再次感谢这个时代，感谢改革开放和中国经济全球化为我和复星带来的巨大机遇。我还要再次感谢每一位帮助和支持过复星成长的人，包括我们的客户、复星员工和他们的家属、党政领导、金融专家、股东和投资人以及媒体记者等。

我将用我毕生的努力去实现复星的使命，践行复星的责任。因为复星，全球每个家庭的生活将更幸福。

03

张近东

苏宁 28 年来靠这两个词成为世界 500 强

岛君说

苏宁是民企巨头，张近东是企业家里的“老大哥”。

从传统零售业起家，苏宁在28年的发展历程中，经过数次自我革命，使自己进化为一家技术领先、充满活力的科技公司。这背后是企业创始人对趋势的敏锐洞察与坚定的战略定力。

在给岛君的这篇自述中，张近东用朴实、明确的话语告诉了我们关于企业发展的很多重要问题的答案：如何把握大势，成为时代企业？如何适时转型，完成自我重生？如何聚焦主业，开枝散叶？这篇自述还告诉我们，28年前的张近东是如何成为今天的张近东的。

作为创业者的张近东将一直在路上，怀揣赤子雄心，一往无前。我们祝愿他大道直行，大梦成真。

2018年7月9日，在李克强总理和默克尔总理的见证下，苏宁和德国SAP（思爱普）签署了战略合作备忘录，将共同在零售、物流和体育等领域展开技术合作，推动人工智能、物联网、大数据、云计算等方面的创新与融合。

下午 3 点半，签约仪式结束。当我走出德国总理府时，天空湛蓝，阳光扑面，中德两国国旗在总理府上空迎风飘扬。那个画面后来在我脑海中定格了很久。

那一刻，我感到由衷的欣慰和自豪。今天，我们和世界顶尖的技术企业比肩，发挥各自优势共同开发产品，用科技的力量推动行业发展，为人们的美好生活服务。而这一切，在 30 年前是不可想象的。

1990 年，那时我 27 岁。当时，我放弃了事业单位的“铁饭碗”，在南京宁海路上，租下一个不足 200 平方米的小门面，用东拼西凑来的 10 万元成立了一家专营空调的专业零售公司。那时，很多人都以为我疯了。

但我自己非常清楚我在做什么，以及我想要做什么。那时候，因为人手有限，我从销售、推销、收银、送货开始，几乎干遍了所有岗位，每天还要给员工鼓舞士气，每一天下来都是筋疲力尽，但是我无怨无悔，因为我知道成功从来不是理所应当的，都是要付出代价的。

我创业的初衷，是让自己和家人过上好日子。而今天的苏宁，作为一家社会企业，正在努力为25万名员工、数以亿计的用户创造幸福生活。创业之初，苏宁和国内其他零售企业一样，只能算是劳动密集型企业，和科技企业相差甚远。但今天，我们线上线下、人工智能、物联网、大数据、云计算、区块链……汇集先进科技，正在用智慧零售重塑行业面貌。

改革开放40年，第三次工业革命即计算机及信息技术革命掀起了高潮巨浪。科技革命遇上改革开放，在中国大地书写了一部浓墨重彩的创新史，波澜壮阔、激动人心。正是改革开放，极大地激发了民众的创新创业精神，催生了新技术的研发迭代与应用，让我们首次与世界同行，甚至是引领世界。

这是一个伟大的时代，作为见证者、受益者，同时也是参与推动的一员，我感恩这个时代。回顾苏宁近30年的发展，我强烈感受到技术风暴带来的巨大能量，这也成为苏宁实现跨越式发展的核心推动力。

01
1993年，第一台电脑

苏宁发展到今天，经历了三个阶段：专业零售、连锁发展，以及今天的智慧零售。很多人疑惑，一家零售企业是如何实现科技化，成为科技企业的呢？实际上，苏宁从发展初期开始就十分重视信息技术的应用，并将信息和科技作为企业发展的核心竞争力。

我记得特别清楚，我们买第一批电脑是在 1993 年。20 世纪 90 年代，计算机还是绝对的奢侈品和稀罕物，当时受基础设施的限制，国内还没有互联网的概念（中国接入互联网是在 1994 年）。

当时，我也没有很清晰地感到互联网时代要来临了，只是渐渐地感觉到信息技术对企业经营效率的明显提升。买电脑，主要也是经营的实际需求。在创业初期，我们的所有客户信息都还是纸质化的，公司内部信息的传递也都是通过员工手工记录，再进行跑单的作业流程，将信息传递出去。一旦记载重要客户信息的纸张丢了，就会全部乱套。正是因为意识到了完全依靠人力的风险和低效，所以我们一口气买了十几台电脑，其中一台就放到了收银台，好多前来买空调的消费者都觉得很新奇。

随后，我们建立了一个基于 DOS（磁盘操作系统）的单机应用，把这些电脑连了起来。后来，苏宁率先在空调行业内建立了第一套完整的售后服务管理系统，将客户购买空调的送货信息、安装信息、维修记录存入数据库，并进行计算机流程化管理。这是苏宁最早的信息化实践。

此后，随着业务的不断扩张，我们前后共经历过五代信息化工程。其中，影响最为深远的是 2005 年我们和 IBM（国际商业机器公司)、SAP合作打造的升级版ERP(企业资源计划)系统项目，这个项目在当时被称为苏宁信息化建设的“灯塔工程”。后来，我们粗略统计，包括软硬件以及实施费用在内，SAP/ERP项目的耗费超过1亿元。而当时正是家电连锁扩张最快速的阶段，用这笔钱可以新开几十家门店，这就意味着我们为此放弃了占领几个区域市场的先机。所以，这对于我们来说绝对是一次“豪赌”。

“工欲善其事必先利其器。”我没有丝毫的犹豫，5分钟，听完汇报，签字。因为我知道，这笔钱不能省，苏宁未来如何实现纵深发展，如何实现跨区域、跨业务的资源整合，更好地体现连锁效益，都必须依托于此。

本来计划要两年完成的项目，我们的团队在9个月内就完成了。SAP/ERP系统的上线迅速将苏宁从原有的传统、粗放的商业零售模式带入了精细化、信息化的营销时代。苏宁的业务周期缩短了50%~70%，生产率提高了10%~30%，交易成本节约了5%~10%，“后台”让苏宁的气质焕然一新。

更为重要的是，通过这一项目，苏宁培养了一支很有战斗力的IT(信息技术)团队，解决了企业持续发展的管理后台的瓶颈问题，也为苏宁的互联网转型打下了坚实基础。

02
靠服务脱颖而出

在处处强调“顾客至上”“体验为王”的今天，服务的重要性已无须多言。但在我创业的时期，处于卖方市场的家电市场，其服务并没有得到行业的普遍重视。

当年的空调行业，全国的生产厂家不过 10 多个，年产量只有区区 24 万台，空调属于紧俏商品。在卖方市场环境下，市场竞争不充分，厂商由于自己的产品供不应求，处于主导地位。消费者完全是被动的，只要能用钱买到产品，就很满足了。

然而，就在这样一个普遍“重销售、轻服务”的年代，我们发现了服务对于销售的价值，尤其对空调而言，服务更是重中之重。空调不像其他家电，在出售时只能算一个半成品，只有经过配送、安装等环节，消费者才能真正地使用和享受空调，而且还需要后续的保养和维修。

作为以“做百年基业”为目标的企业，“服务”在企业初创时就被定为我们内部最关注的一个方面。我对内部员工说：投资服务，打造一个属于苏宁的专业化服务体系，可以形成苏宁另一种强大的竞争力。

后来，当中国电商发展得如火如荼时，经历过早期“双 11”购物节的消费者，一定会对快递压仓不陌生。下单时的痛快、等货时的痛苦，让消费者的网购体验和激情一下子从火走向冰。而这个时候，苏宁在配送方面的服务价值再次得到了凸显。

其实早在 20 世纪 90 年代我就意识到，物流体系的强弱直接影响零售企业的销售与核心竞争力。利用科技构建完善的物流体系、增加运送的覆盖能力，能够进一步填补和占领空白市场，自然也成为及时配送的关键。

当时，我暗下决心，不能让仓库成为苏宁不能承受之重。于是，我在南京市郊东奔西走，在查找了十多天后，最终确定在江东门一带，自建第一代物流基地——把仓库里的物品挪到基地，用专门的配送车集中统一送货。这不仅大大降低了店面成本，还极大地提升了配送速度。

2003 年，苏宁开始着手物流系统的改造。我们专门做了一个 STK（用户识别应用发展工具）卡，这个卡有两个功能：其一，可以把当天送货工送一车的任务发到上面，上面清清楚楚地列着每个单号；其二，用户在买商品时有一个回执单，上面有密码，这个密码只有用户自己知道，苏宁只有拿到用户的回执单才能知道用户的号码，通过回执单确定货物是否送到。

为了进一步保持竞争优势并显著降低物流运输费用，2007 年苏宁提出建设第三代物流基地的计划，引入了运输管理系统，针对订单的零售配送和长途配送，优化路线排程计划，减少配送里程和工作时间，彻底转变人工排程的传统作业方式。经过实际测算，这种模式可将每车货物的实际运输距离缩短 20%~30%。同时，托盘化商品全部整齐堆放在仓库里，每一件货品的编号、入库、出库，全部带有条码，确保产品从厂商到消费者的全过程都有数据记录，确保服务全程可追溯。

作为苏宁第三代物流基地的代表，在苏宁信息系统的控制下，家电产品由库房搬运、装卸至车辆，全程机械化，大大提高了装运效率，一辆运输车装满货物只需要 10 分钟左右。在强大的货源储备、高效的信息化调度控制下，我们有条不紊地实现了即买即送、3 小时到位，在消费群体中树立起良好口碑。

截至目前，苏宁已形成了自有的智慧物流体系，在上海、济南均已成功上线 AGV（自动导引运输车）机器人仓，并形成了规模化效应。未来，苏宁物流无人仓发货占比计划将提升至 90%。此外，苏宁物流将联合生产制造、仓储技术研发等行业，不断迭代升级无人仓技术，确定无人仓技术应用统一标准，为无人仓技术全行业共享、全行业快速复制应用奠定基础。从无人重卡“行龙一号”到无人配送小车“卧龙一号”，消费者体验到的服务不断升级。

03
新十年战略规划

2009 年，我们已经是最大的连锁企业。但是互联网大潮汹涌而来，我们需不需要转型，如何转？坦白说，我们内部也有分歧。外部的质疑声音就更多了，一家传统的零售企业怎么做互联网？

我们甚至被调侃是“穿着西装的电商”。

我的判断是，趋势取代优势是任何一个企业都逃脱不了的宿命，但是企业可以选择顺应趋势，抑或抵抗趋势。我的决定是“以变应变”，我们必须要“上网”，没有商量余地！ 2010 年苏宁易购上线，2011 年我们召开了“2011—2020 年新十年战略规划”发布会，以“科技转型、智慧再造”为核心，阐述了未来十年苏宁的发展战略。苏宁将变成一家实实在在的高科技公司，将成为中国乃至全球最大的智能零售管理供应商。

我知道，没有技术升级的互联网转型是一次“死亡之旅”。我们并不盲目，作为隐藏在后台的信息化力量，此时已具有强大的 IT 组织体系和文化，形成了 4 000 多名信息技术人员的规模，建成了一张集数据、语音、视频、监控为一体的实时智能的网络系统，自主开发了涵盖运营、管理、服务 10 大类 120 多个应用模块和子系统。

苏宁有经过十多年积累的 IT 信息化力量，所以我们在面对互联网转型时并不怵。但如果说没有压力，那也是不可能的。

随后，我又再次走访了沃尔玛和百思买等线下连锁巨头，参观了电商巨头亚马逊，还参观了 IBM、谷歌、微软和脸书等 IT 和互联网行业的领先公司，实地观摩它们的后台支持系统，并与比尔·盖茨先生深入探讨过新技术对行业的改变。还记得当晚在比尔家参加宴会时，巴菲特老先生一如既往地充满激情和活力，一见我就说他早就开始关注苏宁了，并半开玩笑地掏出自己的皮夹要送给我，意思是要投资转型的苏宁，引得众人大笑。

在参访与交流过程中，我愈加意识到互联网和后台信息系统的重要性，我们必须全力以赴加强电子商务的技术研发，缩小与国际水平的距离。

于是，我马上推动苏宁在硅谷建立了研究院，让苏宁成为硅谷的一员，吸纳全球顶级的 IT 技术人才。这个念头，其实在我心里酝酿了很多年，只是因为时机不成熟，所以被一再拖延。2013 年 11 月 20 日，苏宁的美国硅谷研究院正式揭牌。

互联网转型从思维到行动，都要革新。对苏宁而言，这是一次脱胎换骨似的转变，是一次企业的重塑和再造。几年下来，不仅我们线下零售第一的地位没有动摇，还成功巩固了 B2C（企业对消费者）电商前三的地位，企业面貌发生了很大改观。2017 年，郎平指导来苏宁参观，昔日的“铁榔头”不禁惊叹，没有想到苏宁是这么科技感十足——大数据运营、自动化物流基地、无人店等，这些完全打破了她印象中的苏宁形象。

可以说，现在在电商领域里，我是很懂线下商业的，而在线下商业中，也很少有人比我更有互联网运营的意识。苏宁是“90 后”，正是充满青春活力的年龄。苏宁人已经全面互联网化，互联网帮我们打开了产业的天花板，我们有了更多的梦想和更高的追求。

04
28 年信奉的经营哲学

创业维艰，我这些年经营企业，其实一直都面临着各种各样的挑战。“雄关漫道真如铁，而今迈步从头越”，不好克服的难关，只会更激发企业家的斗志。

回顾苏宁的发展，无论是 9 年的互联网变革之路，还是 28 年的企业创业之路，始终基于两个关键词：坚守与创新。坚守是企业发展的基础，创新是企业发展的核心。

从创业之初的专业化经营，到中国连锁经营的龙头，再到今天智慧零售的创新者和引领者，苏宁始终坚守零售本质，聚焦商品、物流和服务，力争做一家百年老店；但与此同时，我们也在不断创新，用新理念、新思维、新技术推动企业的创新发展，努力做一家时代企业。

在坚守中不断创新、不断变革，在创新中坚守零售本质，苏宁追求的就是这样一种辩证的统一。

2017 年 3 月，在全国政协会议上，我提出未来零售就是智慧零售。所谓“智慧零售”，就是运用互联网、物联网、大数据和人工智能等技术，构建商品、用户、支付等零售要素的数字化，采购、销售、服务等零售运营的智能化，以更高的效率、更好的体验为用户提供商品和服务。

2018 年年底，我们的科技研发团队将会全面完成“万人计划”。这超过万人的团队将分布于包括南京、北京、上海、武汉、美国硅谷在内的全球五大研发中心，为苏宁在智慧零售领域的发展保驾护航。技术与人才，构成了苏宁智慧零售的内在基因和最强大脑。

在我们的努力下，曾经的想象正在逐渐变成现实：一觉睡醒，窗帘自动打开；伸个懒腰起床、洗脸刷牙时，镜子上会将显示出当日的天气情况并提供关于穿着的建议；走到客厅，桌上的音箱会根据你的要求播放每日新闻或者你喜爱的音乐；下班回家，空调会根据你的定位分析自动打开；走到门口，面部识别系统会自动识别为你开门；就算看场世界杯，也有 AI（人工智能）帮你介绍球员，总结各种赛事数据……刷脸进店、挑选商品、扫码结账、

2004 年 7 月，苏宁在深圳证券交易所上市

自行离店这些以前只能在科幻作品中看到的“无人购物”场景，如今已经在苏宁变为现实。

05
未来要打造更多世界 500 强企业

我一直都将自己定位为创业者。过去的 28 年，对于我来说，是一部创业史、奋斗史，更是一部发展史、创新史。28 年里，我看着苏宁从小到大，从单一经营到多元经营，从国内发展到跨国发展，这些都离不开苏宁人创业、创新、创造的精神。这种精神，是苏宁的宝贵财富，是苏宁人超越自我、领先发展的力量之源，

苏宁未来十年战略规划发布会

值得我们弥久珍藏、永续传承。

苏宁的文化是“执着拼搏，永不言败”，我个人也是一个比较执着的人。我坚信拼搏的意义，大家都是奋斗者，幸福的人生是奋斗出来的，我们必须常怀创业的激情和拼搏的毅力。不管世界风云如何变幻，成功永远属于那些勤奋执着、开放创新的人。

苏宁的发展和成功离不开时代大潮的托举。改革开放 40 年，成就斐然。40 年来，整个国家焕发出了勃勃生机，社会生产力获得前所未有的解放，人民生活大大改善，中国经济建设上了新的台阶，特别是民营经济异军突起，显示了旺盛的生命力。

经历这样翻天覆地的巨变，我本人感受很深。作为改革开放的见证者、参与者，我也是最大的受益者之一，最先把握住和享受了改革开放带来的发展机遇。所以，我感恩这个伟大的时代，感恩改革开放，正是改革开放激发了我的创新创业精神。从 28 年前创业到今天苏宁跨入世界 500 强，可以说：没有改革开放，就没有苏宁的创立；没有改革开放的持续深入，就没有苏宁的今天。

改革没有完成时，中国作为世界大国，应为全球经济发展贡献中国模式、中国动力，并进一步带动中国经济的发展。

从行业发展的大环境来看，竞争依旧非常激烈，但是苏宁有足够的底气和信心，而这份底气与信心，就是源自苏宁在互联网零售战略下构筑的领先行业的三大核心能力——全渠道经营、智慧零售经营、开放共享经营。

我们的零售本质不会改变，无论未来苏宁的产业布局还会怎样延展，零售始终是“1”，其他各产业都是这个“1”后面的“0”，通过“0”的添加，倍增苏宁零售整体的资源实力和行业竞争能力，而这就是苏宁要长期坚持、始终坚守的聚焦零售、同心多圆的发展战略。

2018—2020 年，将是苏宁向着新十年战略目标发起冲刺的关键时点，是智慧零售发展最关键的三年。我们要向着 2020 年全渠道高于互联网转型期增长的两倍增速，线下两万店、苏宁大生态的大方向协同发力，向着交易规模 4 万亿元的大目标发起全面冲刺。我们已经进入高速发展的新阶段，未来几年，苏宁的互联网零售战略必将迎来企业价值的爆发。目前的突破只是开始，未来我们还会打造更多的世界 500 强、世界 100 强企业！

04 刘永好

1993年全国政协会议期间，我做了『私营企业有希望』的发言

岛君说

经济学家厉以宁曾这样评价刘永好："他至今几乎没有大的战略失误，他从没有被财富扭曲。"

刘永好自己亦坦言："早期，我们是为了能够生活好一点；后来，是为了公司形象能好一点；再后来，就是为了兄弟们、员工们，大家的日子都好一点；再往后，就是为了对国家和社会的责任！回顾我们所走过的路，有人说是绿色的、环保的、健康的。从社会意义上来说，我们做应该做的事，不做不该做的事，这就是我自己的做事原则。"

经过36年的发展，刘永好一手创立的新希望集团，已从一家饲料业的龙头企业，发展成为一个涉及食品与农牧、乳业与快消、地产与基建、金融与投资等多种业态的综合性企业集团，旗下拥有银行、证券、科技金融和基金等多种金融业态。2017年，新希望集团的资产规模已突破1 400亿元，迈上新台阶。

2018年，是改革开放的第40个年头，对于67岁的刘永好来说，也许是另一个开始……

01
一切从不甘心于 38 元 5 角开始

有信心的人，可以化渺小为伟大，化平庸为神奇。

——萧伯纳

1951 年，我出生于成都的一个郊县，父亲是老一代知识分子，母亲是小学教员，后来因病早早退职了，全家 7 口人都得指望父亲维持生计。彼时，我是没有鞋穿的，我问母亲："什么时候一周能吃上一次回锅肉？"母亲摇头叹息："不知道。"

那时，城里有一条江，叫岷江。我小时候最高兴的是夏天下暴雨的时候，大量的雨水涌入岷江，江面波涛滚滚，气势磅礴，壮观极了。不时还会有树枝或木头随着湍急的江水漂到我们跟前。我和伙伴们一个猛子扎进水里，游过去将木头搬回来。我就是这样在河边长大的，捡水柴、游泳。那时，虽然家里很穷，但是我很开心。后来开始创业，在最困顿的时候，看不到希望的曙光，我曾留恋地来到岷江，差点从桥上跳下去了……

1978 年，中国逐步确立社会主义现代化建设目标，政策透露出从计划经济转移到市场经济的风向。那时候的生活很困难，但我父亲依然鼓励我们学习科学技术。他是县团级领导，那个时候的《参考消息》只有县团级以上级别的人才能订阅，所以我家里就订了《参考消息》。通过《参考消息》，我看到世界的动向。尽管内容不够多、不够全，但是我仍然能够感觉到世界基本的格局和脉搏。

20 世纪 80 年代，我毕业了。我在四川省机械工业管理学校教电子，也教机械。而那时，我大哥刘永言在成都 906 厂计算机所，二哥刘永行从事电子设备的设计维修，三哥刘永美在县农业局当干部。虽然当时我们兄弟四人都有着稳定的工作和稳定的收入，但是在改革开放的大形势下，我并不甘心每个月拿着 38.5 元的工资，我们开始“不安分”起来了。

那时候没钱，我把最令自己骄傲的自行车卖了，把手表也卖了，总共凑了 1 500 元钱，开始了我们的创业。

那时，无线电技术刚刚开始出现，我们兄弟几个试着从装矿石收音机到装晶体管收音机，再到装电视机。装一个电视机要用三十几个电子管，我们自己去买了各种各样的零件，后来装出了可能是成都市第一台由个人组装的电视机。

当在电视机前看到图像、听见声音的时候，我们激动得不得了。这样的学习能力、这样的技术、这样的锻炼，是我们不断向前探索的诉求。

那时，我自己装了一个音响，跟现在的卡拉 ok 音响类似，很多老师同学希望我帮他们装。装一个几元钱，我帮他们装了几个。有人说：你这样装，还不如到生产队去做点事，生产队有那么多小伙子，都是初中毕业的，也想做点事，你可以在生产队装，有人要就要，不要可以拿去卖。

生产队长听了这个主意后也认为挺好。我们一算，大概五六元钱就能够装出来，到街上卖十几元钱也挺不错。但是生产队书记一听说要分钱给个人，桌子一拍：“走资本主义道路，坚决不行！”这个事就没做成。

那一年，听说中央在讨论动不动傻子瓜子的事，如果我们的工厂做成了的话，可能当时讨论的就是动不动刘家兄弟了。

不过，那也是我们的第一个创业梦。20 世纪 80 年代初太早了，不应该那时候做。

02
适时而动做农业

未哭过长夜的人，不足以语人生。

——歌德

我们的第一次创业算是失败了，但我们并不甘心。我们天天关注媒体报道。我一个人订阅的报纸数量，和我们整个学校的订阅量一样多。收发室的阿姨和我说：你应该付给我工资。后来我发现，国家逐步在变革开放，农村开始实行家庭联产承包责任制了。四川是先行者，当时比较出名的有安徽小岗村。

既然农村可以搞，我们就到农村去。

不过，创业是真的苦。

20 世纪 80 年代初，国家引入了良种鸡，分配给川西不同地区的农户饲养。好不容易从农业局拿到了分配表，我就骑着自行车去收农民的良种鸡蛋，骑了一整天挨家挨户去收，而且是用比普通鸡蛋价格高很多的价收上来了 200 多个种鸡蛋。弄到晚上快 12 点，我从一个农户家里出来，刚用稻草把鸡蛋保护好装进去，在那种两边都是水的冬水田的田埂上骑自行车往前走，忽然从旁边跳出一只狗，差点儿咬住我的脚。我吓了一跳，车子一歪就摔到了冬水田里，全身打湿了，鸡蛋也都摔碎了。

我顾不上疼，站起来在冬水田里找，鸡蛋只剩两个好的，那时已经半夜 12 点了，我就哭了……创业以来我从来没有哭过，就这样哭了。我哭的不是我摔疼了，我的衣服打湿了，而是我一天的劳动成果被这个万恶的狗给害了。我拿鞋向狗扔过去，沿着那条路跑了一百多米……

我们要向银行贷款，银行说没听说过私人贷款，不贷给我们。没办法，我们只能从亲朋好友那里借一点钱。借来钱后，我们投资孵化了种鸡，结果都没有卖出去，因为有朋友本来订了我们不少数量的鸡，结果却撕毁了合同。实在没有办法，马上过年了，按照我们川西的风俗，到年底一定要还钱，还不了钱怎么办，以后怎么做人？

我们四个兄弟一块商量：有的说干脆不干了，但不干了钱得还啊；有的说很多人跑新疆了，我们也跑新疆就不回来了；有的说干脆跳岷江，一了百了，钱也不用还了。后来我们决定，不跑新疆了，也不跳岷江了，就把孵出来的小鸡每天用筐装着骑着自行车到成都的市场上去卖。卖了十几天，小鸡卖完了，我们不但还了钱，还赚来了我们的第一桶金。我们就是这样起来的，就是这样发展的。

后来，人人都说鹌鹑是“下金蛋的鸟”，产蛋率高，又容易大规模养殖；大家还说鹌鹑蛋的营养价值特别高，1 个鹌鹑蛋相当于 3 个鸡蛋。因此，鹌鹑蛋的价格很高，两角钱一个。于是，我们又从北京引进了几个鹌鹑种开始养。

我们在鹌鹑养殖上下足了功夫。当时，我们四兄弟都是大学生出身，专业各有所长。在技术方面，我们用电子计算机分配饲料和育种选样，并且探究出一条经济适用的生态循环饲养法：用鹌鹑粪养猪、猪粪养鱼、鱼粪养鹌鹑，使得鹌鹑蛋的本钱降低到和鸡蛋差不多。

我们那个地方（四川新津）成了全中国最大的鹌鹑养殖基地，后来成为全世界规模最大的鹌鹑养殖基地。我们带动农民和周边老百姓养鹌鹑，规模超过了 1 000 万只。我们提供鹌鹑种，卖饲料，收购鹌鹑蛋，再把鹌鹑蛋和鹌鹑肉卖到五星级酒店，占据了成都市场，最后卖到全国。

03
积极转型，成就饲料霸主地位

本来无望的事，大胆尝试，往往能成功。

——莎士比亚

20世纪80年代末期，泰国正大的猪饲料在中国卖得如火如荼，几乎占据了中国猪饲料市场的半壁江山。当时，正大在成都投资 1 亿元建了一家饲料厂，虽然价格奇高，但因为对猪的增肥效果奇好，所以农民购买正大饲料还需要排长队。于是，有些农民就问我们：“你们为什么不生产和正大一样的猪饲料呢？”

我迫不及待地回到成都和几位兄长商量起了新的产业规划：放弃养鹌鹑转而生产饲料，并做了详细的战略部署。

1987 年，我们希望饲料公司在古家村买了 10 亩地，投资了 400 万元，建立了希望科学技术研究所和饲料厂，又投入 400 万元作为科研经费，找了国内外一批专家进行研制开发，同时将 10 万只鹌鹑全部宰杀。1989 年，公司生产的“希望”牌 1 号乳猪全价颗粒饲料开始推向市场。这时候，擅长销售和市场推广的我也开始充分发挥自己的广告才能。

我租了一台刻印机，请一个写字好的朋友写好广告语。创意是我想的，稿子是我写的，字是我找人刻的，广告是我自己贴的，每家每户的猪圈都贴上了我们的广告。那个时候，这种广告方式成本低，效果特别好。在我的大力推广下，只用了三个月的时间，“希望”牌饲料销量就追上了正大。“希望”饲料的质量不比正大的差，每吨的价格却便宜了 60 元钱。

面对我们“希望”的不断蚕食，正大急了。价格战一触即发……但最后的结果是：正大退出了成都市场，我们“希望”牌饲料一举确立了在中国猪饲料市场的霸主地位。

当时，那句国人耳熟能详的广告词“养猪希望富，希望来帮助”就出自我之手。

04
创办新希望，跨界新领域

你应该不顾一切纵身跳进你那陌生的、不可知的命运，然后，以大无畏的英勇把它完全征服，不管有多少困难向你挑衅。

——泰戈尔

1992 年，随着业务节节攀升，开始进军全国的希望饲料公司被我们改组为希望集团，这也是我们国家第一个经国家工商局批准的私营企业集团。1995 年，希望集团年销售收入达到 20 亿元，同时被中国饲料工业协会评定为中国 100 家最大的饲料生产企业第一名，被国家工商局评选为全国 500 家最大私营企业的第一名。随着集团的规模化发展，1996 年，我又组建了新希望集团。

1993 年，我当选了全国政协委员。当年全国“两会”期间，我第一次以政协委员的身份在人民大会堂发言，题目是“私营企业有希望”。当时听说我要讲这个题目，很多领导担心：你怎么讲“私营企业有希望”呢？不过我发言以后，人民大会堂里响起了热烈的掌声，大家认为我讲得好。然后开“两会”新闻发布会时，第一次有民营企业家在那个地方面对全球媒体讲我们中国民营企业的进步和成长。

1994 年，我当选为工商联副主席，之后我做了很多调研。结果发现，民营企业家普遍反映的最大的问题是贷款难，当时的国有银行是不给民营企业贷款的，只给国有企业、集体企业贷款。而且那时候银行业经营也很困难，很多银行的坏账率达到 20%，到了破产的边缘。

于是，我们就想是否可以在银行领域做个尝试，由工商联牵头，由民营企业出资，办一家民营银行？我提出这个建议后得到了大力支持。我们以工商联的名义给中央写信被批准了。1996 年 1 月 12 日，中国民生银行成立。

我是中国民生银行的倡导者、筹办组副组长，也是第一批股东，并被选为副董事长。给银行起名字的时候，我们想了好多，最后决定用“民生”两个字：第一，我们是民营企业；第二，我们为民生服务；第三，民生代表了广大人民群众，关乎生活和民生之计，是非常广阔的事。

民生银行成立 20 多年来，从 13.8 亿元发展到现在 6 万多亿元的资产总规模，仅每年 500 多亿元的税后净利润，就是原来 13.8 亿元税后净利润的 30 多倍。它以民营企业、中小微企业为主要服务对象。它率先引进股东治理结构和独立董事制度，率先在中国和海外上市，也率先引进国际投资，以及国际规范的治理结构。

当初，我们的初衷是办一个由工商联牵头的、由民营企业出资的全国性的股份制商业银行，希望它成为银行业改革和创新的试验田，走出一条新路。应该说 20 多年过去了，民生银行在规模、收入、利润、对民营企业的贷款额、支持小微企业的服务等方面，都取得了很大进步。曾经有一段时间，民生银行的估值和招商银行一样多。

当然，民生银行的确也出现了一些问题。由于管理层或其他一些变动等原因，民生银行受到了冲击。

但是总体来讲，民生银行还是好的。通过 20 多年的发展，民生银行在探索更多的意义。

民生银行从小到大的发展过程，恰好是我国民营企业经济不断发展的过程，是民营企业不断规范运作的过程，也是民营企业对国家、对社会做出重大贡献的过程。

实践证明民营企业还是可以做好银行的，所以才有了后面新一批民营银行的组建。要是民生银行没有做的话，我相信国家不会突然一下批准十几个银行，这也是它的贡献。总体来说，民生银行是成功的，是为国家做出了贡献的。

05
有责任改变“中国制造”形象

每一个人都应该有这样的信心：人所能负的责任，我必能负；人所不能负的责任，我亦能负。

——林肯

我们从事农业产业已经 36 年了，起初在国内创业，那时候中国还没有民营企业。前面说道，一开始，我们就想搞音响，跟生产队一块去做，但是项目被“枪毙”了，被认为是搞“资本主义”。没办法，我们只好到农村做农业。中国改革开放是从农村开始的，我们从农村一步步走过来，到今天仍然坚守在农业和食品领域。

1998 年，我们开始去各国考察。当时，我们在中国已经是最大的饲料生产企业，但有没有可能把我们的产品推向全球？于是，我们跑到美国、欧洲、日本等很多地方，最后发现那些地方比我们先进得多，我们在那些地方不见得能做好。但在东南亚，我们

1999 年，新希望集团首次走出国门，在越南建设第一家海外工厂

比较有优势，于是在东南亚先干了起来。我们的第一个海外工厂在越南，这个工厂从建成到现在刚好 20 年。

起初，我们满怀信心，工厂建得不错，产品质量也很好，但到市场上却无人问津，当地人说我们产品的价格太高了。为什么会这样呢？他们本能地认为中国货中有三分之一是假货，所以应该半价卖。那时候，所有中国货在当地都卖得特别便宜，所以我们生产的饲料根本没人买。很多越南当地的农民还说：给你们一半的价格算是抬举你们了。因为当时，中国货在越南是低质量、低价格的代名词。我们很生气，但那时候的“中国制造”给人的印象就是这样的。

怎么办？我们决定通过自己的努力来改善中国制造、中国产品的形象。我们下了很大决心，不仅提升质量，而且还千方百计地改变他们对“中国制造”的印象。比如推出免费饲料，等农户赚了钱、猪养肥了，我们再挣钱，让他们用实践来检验我们的产品。经过种种努力，我们获得了成功。现在，我们是东南亚销量最好的饲料企业之一。我们的全球化取得了很大成绩，从最开始在东南亚（越南、菲律宾、柬埔寨），一步步走到斯里兰卡、孟加拉国、南非、澳大利亚等地。现在，全球 30 多个国家和地区都有我们的企业，我们在海外有近万名员工。

06
消费升级时代下的新思考

想要懂得一门知识，先得承认自己无知。

——列夫·托尔斯泰

5 年前，我们认真做了研究。2011 年时，集团销售额是 800 多亿元，当时我们提出未来 3 年销售额要过千亿元的目标。结果，2012 年的销售额不但没过千亿元，还比 2011 年少了一点，虽然少得不多；2013 年，我们的销售额仍然没有达到这个目标。

我们请了咨询机构来做研究，董事会专门成立了一个机构进行讨论。经过大概半年的讨论，我们发觉，现在社会变了，市场变了，我们必须为消费升级、为满足人们对美好生活的向往而变，否则没有任何出路。

我们研究的新兴科技型企业大多有这样四个特点。第一，无一不是从无到有做起来的；第二，多是合伙制企业，企业内激励机制、约束机制到位；第三，多数都有创新创业和新技术的“武装”；第四，其业务多是国内国际相结合的。

根据这几点，集团采取了一系列措施。首先是将集团年轻化，年轻人能够给集团带来活力。过去几年，我们的整个管理层的平均年龄下降了 15~20 岁。从高层到中层到基层，基本实现了高层

40 多岁，中层 30 多岁，基层 20 多岁这一格局。而过去，公司的高层管理者都在 50~60 岁。如果把我开除的话，高层管理者的平均年龄会更低。

我们成立了草根知本等公司，草根知本就是合伙制企业，经过了三年左右的发展，现在已经孵化出了几十家公司。这些公司的业务涉及围绕消费升级的冷链物流、保健品、宠物食品等方面，这些公司已经有 100 多个合伙人。

我们变成了一个平台型企业，草根知本就是个平台。草根知本下面有好几个产业赛道，而且这些赛道都是围绕消费升级的赛道。在信息化格局体系下，用 5 年时间把草根知本再建成一个“新希望”，是我们的目标。

07 写在最后——民营企业是改革开放的执行者、推动者和受益者

包括新希望在内的民营企业，是改革开放政策的执行者、推动者和受益者。换句话说，没有改革开放，就不可能有中国的民营企业，也不可能有新希望的今天。我们非常感激这个时代给了我们机会，感谢改革开放政策，也感谢改革开放以后，老百姓富裕起来带给企业的巨大的市场和机会。

没有改革开放大的政策，就不可能有今天的私营企业，也不

可能有新希望，这是大格局。首先，企业要埋头拉车，埋头拉车是指脚踏实地去做该做的事，对企业而言具体包括做产品、市场、营销、品牌、管理等；同时，企业要抬头看路，要看行业的路，要看市场的路，要看市场有没有发生变化；此外，企业还要仰头望天，了解中国加入世界贸易组织融入世界经济、中国经济转型、中美贸易摩擦等大格局的变化。企业要脚踏实地去耕作、埋头拉车，在抬头看路的时候，时不时地仰头望天，把这三者结合，才有可能不犯大错误。

改革开放 40 年，新希望也已发展成为一个营收过千亿元，以农业为主的集团化企业。社会在进步、在发展，我希望，再过 40 年新希望还继续存在、不要倒下。因为民营企业各领风骚三五年，

新希望集团董事长刘永好和新希望六和董事长刘畅

国内能够超过 10 年历史的民营企业不是很多，超过 20 年和超过 40 年的更是屈指可数。所以，新希望的目标首先是活下去；然后，活得好，这一点也很重要；最后，是要活得精彩。

改革开放 40 年了，中国经济已取得相当大的进步，人们生活水平也极大地提升了，广大人民群众也更有自信。希望改革开放更加深化，希望通过持续改革开放来解决民营企业发展过程中面临的一些困难和压力，通过改革开放来持续提升广大民营企业的参与感，通过改革和创新进一步提升中国企业的创造力从而提升中国在世界的竞争力，这是我在改革开放 40 年关头的新希望。

延伸阅读

私营企业有希望

（刘永好在 1993 年全国政协八届一次会议上的发言）

我作为一名私营企业家，被安排为第八届全国政协委员，参与讨论国家大事，感到非常激动，忍不住要在这个盛会上讲一讲我们的心里话。

首先，私营企业的发展，归功于党的改革开放政策。

“希望”牌饲料是全国有名的产品，希望饲料集团是由我家弟兄四人创立的，是饲料产销量位居西南三省第一的私营企业集团。我们弟兄四人大学毕业后都在机关、学校端“铁饭碗”。

1982 年，随着农村经济体制改革浪潮的兴起，我们辞去了公职，从城里来到成都市郊新津县古家村。当时，我们确实经历了激烈的思想斗争。

我父亲 1938 年就参加革命，母亲毕业于黄埔军校。他们与无数革命前辈的奋斗，不就是为了让人民过上幸福美满的生活吗？我们四弟兄上大学，都是靠助学金读出来的，从小就有报效祖国的理想。

我在古家村当过四年知青，面对一个劳动日只值二角七分钱的现实，曾数次发誓要改变家乡贫穷落后的面貌。现在，党和政府给了我们施展才华的机会，我们横下心来“下海”了。

我们卖掉家当，集资 1 000 元，办起了“育新良种场”，开发出一整套鹌鹑养殖繁育生产技术，并无偿地传授给乡亲们，新津县很快就成了全国有名的“鹌鹑王国”。

党的政策使我们的事业取得了成功，但富了会不会被“枪打出头鸟”的议论却始终没有消除。

1986 年，国家科委主任宋健同志视察了我场，大为赞赏，欣然题词：“中国经济的振兴寄希望于社会主义企业家。”改革开放的新高潮使我们看到了未来道路的希望之光，为此我们将企业取名为“希望”。

1988 年，我们投资 200 万元兴建了希望饲料研究所。1989 年开发出“希望”牌高档饲料，深受广大农民的欢迎，被列为国家级“星火计划”科研项目，连续获得国家“七五”星火成果博览会金奖，全国饲料工业新技术、新产品特别金奖，首届中国农业博览会金奖，产销量连续三年居西南三省第一位，成为可以和正大饲料媲美的拳头产品。与此同时，投资 1 000 元起家的“育新良种场”也发展成为拥有 11 家下属企业、自有资产 1.3 亿元、3 年产值 3 亿多元的希望饲料集团。

10 年中，不知流了多少汗水，但是再苦再累，我们坚持天天读报纸。我们可以几年不看电影和电视片，但每天的新闻联播必看。因为，只有时刻关注国家改革开放的进程、坚决执行党的政策，我们的事业才会兴旺发达。

其次，作为私营企业，可以对社会做出应有的贡献。

希望公司的发展促进了古家村的巨变。如今，古家村家家有小楼房，户户门口直通水泥路，有十几户还买了汽车，全村有 70% 的人从事与饲料产、供、销有关的行业。古家村一跃而成四川省首批亿元村之一。

希望公司还促进了新津县的经济发展。近三年我公司上缴税收 500 万元，人均年缴税 2 万元，私营经济上缴税收占全县总税收的 30% 以上。我们还为办电、修路、扶贫、办学等捐、集资上百万元，深受各界好评。

希望公司还对社会做出了贡献：围绕饲料产供销一条龙，设立了 5 000 多个销售点，安排了 1 万人就业，起到了稳定社会的作用。我们三年生产 30 万吨饲料，由于配合饲料转换效率高，相当于节约 30 万吨粮食，增加 30 万亩良田，起到了节约耕地的作用。

此外，社会主义市场经济体制的确立，让私营企业感到有希望。

作为四川省私营企业协会副会长，我在与私营企业家的相互交流中，了解到大家有一个共识，就是党把私营企业看成是由计划经济向社会主义市场经济过渡的重要力量，是非常英明的，都表示要抓住这次历史的机遇，轰轰烈烈大干一场。

我有很多位外商朋友，来投资前总要先同我聊聊。他们说一个地方对私营企业的态度如何，是决定其是否到那里投资的依据之一。如果对本地的私营企业都不重视，还怎么谈得上支持外来的私营企业呢？我就用公司这些年发展的实际例子现身说法，结果使很多人都打消了顾虑，踊跃到国内来投资开发。因为我坚信我们党制定的改革开放的政策不会变。

从小平同志南方谈话至今，希望集团获得了飞速的发展。

1992 年年初，我们投资 1 000 多万元进行的新津希望饲料厂二期扩建工程，完工后将成为我国最具规模的现代化饲料厂之一。

在重庆和绵阳市，我们分别投资 1 000 万元建成了希望饲料公司。下半年在河南、上海和云南昆明投资建立的希望饲料有限公司也即将投产。

我们还在成都西南航空港征地 148 亩，修建“希望花园”公寓和四星级大酒店。我们正准备投资 3 000 万元，筹建希望食品有限公司，开发生产美式红肠等系列食品。在江西、湖南、山东等地，我们还与有关国有企业洽谈合资、合作事宜，利用我们的经营管理及技术优势，帮助企业转换经营机制，提高经济效益。

作为全国政协委员，我要更好地起到模范带头作用。具体讲，就是要模范地做到爱国、敬业、守法和以科技为本。

爱国，即我们所做的一切都要有利于国家；敬业，是指勤勤恳恳、踏踏实实地创业，去努力开拓；守法，即模范地遵守和执行党和国家的政策法令。

以科技为本，是指科技是我公司发展的根本，过去靠它发家，今后还要继续坚持下去。五年之内，我们要争取把希望集团建设成为跨行业、国际化的现代化集团企业，为国争光！为我国民族工业争光！

05

李东生

我很享受做企业的37年，坚守实业甘之如饴

岛君说

过去 40 年，中国发生了翻天覆地的变化，每一个行业都英雄辈出。家电作为最早充分竞争的行业，更是后浪推前浪。

本章讲述自己经历的这位，勇立潮头 30 多年，至今依然在一线拼杀。他曾为企业改制押上全部家当，因为一起并购风险，焦虑到要靠安眠药入睡。

现在回过头，他说自己“做了 37 年企业，很享受这个过程”，未来只要方向对，不怕路遥远。

他便是 TCL 集团董事长兼 CEO 李东生，这是他的故事。

01
同学少年，时代造英雄

我是恢复高考后的第一届大学生，参加高考前在知青农场，和很多年轻人一样，高考改变了我的命运。拿到大学入学通知书时，我很兴奋，心情无以言表。

4 年大学生活很快过去，那时中国改革开放从农村向城市推进。我回到家乡惠州参与了第一家企业（也是中国第一批中外合资企业——TTK 家庭电器有限公司）的创立，一步步走到今天。

我们那一届同学有很多做企业的，其中很多都是企业的负责人，他们的企业包括创维、康佳等。

在广东经济界，除了做电子、机械的，那一届出来成为成功企业家、管理者的挺多。能有这个成功，我们要感谢这个时代，这个时代创造的机会是我们这一代人成功的基础。

我记得大学毕业的时候，学习成绩最好的那一批同学很多都到国外去了。20年后，我们有一次聚会。那时候，在国内事业有成就的同学比例更大，在国外的基本上是工程师，有些是大学教授，也很有成就。但是，去国外的同学基本上没有成为企业家的。

产生这个变化，最重要的原因是我们经历了伟大的时代。所以，对于我们这一代人来说，经历了改革开放40年，经历了从上大学到做37年企业的历程，心中非常感慨。

02
第一桶金，始于磁带业务

从1981年初创到80年代末，企业完成了原始资本积累。那时候，中国企业从一个非常低的起点起步，面临严重的短缺经济状况。

大学毕业的时候，我记得购物还是要用大量的各种购物票，不是有钱就能买到东西的，什么东西都短缺，这意味着市场有巨大的机会。那时候，胆大、敢于尝试就能有很多机会。可以说，无论做什么，只要做好，就能赚钱。

当时，国内的录音机快速普及，特别是广东，对磁带有大量需求。我的第一桶金，就始于磁带业务。

然后，我们做电话机。当时，惠州用的电话机还是摇把子的，我们一下子跳到做程控电话机，还开发出当时国内首款无源的延伸电话，这个是突破。这个产品技术的创新使得我们在电话机产业取得非常好的业绩，也奠定了 TCL 品牌的基础。那是公司高速成长，完成初始资本积累的阶段。

那时候，中国内地经济也快速成长，大量接收国外先进国家的经验。当时的香港也非常先进，它的知识、管理方式、产业经验，都非常值得我们学习。

改革开放后，最早进到广东的是一批港资企业。当时，香港的制衣业和电子业是两大支柱产业。这两大支柱产业在 20 世纪 80 年代逐步移到内地，先是来料加工，还有少数合资企业。那时候，广东的改革开放，对全国的改革开放有非常好的影响和辐射作用。

03
押注改制，投入全部家当

1996 年，时任惠州市市长李鸿忠提出，企业下一步的发展方向是体制改革，他比其他人更早看到这一点。所以，我们体制改革的方案从 1996 年就开始制订，相比广东省其他地方，我们走得比较靠前。当时，李鸿忠市长提出了明确要求，必须要在现有的法律法规框架下进行。

如果要在这个框架下进行，方案设计就非常困难。如果当时拿的是红股[①]就比较简单，我们马上就能得到一部分股权。但我们要实实在在的股份，要获得与大股东同样的权利，就一定会用到资源。

虽然政府没有给我们企业投一分钱，但我们是用政府的政策资源发展起来的。当时，我们集团的净资产有 3 亿多元，全部归地方政府。最后，税务总局为 TCL 改制出了一个文件，给我们规定了税率，允许我们递延缴税，在政策上帮助我们顺利实现改制。5 年内，我们缴的税从 1 亿多元，上升到 10 亿多元，对社会做出了巨大的贡献。

员工对方案没有什么质疑，这个方案很有挑战性，承担的主体是我。当时，我把自己的 50 万元财产抵押给政府，如果达不到目标，我的所有家当就赔给政府。虽然最后得到的奖励金额和我抵押的财产不成比例，但毕竟我把身家全部押进去，政府作为大股东，还是把经营权给了我。

有了授权经营，也就有了约束。在这 5 年当中，经营权给了，按协议规定，我可以放开来做，在做很多经营决定的时候，不需要请示政府，只要每年给政府做汇报。政府看到企业不断发展，也不质疑了。

这个方案当时设计出来确实有它的超前性，在合规合法方面也做得比较到位。后来，政府向国外的大企业，包括东芝、飞利

---

① 红股是免费派送给股东的股份，投资者可将红股视为股息的部分。——编者注

浦出让一部分股权。2004 年，我们整体上市，又吸收了大量社会资本，才形成我们现在的结构，变成了非公企业。

李东生在 TCL 前身惠丰电子

04
痛的领悟，技术买不来

注重技术是近 10 年的事，我们在全球化中遇到了很大的困难和挑战，所以一定要在技术创新方面赶上世界水平。

当年，我们的跨国并购遇到了困难，其中很重要的原因是我们对技术发展判断的失误。2004 年并购汤姆逊彩电业务时，它拥有的彩电技术专利是全球最多的，但是我们没有想到彩电很快从显像管转到显示面板，而汤姆逊的专利几乎全部集中在显像管。我们并购的时候觉得买了一大堆技术，上了一个台阶，但实际上这些技术很快就没用了，而新的技术我们又不掌握。

这种情况大大增加了并购的难度。技术转型和并购同时发生，这当中的风险管理非常有挑战。在 2005 年、2006 年的时候，差不多有大半年，我是靠安眠药才能睡得着的。经历过那场痛苦，再面临困难的时候，我就会以平常心去面对：这一仗输了不要紧，下一仗我要赢回来。

所以，当时我付出的代价非常大，面临的困难挑战也非常大，差点没有活过来。其中重要的原因是我们积累的技术能力不足，所以“工贸技”是我们过去 10 多年的切身体会，我们要逐步把更多资源投入技术研发。

华星光电在 2009 年立项的时候，我们手上并没有技术，也没有产业经验，买不来这个技术。全球做这个产业的公司屈指可数，中国台湾地区、日本、韩国的公司加起来不超过 10 家。这些公司不会对外输出技术，所以我们搭建了全球化团队。

我们从中国台湾地区、韩国引入了一批有产业经验的人，又招聘了一批年轻的工程师，从零开始创立我们的业务。经过 9 年的发展，华星光电在全球半导体显示产业中具备了很强的竞争力。截至 2018 年 6 月，华星累计申请中国专利 12 672 项、美国专利 7 190 项，核心技术专利能力居中国企业领先水平。在重点布局的量子点领域，华星累计申请专利 648 件，排名全球第二，这是一个巨大的突破。

李东生在华南理工大学门口与同学合影

05
读曾国藩，不断学习反思

对于 TCL 的这轮并购，大家讲得比较多的是“鹰的重生”，那时我们在全球化过程中摔了跟头，但是我们不能就此倒下，要把当时通过并购形成的基础，把全球化能力真正建立起来。

我一直不同意一个说法——TCL 跨国并购是失败的案例。没有跨国并购，就没有后来全球化的 TCL，只不过我们付出的代价非常大，遭遇的困难比预想的多，但是我们活下来了。活下来后，并购建立的能力就开始慢慢积淀，成就了日后全球化的 TCL。

之所以写《鹰的重生》，跟我的性格有关，我比较喜欢学习、反思。我开始当集团的董事长是在 1996 年，当时我才 39 岁。当了企业最高领导，就意味着很少能听到别人对你的批评。在这种情况下，如果没有一种反思的习惯，你就会不停地犯错误。

在学习当中，我也受到一些人物的影响。比如我比较喜欢读曾国藩，他是近代成功人士当中特别喜欢反思的，我认为这一点成就了曾国藩的成功。中国文化本身就缺乏一种批判精神，特别是一个人当领导后，别人提意见就比较难。所以，反思的习惯非常重要。

2014—2016 年，TCL 的发展是停滞的。如何为企业发展注入新的动力，要在哪些方面下功夫，是正在推进的新一轮的变革创新。2014 年，我们提出要转型，但是这次转型没有成功，我们要反思转型失败的原因。这轮变革，我们就要找到转型没有落地的原因。

越有历史的企业，被大企业并购的概率就越高，这也在不断刺激着企业组织这个集体，让大家对外部的变化能有更敏感的反应，这样我们才能保持企业的活力。这轮变革的成果在 2017 年初步显现出来。2018 年，我们的改善是持续的。

公司在初创时期，非常有锐气，成长非常快，能够快速超过很多老牌企业。当时，我们还不觉得自己有锐气，没有过往的成功包袱。而今天我们意识到，TCL 已经成为很有历史的企业，就算你意识到要改变，也不是那么容易的事。

如果不是有一个变革创新的文化基因在推动，TCL 可能很难走到今天。

06
聚焦资源，给组织做减法

面对全球的竞争，我们的公司战略更为清晰，简单讲就是我们要聚焦我们的资源，集中我们的资源，聚焦我们的主要产业。如果企业的业务铺得太开，很难真正有优势，这是我们观念的一个改变。

我们首先要做减法。从 2017 年年初到现在这约两年时间，我们大概重组、剥离了 30 家企业，企业的数量少了，销售收入同比也好像下降了。整体来讲，我们整体营收的增长不大，因为有一部分业务被剥离出去了，我们希望这个改变让其他产业的竞争力提高。

做完这一步减法，我们同时还要做企业组织的调整。在这方面，我们一直倡导的是“简单、高效”，所以这一轮组织变革中很重要的一点就是要优化组织流程，提高我们的效率。经过这一轮变革，高管团队的平均年龄下降了5岁，这是很大的变化，各个层级的干部都变得年轻化了。

这种重组会让受到不利影响的人尽量减少，只要重组也做得比较到位，变革就会得到更多人的支持。当然，在变革中，总有人会失落，会有挫败感，会被淘汰，这是不可避免的。如果企业不这样推进的话，就没有竞争力。

对于我自己来说也是同样的道理。今天，我在企业的领导岗位，必须要有能力带领企业往前走，很多事情要自己先想明白。如果哪一天感觉自己的能力是企业发展的瓶颈，我就应该退下来。因为企业是社会的，作为企业领导人必须对企业的股东、员工负责，要让企业发展得更好，如果做不到就退下来。

07
“做企业37年，我很享受这个过程”

我大学毕业就是做工业，已经不太会做别的东西了。当然，这是玩笑话。

TCL的起步和发展过程以工业为特色，所以我们企业的能力也集中在工业上。我们也尝试过进行其他投资，包括房地产，但是在这些领域里，我们并没有优势，所以很快就退出了。我参考过很多企业成功和失败的教训，发现企业要成功就一定要有聚焦，所以我们坚持做实业，我认为这是对的。

在做实业的过程中，我切身感受到，中国的竞争力是建立在实业基础上的，中国是拥有 14 亿人口的大国，没有实业基础，服务业是很难发展的。

我曾看到过一个统计数据，中国在服务贸易方面是逆差，因为中国人出国旅游的太多了。但这不代表中国经济的竞争力，中美贸易摩擦很明显地体现出来，敢不敢面对、怎么应对，最基础的就是实业能力。

有一句话：只要方向对，不要怕路远。在制造业，大家说做实业很艰难，到这个阶段，打的都是硬战，啃的都是硬骨头。这个阶段依然会很艰难。

作为一个企业的创始人，特别是做实业的企业的创始人，一定要有一个梦、一个愿景，要能够为国家的强大、民族的复兴承担使命和责任。也就是说，你要有金钱以外的追求。很多企业家做到一定程度，金钱多少已经对他影响不大。这时候，他的动力更多不是来自金钱，而是来自理想、信念、责任、使命。

这也意味着巨大的压力，所以要能够坚持，要享受这个过程。我做企业 37 年，很享受这个过程。我能够从每次成功中获得愉悦，这样才能走到今天。更重要的是，我不是一个人在走，我们整个团队，一帮兄弟姐妹和我一块走。所以在这个过程中，大家相互激励更容易实现突破。

06

俞敏洪

只要不放弃，就永远没有失败！

岛君说

一个曾经的留级生，让无数学子的人生升级；他从未留过洋，却组建了一支跨国的团队，用26个字母拉近了此岸和彼岸的距离；他胸怀世界，志在东方。他，就是新东方教育集团创始人俞敏洪。

2006年9月7日，新东方在纽约证券交易所成功上市，开创了中国民办教育发展的新模式。

有人说，俞敏洪就像一本历经风霜的手抄本，没有钱，没有势，没有富裕的家庭，没有显赫的背景，没有根深的关系，更没有出众的仪表，全靠一步一个脚印的拼搏。国内最大的英语培训机构——新东方声名赫赫。20年来，它帮助数以万计的年轻人实现了出国梦，莘莘学子借此改变了自己的命运。有人评价说："在中国，任何一个企业都不可能像新东方这样，站在几十万青年命运的转折点上，站在东西方交流的转折点上，对中国社会进步发挥如此直接而重大的作用。"

只是，在通向成功的这条路上，俞敏洪走得并不轻松……

01
考学，人生不如意十有八九

20 世纪 60 年代，我出生于江苏省江阴市的一个山村。

虽然我的家庭很普通，但是从父亲那里，我学到了宽厚，学到了退一步海阔天空的处世态度。我的父亲活得很潇洒，他友善地对待周围的每一个人。因为不计较，所以不悲伤；因为不在意，所以不落寞。他的人格魅力影响着我，让我懂得要真诚、宽厚地对待身边的每一个人，坦然面对失败和痛苦。生活，正是在这种坦然、与世无争的态度中，变得更加美好。

在那个年代，我当时的目标就是考上大学离开农村。而为了实现这个目标，我经历了三次高考。

第一次高考，我的目标并不高，只是想考上江苏省的师范专科学校。但即便如此，我也没有通过。师专的英语录取分数是 38 分，而我只考了 33 分。所以，我只能回农村当农民。

接下来的日子，我一边干农活一边努力学习，晚上就在煤油灯下看书。然而，功夫不负有心人，似乎指的不是我。第二次高考，虽然我的英语成绩从 33 分涨到 55 分，但是和我想读的大专学校的要求还是有 5 分的差距。当时，我这样分析自己的现实状况：倘若再努力奋斗一年，一定可以过线。

就这样，我第三次参加高考，居然考过了北京大学的录取分数线。收到录取通知书的那一刻，我正在地里种菜。我想，有时候，在痛苦和失败中，在持续不断的努力中，才能取得成功。人一辈子的努力，就是不断制定目标；如果失败了，那就重新出发努力。人生，就是这样一个不断进步的过程！

人生不如意十有八九，我就是这样，虽然进了北大，但是和周围同学相比，差距却格外大。因为来自农村，我的英文夹杂着浓厚的家乡口音，听力更是不行。老师评价我说的英文："除了'俞敏洪'三个字能听懂外，其余的都听不懂！"所以，我决心改变。我戴着耳机，在北大语音实验室里废寝忘食地练习英文听力，钻到北大的小树林里，开始疯狂的英语之旅。就这样，一天十几个小时的狂听狂背，眼睛都绿了，我终于成了会听英文、会说英文的人！

但遗憾的是，读到大三，我又生病了，因为得了肺结核，我要休学一年。这也就意味着我"留级"了，和原来的同班同学又差了一大截。在当时看来，这个打击对我来说就是毁灭性的。

概括上大学三件事：知识、友谊、爱情。可是，伴随我的永远是绝望：学识不如人，聪慧不如人，身体不如人……

毕业那年，我留了校。只是当时的留校任教远没有现在这般风光，那时候出国才是成功的标志。我周围的朋友和同学，徐小平、刘江、包凡一……陆陆续续都去了美国和加拿大。

总结我大学的这段经历：没有一个女孩爱上过我，我是个 loser（失败者）；在北大教了 7 年书没有什么成就，我是个 loser；在北大 10 年没参加过任何活动，没加入过任何团体，我还是个 loser……当然，我也承认北大对我的熏陶：没有北大，就没有新东方。现在，新东方的一些精神或做事情的一些方法，坦率地说是融入了北大精神的。

02
辞职，感受到从未有过的经历

中国那时候出现了留学热潮，我也萌生了出国的想法。

1988 年，我托福考了高分。但就在我全力以赴为出国而奋斗时，美国对中国紧缩了留学政策。以后的两年，中国赴美留学人数大减，再加上我在北大的学习成绩并不算优秀，赴美留学的梦想在我努力了三年半后付诸东流，一起逝去的还有我的所有积蓄。

为了谋生，我到北大外面去兼课教书，后来又约了几个同学一块儿出去办托福辅导班，为再次准备出国留学积攒学费。但1990年秋天，我的如意算盘被打碎了：因为打着学校的名头私自办学，北京大学在校园广播、有线电视和著名的三角地橱窗里高调宣布了对我的处分决定。对此，我没有任何思想准备。

上课时，学生对我异样的目光让我真切地感觉到，这里我已经待不下去了。1991年，为了挽救颜面，我不得不离开北大，被迫辞去了北京大学英语教师的职务。我的生命和前途似乎都到了暗无天日的地步。离开北大后，我开始在一个叫东方大学的民办学校办培训班，学校出牌子，我上交15%的管理费，这一年我29岁。我的目标很简单，就是挣一笔学费，摆脱生活的窘境，然后像我的其他同学和朋友一样到美国留学。

我在中关村第二小学租了间平房当教室，外面支一张桌子，放一把椅子，“东方大学英语培训班”就正式成立了，但教职人员其实就我和妻子两个人。

第一天，来了两个学生，看到“东方大学英语培训班”那么大的牌子，只有我们夫妻俩，破桌子、破椅子、破平房，登记册干干净净，人影都没有，他俩满脸狐疑。我见状就赶紧推销自己，像是江湖术士，活说死说，让两个学生交了钱。可还没等我们从高兴中回过神来，两个学生又回来了：他们心里不踏实，把钱又要回去了……

后来，我心生一计：现在学生少，赚不到钱，干脆办免费讲座。

我写了广告，定了中关村二小 50 人的大教室。结果出乎我的预料，晚上来了二三百人，教室里挤得满满当当的，教室外还有 200 多人，把四个窗口堵得严严实实。见到这么宏大的场面，我精神倍增，侃侃而谈，超水平发挥，两个小时下来，效果特别好。虽然天气寒冷，但是全场没有一个人先行离开。这是我在北大从未有过的经历。我在学生的眼神中感受到了一种激情、一种渴望，这种激情和渴望给了我震撼和希望。

没过多久，我租了间图书馆，虽然场地大了许多，但还是有好几百人进不来，我干脆到户外去讲。凛冽的寒风中，我站在一个大汽油桶上，像革命志士一样慷慨激昂，讲得我自己和学生都热血沸腾……

2000 年 12 月 19 日，新东方校长俞敏洪在讲课

“免费讲座”开创了北京民办教育的新形式，为我的出国考试培训打开了局面。1993 年 11 月 16 日，这一天我记忆犹新。因为“新东方”在北京西北角西三旗的一间平房里诞生了。

其实这时候，我已经挣够了学费，可以追随我的大学同学们出国留学了。可是停下来往回一看，我才发现，新东方这驾马车已经走了很长一段路程，学生人数在几年间已经增加了好几百倍，并且涨势迅猛。这时，摆在我面前的有两个选择：出国，还是继续办新东方？

03
创业，找到了终身事业

在我决定留下来的时候，我就意识到新东方将是我的终身事业。我想到了国外的老朋友们，我需要这些人与我一起干。我要把新东方做大做强！

因为在同学眼里，我是最没出息的人，我的成功给他们带来了信心，结果他们就回来了。

1995 年年底，我飞到北美，那里曾是我魂牵梦绕的地方，当年就是为了凑留学的费用，我丢掉了在北大的教师职位。在加拿大，徐小平听了我的创业经历怦然心动，毅然决定回国和我一起创业。在美国，看到那么多中国留学生碰到我都会叫一声“俞老师”，已在美国贝尔实验室工作的王强也深受震动。1996 年，王强终于下定决心回国。

在我的鼓动下，昔日好友徐小平、王强、包凡一、钱永强陆陆续续从海外赶回加盟了新东方。经过在海外多年的打拼，我的这些海归同学身上都积聚起了巨大的能量。这批从世界各地汇聚到新东方的个性桀骜不驯的人，把世界的先进理念、先进文化、先进教学方法带进了新东方。

从 1995 年起，新东方进入快速增长期。招生人数每年递增 100% 以上！仅仅 6 年时间，学生人数由 1994 年的 3 500 人，增加到 2001 年的 25 万人，增加了约 71 倍。而且，新东方还建立了比较完备的出国考试培训、基础外语培训、出国留学服务教学体系和正在展开的相关产业体系，市场竞争半径伸展到了主要中心城市。

我是“一只土鳖带着一群海龟奋斗”。如何将这些有个性的人团结到一起，并让每个人都保持活力和激情，是我首先要面对的问题。但这还不是最要命的。

因为，我又经历了一次打击。1998 年 8 月 21 日，我在自己家的楼道里遭遇了 2 名男子的抢劫，一名男子给我注射了动物园给大型动物使用的麻醉剂，而且剂量大得吓人，我在医院被抢救了一天一夜，才最终捡回一条命。但是，刚收上来的 200 万元学费被劫匪洗劫一空。

这次抢劫，让我的身体和精神遭遇了双重打击。被注射如此大剂量的麻醉剂，连医生都说活下来就是一个奇迹，能不能恢复正常谁也不能保证!

我陷入深深的抑郁当中，甚至无法开展工作，董事长的职务也由徐小平代理。可以说，这是我在创业以来遭受的最大一次打击。很多人觉得这次我一定完了，但是我告诉自己，不能放弃，决不能放弃。以前我是为了家人而活，但现在我还要为新东方的员工而活，甚至要为那些渴望学习英语的人而活!

在新东方，没有任何人把我当领导看，没有任何人会因为我犯了错误而放过我。在无数场合下，我都难堪到了无地自容的地步。我无数次后悔把这些精英人物召集到新东方来，又无数次因为新东方有这么一大批出色的人才而骄傲。因为这些人的到来，我明显进步了，新东方也明显进步了。所以，我还是想说：没有他们，我到今天可能还是个目光短浅的个体户；没有他们，新东方到今天可能还是一个名不见经传的培训学校。

04
上市，你不放弃就永远没有失败

2006 年，美国东部时间 9 月 7 日上午 9 点 25 分，新东方在纽约证交所上市。很多媒体给予了我高度赞誉，说我是“民间力量的一个符号”“出国梦的制造者”“他和他的新东方将中国人望而生畏的出国考试变成了福特式生产线”……

但是我始终记得的是新东方的精神。小时候，我家门前有一条路，一下雨，路就被水冲出一条沟，中间必须垫一块砖头，你才能走过去。有时候，一怕，一跳，就掉到泥里去了。所以，每次下雨的时候，我都要拣一块砖头，垫在沟中间，来往行人，一脚就垫过沟坎了。

2004 年 10 月 13 日，俞敏洪在北京

新东方精神就是这样一小块砖头，在每一个学生奋斗得最艰难、最疲惫的时候，我们就是这块垫脚石，让他们顺利跨过这个沟坎。我们要给他们力量，给他们知识，给他们方向。新东方只要做到这一点，就够了！

有些人上市是为了圈钱，而新东方上市是希望用美国严格的上市管理制度，来规范新东方的行为。但是，东西方文化毕竟有很大不同，对同一件事情的理解会出现偏差，甚至是黑与白的偏差！

2012 年，本来一次很简单的 VIE（可变利益实体）结构调整，却被别有用心的人利用。当年 7 月 17 日，新东方宣布收到美国证券交易委员会关于 VIE 结构调整的调查函件。此调查一出，新东方股价随即应声大跌 34.32%。

第二天，美国浑水公司在网站上挂出长达 97 页的报告，质疑新东方财务数据造假。8 小时后，新东方股价再跌 35%。在新东方收到美国证券交易委员会关于 VIE 结构调整的调查函件第二天，美国浑水公司就能在网站上挂出长达 97 页的报告，这显然不是巧合。

对于浑水公司希望通过做空中国公司而获得巨大利益的做法，我那时候的情绪不是担忧、愤怒，而是羞耻。因为我想，如果被停牌或者摘牌，那就恶心死了。

我这个农村出来的草根，一步一步走向今天的位置，经历过多少危机，遭遇了多少失败，甚至面临过被劫持的死亡威胁，但是我从来没有放弃过。更何况这次是为了荣誉而战，我必将决战到底！最后的结果是，浑水公司灰溜溜败下阵来！

随着新东方越来越壮大，我面对的困难也越来越多了，虽然有些困难是由于客观现实造成的，但我也承认有些困难完全是由于我的无能和性格缺陷所致。放眼看去，我也开始明白，只要新东方存在着、发展着，我所面临的困难和痛苦将会无穷无尽。多少次痛苦万分时，我下定决心要放弃新东方，希望离新东方越远越好；多少次在我离开新东方一段时间后，又对她如此魂牵梦绕、日夜思念，只要听不到新东方的消息就茶饭不思、坐立不安。我想，只要不放弃，就永远没有失败！

05
致敬 40 年

过去，大家都觉得中国很穷，中国人无论怎么努力都依然很穷。我们小时候也很努力，我从 6 岁就开始干农活，干到 18 岁依然很穷。但是到了 1978 年改革开放以后，国家政策改变了，改革开放政策释放了人们真正的潜力。所以我觉得，这 40 年最大的成就是国家的各种政策，包括现在的“一带一路”倡议，都是在不断释放人们的想象力、创造力，向你传递一种信号，给你指明正确的道路，让你沿着这条路往前走。

我要表示感谢。因为在这 40 年间，我们可以抬起头来看看天空，听听远方的风声，想想地平线之外的事情。

要知道在过去几千年中，中国人是没有这个机会的。我们终于敢于想象，可以凭自己的努力创造自己喜欢的世界，可以行走天下而不用安于一方；我们终于可以自由地读书，而不是背诵教条；我们终于可以自由地交流思想，而不至于惊恐万分；我们终于可以舒一口气，对着大地宣誓一下自己的存在。

这一切，是改革开放给我们的机会和权利，是40年间一代又一代领导人深刻理解中国和世界发展趋势而做出的正确决策。我们有幸生在了这个时代，有幸经历了这个时代，而且还要经历后面更好的岁月。

中国几千年，前无古人，念天地之悠悠，独怆然而开怀。我为生活在这个时代而感到幸运，为还能够迎接后面几十年的变化和发展而激动。

有多少人能够经历我们20世纪60年代出生的这代人所经历的这几十年的光阴？又有多少人能够面向未来还能遐想青春和岁月？有多少人能够同时经历20世纪60年代的极端封闭、70年代的阳光出现、80年代的思想解放、90年代的世界融合，21世纪第一个十年的传统崩溃以及第二个十年的科技颠覆？

有多少人能够同时经历20世纪60年代的"斗私批修"、70年代的"批林批孔"、80年代的包产到户、90年代的私企蓬勃，以及当今的共享经济？

又有多少人能够从一无所有的穷光蛋变成搅动世界经济大潮的企业家？这是人类生存史上的奇迹。我们这代人生活了50多年，经历了人类社会几千年都没有出现过的风云变迁、惊涛骇浪、社会发展、国家繁荣。"向天再借五百年"，我想古人就算向天再借五千年，又怎能敌过我们这40年改革开放的时光？

所以，我要感谢，感谢父母把我生在了这个时代，感谢党和政府引领我们走向了这个时代，感谢世界把我们送入了这个时代，感谢各位政治家、企业家、思想家一起创造了这个时代。时代让我们变成了我们今天这个样子，我们也让这个时代变成了今天这个样子。

我们也要感谢自己，在这个风云变幻的时代没有放弃自己，没有放弃奋斗，因此我们也成就了自己，成就了这个光辉的时代。

我三次参加高考最终走向北大，到在北大毅然下海创办新东方，新东方从一家十几个人的培训机构成为美国上市公司，我也从一个默默无闻的青涩少年成为一个游遍世界的成熟中年人。我从一名一无所有的浪子成为朋友遍天下的行者，享受自由之思想、独立之精神，所有这一切都是这个时代的馈赠，这个时代把人类奋斗了几千年的美好结晶送给了我们这一代。

所以今天，我们庆祝改革开放40年，庆祝中国人民自由发展、努力奋斗40年，庆祝党和政府制定正确道路40年，庆祝世界科技高速发展40年。在这40年之后，我们相信还有更加精彩的40年。我们在这里庆祝过去，更在这里期待未来。那更加美好的、让一代代中国人生活得更加美好的未来，让世界变得越来越和谐、融合、发展的未来！

07

胡葆森

真正成功的企业不一定特赚钱，但都按这四个标准行事

岛君说

在河南，建业是企业界的代表，胡葆森是企业家群体中的典型。

见过胡葆森的人，都称他为“老胡”，包括见诸报刊传媒上，老胡似乎为此怡然自得。也难怪，但凡出现在各种公众场合，胡葆森必是微迈八字步，一颠一颠，向上微扬起脸，气宇轩昂，无论何时，总保持着一种平和、大度而有亲和力的微笑，其间，凛然现出霸气。

想当年，他提出“深耕河南”“造福中原人民”，不少人觉得这只是一个政治噱头。然而，他却鞠躬尽瘁，跨越一道道沟壑，以丰盛的“建业+”幸福生态系统为河南人民营造美好新生活。他是一位从不计“锱两之争”的远见者，从深耕盐碱地到让建业连续10年位列房企百强，他身体力行地书写着民营企业的地产足迹和商业文明。

让很多人不理解的是，当年仕途正劲的胡葆森为何执意下海创业？是什么给了他底气，哪怕未来房地产进入万亿时代，建业也会努力保持在房企百强之中？又是什么让建业能够如此健康、长久而强劲？

01
靠“炒楼花”淘到第一笔创业资金

我出生于河南濮阳县（现为濮阳市），中学毕业后回到原籍插队劳动，1976 年进入郑州大学外文系英语专业学习。大学毕业后，我受河南省对外经济贸易合作厅委派，代表省外贸赴香港参与成立进出口贸易机构。自 1982 年开始，我在香港工作近 10 年之久。

身在异地，内地的贫弱或强大，直接影响着我对周遭气氛的观感。祖国如果很穷，无论你走到哪儿，受到的待遇都不会好。反过来讲，作为美国人，不管走到哪儿，他都有一种难以掩饰的自豪。当然，美国现在树敌过多。

1984 年前后，我开始陪同河南省相关领导出访国外。进行自我介绍时，我说“我来自中国”和“我来自香港”，得到的反馈往往是不同的。直到 20 世纪

90年代，这种因贫穷而产生的自卑感也并未消除。

在这40年中，在全世界对中国看法的变化方面，我应该算是一个很有资格的见证者。我见证了全世界对开放前后的中国的态度变化，简直不可同日而语。

到香港的第十个年头，攒了几万元的我决定下海。当时，看到房地产市场经过了20世纪80年代后期的长期低迷，到90年代初期开始启动，我觉得这是一个机会。

另外，贸易当时作为一个纯粹的中介业务，已经比较难做，我们面临着商业模式转型的问题。所以创业伊始，我们就尝试性地做了一些“炒楼花”的业务。

然而，创业不久我便遭遇了亚洲金融危机的爆发，可以说我迎来了人生的第一次大挑战。1997年，我在香港投资了一层楼，46天赚了大概1 700万元，接着我头脑发热，又花了1 320万元投资了一层楼，交了20%的定金。结果金融风暴来了，这20%的定金大约360万元3天就没有了。

这段经历让我及早认识到了“规律”二字，规律就是上帝，它主宰着一个人、一个企业、一个国家，包括整个社会在内的所有事物的运行轨迹，你违反了规律就要受到惩罚。

做企业就是探寻规律，认识规律，然后按规律办事，并且坚持按规律办事。在这些不同层面，你越成熟，越认识到规律的作用，就会越尊重规律。我现在之所以心态比较好，就是知道人在规律面前，永远是一个被支配者。

机会总是青睐有准备的人。香港楼市在 20 世纪 90 年代迎来了黄金时期，我赚到了人生的第一桶金。这不是因为自己多有经验，也不是因为自己多聪明，而是因为赶上了好时候。

在此过程中，我摸索和思考着市场经济形态，为企业未来的发展寻找道路。与此同时，在香港这个东西方文化、传统和现代文化交汇的地方，我也不断对比着多元文化的差异和趋同。这些都促使我回到河南，并扎根河南。

1987 年，胡葆森在澳大利亚进行商务考察

02
守故土，坚忍图成

1992年5月，我回到河南郑州，成立建业房地产开发有限公司，这是河南首家中外合资的房地产企业。

众所周知，20世纪90年代初的河南市场发育程度不高，欠缺规范。在河南做企业，坚忍是必备的品质：即使在不利的条件下，你也一定要坚守住你的阵地。比如：1993年开始的连续5年的房地产低潮，我坚持了过来；很多企业搞非法集资，我不搞；建业足球每年亏损几百万元，我也扛了过来。

后来，我将这种生存之道概括为6个字：适应—利用—改造。意思就是：你首先要想办法活下来，要忍辱负重，即使明知道5年或10年之内不可能有一个规范的市场，你还是要坚持——只要生存下来就会有机会。

2000年，我将公司更名为建业住宅集团（中国）有限公司，并决意固守河南。诚然，走出河南，企业会成长得更快一些，但这并不是企业家的全部。深耕河南，源于价值观驱动，我希望在这个人口大省不断扎根，做精做透。

从2002年开始，建业正式实施固守河南战略，这不免会与很多创收机会擦肩而过。从商业语境出发，“造福河南”与“困于一隅”恐怕只是角度不同的两种表述。起初，企业内部也有反对声音，有牢骚和不满，我虽听不到，但感受得到。

但这并没能影响我的战略，我心里很清楚，作为企业决策者，我首先要对股东、员工甚至员工家庭负责，要坚守价值观，但前提是要用业绩说话。

随后，建业在河南的业务规模逐渐扩大。2008 年，建业登陆香港联交所，成功上市。此后，企业中反对“固守河南”的声音逐渐消失。

对河南市场，其他全国化房企可以选择运动战，甚至“割完韭菜就跑”，但仅在河南布局的建业必须选择“阵地战”“持久战”。河南之于建业，因为唯一，所以专一！

所以，建业的任何一个项目、任何一个战略行动，都不能打一枪换个地方，而必须实打实做好，无论初心，还是行动，都不能有半点侥幸心理，都必须经得起时间考验。

但话又说回来，一味扎根河南，是否蛋糕不足、空间不够？答案是否定的。比如建业就打破了房企大本营 100 亿元都会走出去的“普遍规律”。

2017 年，建业的销售额在河南这样一个内陆省就突破 300 亿元，再加上代建的 70 亿元销售额，共计 370 亿元。然而，即使有了 370 亿元的规模，建业在河南的市占率也仅有 5.2%。未来三年，建业争取保持每年 50% 的增长速度，最终冲击千亿元。

当然，我还有一个更大的梦想：我希望在建业成立 30 年即 2022 年时，争取占据河南房地产市场 15% 的份额。从这个角度来看，哪怕聚焦一个省，建业未来的发展空间依旧巨大，千亿建业并不遥远。

事实上，河南城市化率才50%左右，还远远低于全国58%的平均水平。未来，河南楼市的空间会很大，时间窗口期也会更长。

03
慎始善终，突破河南企业“宿命”

我有一个小本子，经常把自己的经营心得记到上面。“生存重于发展”就是其中的一条重要心得。

做企业的人，谁要认为生存是件很容易的事，那他就会轻易踏上盲目发展之路。河南的企业管理者常常偏爱提“发展”，甚至是“超常规”“大跃进”式的“发展”，而恰恰忽略了最基本、最本质的“生存”，结果是“其兴也勃焉，其亡也忽焉”。

大企业不一定就是好企业，要追求做“好”的企业而不是做“大”的企业。我讲“生存比发展更重要”，是把生存作为企业的终极目标，也是为了提醒大家永远把生存作为自己每天工作或追求的主题——它比发展更实际，更容易提醒和警示我们对生存环境要存在忧患意识。

葛洛夫全部经营理念的核心是“惧者生存”，海尔的张瑞敏也常说“如履薄冰”，意思都一样。这不是谁抄袭谁，而是你经营企业到了一定境界，肯定就会产生这样的感受。

企业的经营任务就是“发现需求，满足需求”，因此所有企业的核心竞争力就表现在“发现需求，满足需求”的能力上。

“发现需求”是要发现当地市场的需求，因为市场是检验产品好坏的唯一标准。另外，即使市场有需求，也要看社会的配套水平能不能满足这种需求。

此外，河南商人要体现出河南人独有的气质，所以我提出了“操作讲究大气，经营乐于稳健，管理注重实效，产品和服务不断创新”的经营准则。这不是我自己的创造，而是把我们从黄河流域土壤肥沃层汲取的传统文化营养，反映到了企业经营中。

这种“坚忍”的功夫不但体现在对环境的适应上，而且也体现在对诱惑的抵制上。

1997 年建业住宅集团成立，并被评为“河南省房地产开发企业综合实力第一名”。规模有了，经验有了，名气有了，我曾经多次动摇：想借壳上市，想兼并弱势企业、参股优势企业，想跨地域经营、跨行业经营……

但我最终还是抵制住了这些诱惑。我当时的态度是，企业要想跨地域、跨行业发展，必须具备 4 种资源：品牌、人才、资金、营销管理模式。

那时候，我们用了整整三年的时间积累四项资源，直到认为这四项资源全都厚厚实实、喷薄欲出，才向省内的濮阳、新乡两个地级市发展。

所以，企业决策的关键是“当为则为，而非能为则为”——不是你能干什么就干什么，而是要做你应该做的事情。“知难而进易，激流勇退难”，做到前者只要有勇气就够了，做到后者则需要一种境界，需要你具备一定的修为。这也是我经商数十年才悟出来的道理。

古人说“善始善终”，我给它改了一个字，叫“慎始善终”：凡事不要轻易开始，一定要到觉得有能力做到最好的时候再开始；而一旦开始，就要全力以赴做好它。

04
德不配位是灾难，活得久是第一要义

不急一时，不争一时之勇；着眼长远，涓涓细流也能汇聚成川。这就是我的经营心态。

一家公司如果每年保持20%的增长率，那么10年、20年之后，它就能成为一家伟大的公司。这个理念，肯定与同行房企近些年动辄追求50%，甚至100%的增长不符。

但事实上，暴涨是一时的，会积累太多内伤，所以才有一大批百强房企纷纷倒闭破产。然而，建业却不骄不躁，10年前是房企百强，今天是房企百强，10年后依旧是房企百强，活得久是第一要义。

如何活得久？靠的不是行情，不是风口，不是运气。因为风口、运气总有一天会消失。我思考的更多的是企业的长久之道，真正的成功企业或者伟大企业的标准是什么？

我认为，伟大企业必须具备“四个统一”：

第一，经济效益和社会效益高度统一；

第二，物质追求和精神追求高度统一；

第三，企业利益和员工利益高度统一；

第四，战略目标和执行过程高度统一。

我希望用 15 年、20 年去实现这一目标。同时，这 4 个标准也是划分普通企业和伟大企业的一条分界线。比如规模很大、赚钱很多的企业它是一个成功的企业，但未必是伟大的企业。成功是伟大的前提，但伟大不是成功的彼岸。

今天，社会价值观更多地强调“四个统一”前端的四大“基础”动作，即经济效益、物质追求、企业利益、战略目标。能做到这四点的企业是优秀的、成功的，但这些只是基础动作，如果这四点都做不到，那就连成功都没做到，更没资格谈伟大了。

而后面的社会效益、精神追求、员工利益和执行过程则是企业的自选动作，是“修行”。即你如何在业绩千亿、高利润的时候兼顾社会效益，比如尊重土地价值，比如打造好房子，比如在坚持企业利益最大化的同时坚持员工利益最大化，比如在战略执行过程中实行“5+2”——天天白加黑的“拼命三郎”模式……四个自选题，难度更高，却是伟大企业的基础之一。

事实上，建业的发展之道，会比其他房企更难，因为建业有“四个统一”标准。

在提升企业经济价值的同时必须兼顾社会价值这一点，很多单一冲规模的房企就做不到。事实上，当下众多房企都信奉“规模教”，即以纯粹的商人视角，去选择唯一性战略或短期优先战略，比如典型的单纯以“规模为王”，以“业绩论英雄”，数字就是一切。建业不认同这种价值观，也不认同单一百强榜，而是一直以“四个统一”作为标准去要求自己，稳健生长。

比如建业定位于为中原的城市发展、为一个区域的经济和社会做贡献，这就不是纯粹的经济思维、商人思维，而是兼顾了社会效益、精神追求。

比如不久前，建业在许昌下属的一个县级市建造一个类五星级标准的高端精品酒店。显然，酒店往往投资回收期长、不容易挣钱，建业完全可以去买几百亩地建房子，这样可以更快地获得

1994 年，胡葆森为建业俱乐部成立剪彩

业绩和利润，但对城市建设、城市形象、许昌人民生活方式的改善的贡献就有限了。

比如建业24年赞助足球，这期间我有无数个理由、无数个节点都可以放弃，但最终河南建业队成为中国足球职业化改革以来唯一一个没有更换过赞助商的队伍。建业足球让河南人更快乐、更幸福，这种价值是不能用成本、资金来衡量的。

德不配位是灾难，于人、于企业都是如此。

05
与同类房企不可比：为何建业的业绩更有“含金量”

通俗地说，虽然建业的业绩是300亿元，但其经营管理水准已与其他业绩为600亿元、700亿元的房企类似。也就是说，与其他房企相比，建业创造了2倍，甚至3倍的销售额等价。

其一，建业为什么能创造2倍，甚至3倍于其他房企的销售额等价？

其核心在于建业扎根房价过低的河南18个地级市，这就使得建业的单位面积销售业绩贡献值非常低。

销售均价就能说明问题：2017年，建业虽然取得300亿元的业绩，但实际上销售均价每平方米才6 635元，与之对比，2017年万科的销售均价为每平方米14 739元，融创的销售均价为每平方米 16 380 元，分别是建业的 2.2 倍、3 倍。

其二，建业同量级 2 倍到 3 倍的背后，反映的是建业相对同行更强大的组织管理能力。

事实上，值得一提的是，2017 年建业重点在县级市、地级市的轻资产代建一项，就实现了 70 亿元的销售额，这也从另外一个维度反映了建业的组织管理、生产能力和销售能力的“增量”。

但建业并不是每件事都做得特别好，我的自我满意度始终都在 70 分以下，26 年来每天都是如此。正是这种“不满”，推动建业的组织能力、执行力、效率效益不断提升。

其三，理性地分析建业的业绩，由于始终都在一个省内完成，无论城市周期如何，建业都无法像其他全国化房企那样进行全国区域城市投资比例的结构性“调整”，无法占尽由中国区域城市发展的不平衡性、周期性差异产生的“红利”，实现“东边不亮西边亮”。

通俗地说就是，无论河南市场是好是坏，建业都得承受，建业只能在省内五级市场进行小范围的结构调剂，加上河南房价平均水平整体偏低等，这些都会导致建业在业绩上很难与全国化地产商尤其是规模排名前五的开发商相比，即使未来建业的业绩突破 1 000 亿元，其他排名前三的房企巨头的业绩可能都直逼万亿元了，这也将是局域房企和全国房企的终极格局。

如果建业在一个内陆省的业绩突破 1 000 亿元，那也意义非凡。

06
建业之变：进军“好生活”大蓝海

从让河南人民“住上好房子”到“过上好生活”，是建业愿景之变！与之对应的是：建业，今天看是开发商，明天看则是服务商。

未来 5 年、10 年之后，河南人不仅是通过买房子与建业建立关系，还可以通过孩子的教育与建业建立关系，通过旅游与建业建立关系，通过酒店与建业建立关系，通过商业购物与建业建立关系……

10 年之后，建业的目标是直接服务河南 1 000 万人口，覆盖率达到约 10%。

1.5 万亿元：建业 10 年后的商业蓝图

未来 3 年、5 年，你可能更多地关心房地产的蛋糕有多大，比如破千亿元；但未来 5 年、10 年，你会惊诧，建业的蛋糕竟有那么大，简直超乎想象。

未来，建业的蓝图是什么样的?

对地产开发而言，即好房子板块。目前，整个河南楼市一年的规模约为 7 000 亿元，建业的市场占有率大约为 4.3%；10 年后，河南楼市的规模会增长到约 15 000 亿元，建业的市占率如果能达到 15%，那就是 2 000 亿元的规模。也就是说，建业未来有信心在一个单一省份，做到地产“2 000 亿元规模”。

对服务商而言，即好生活板块。未来，建业将直接服务1 000万河南人口。我们做了测算：10年之后，房子以外的生活类消费可能是3万亿元的规模，如果建业“好生活”的市场占有率能达到10%，那就是3 000亿元的营收，如果乐观一些，将市场占有率提高到15%，那就是4 500亿元的营收。所以保守估计，10年之后立足于地产主业的建业“好生活”将达到5 000亿元的规模，那时建业的规模将冲击5 000亿元。

10年太远，但眼前的“建业+”“好生活”愿景已经小有成绩：建业新生活集团上市正在酝酿，建业教育集团上市时间表也就在眼前，建业投资控股的景观、园林、工程总包、资产管理等在2019年会突破100亿元。

建业之变：从让河南人“住上好房子”到“过上好生活”

2015年，建业已经不满足于建好房子，开始进军服务业、助力消费升级。从让河南人“住好房子”到“过上好生活”，实现多元化发展，建业转型开启了“建业+”大服务战略。这既是建业走向更广阔天地的扩张，也是客户消费升级、需求多元化的风口。

短短三年，“建业+”大生态格局就已经枝繁叶茂，目前已经形成“建业+地产”“建业+商业”“建业+物业”“建业+科技”“建业+文旅”“建业+酒店”“建业+农业”“建业+教育”“建业+足球”“建业+旅游”“建业+金融”“建业+君邻会”12个板块。未来会还有第13个、第15个，甚至更多的板块……但无论多少个板块，建业转型和“建业 +”始终围绕两大原则不会改变。

第一个原则：“客户需求”是指引建业转型的那束不灭的光，建业转型的关键还是围绕建业的省域化独特优势资源客户的需求去展开“建业 +”，最终用不同服务满足和加深客户对建业的认知、信任和黏度。

第二个原则：“建业 +”的范围很广，但实际上万变不离其宗——都和生活方式息息相关。“建业 +”的边界就是河南人的新型生活方式。

对于建业，对于城市化率仅为 50% 的河南，未来 15 年内，地产肯定是主导产业。

只是在未来 15 年中，建业的文化、旅游、体育、教育、物业、商业等板块的比重会不断提升，等到地产饱和时，建业的非地产板块正好完成华丽转身。

那时候，建业将从单一地产驱动变成双轮驱动、三轮驱动，甚至四轮驱动。

07
循道追光，感恩时代

2018 年是中国改革开放 40 周年。发生在拥有世界 1/5 人口的中国的这场社会变革之于我们这个民族乃至整个人类的积极意义，放眼当下也许并不能全部展现，但它注定是历史性的，是不可替代的。作为这场变革的亲历者、见证者、参与者、受益者，我抚今追昔，感慨良多，回望时代，鞠躬深谢。

一谢这个时代让我1979年走出校门即于改革开放元年投身到对外开放的前沿，作为英语专业的毕业生开始了自己的国际贸易生涯，顺天时而为，步入商海。

二谢这个时代让我作为河南省第一批外派人员，于1982年7月1日被派往香港工作。在近10年的时间里，我因身份之便，或陪同贸易团组，或只身一人，造访了60多个国家和地区的近200座世界名城，在开阔视野的同时，也对东西方文化、传统与现代文明有了初步的观察与思考，逐步奠定了我的世界观、人生观和价值观的基础。

三谢这个时代让我有幸与中国投资银行业务的先驱者方风雷先生于1985年年初一起组建了河南省第一家综合性贸易公司“中原国贸”，并继而成立了中国中原集团，使我有机会负责集团的海外业务，开始研究日本、韩国的综合商社以及美国管理最好的100家公司的经营案例，为日后创业奠定了专业与信心的基础。

四谢这个时代让我在香港工作的过程中懂得了职业生涯的选择权之于人生的意义，逐步坚定了实业报国的信念，并于1991年年底辞去公职，迎着1992年1月小平南方谈话的春风，返回家乡河南，创办了建业地产。借着城镇化的东风，我扎根河南26年，践行着一个建设者的宏愿。

五谢这个时代既让我们“50后”这一代人饱尝了建国初期共

和初创的不易和“大跃进”遗留症的苦果，目睹了三年自然灾害满街饥民的惨状，经历了整整10年的“文革”，又让我们经历了40年改革开放国家剧变的过程。在这40年中，我国的GDP总量从3 645亿元奇迹般地增长到了2018年预计的88万亿元之巨。幸福感是从对比中获得的——从苦难中一路走向富裕的我们这一代人，注定是当今社会中幸福感最强的一代。

六谢这个时代让我们认识到，除政治家、科学理论家外，企业家也是社会进步的主导力量，他们决定着资源的价值和各种社会资源的最终配置结果。使命感、责任感、创新、不断超越，是企业家奉献给社会的最宝贵的精神财富。

七谢这个时代让我们从中外先哲们的智慧中，从国家40年巨变的过程中，不断认识着、探索着大自然运行的规律和人类社会进步的规律，将对天性、人性的认识运用到对企业经营发展规律的探求中，懂得了商道即人道——你在多长时期和多大范围内赢取了民心，决定着你成功的程度。企业家在创造财富的同时，必须牢记：财富既买不来健康，买不来幸福，也买不来尊重。我们必须有自己做人做事的底线，放弃了底线，就等于放弃了尊严。

八谢这个时代不但让我们赶上了三千年一遇的中国城镇化机遇期，还让我们赶上了全球经济一体化进程。区域经济、行业经济、国家经济、全球经济的增长，在不同程度地放大着我们企业经营业绩的价值。这也同时告诉我们，企业规模几十倍、几百倍甚至上千倍的增长，固然有我们努力拼搏、创新求变的功劳，但更多的是分享了全球经济，尤其是中国经济持续高速增长的成果。中国企业家在全球地位的提升和享受待遇的巨大变化，是因为我们祖国在全球的地位提升了，没有国家在我们背后，即使我们再有本事，也难以进入另一国家的主流社会，所以妄自菲薄和妄自尊大都不可取。

九谢这个时代让我们不断地放大自己的梦想，从建好一个小区到让河南人民都“住上好房子”，再到让河南人民都“过上好生活”。我的中国梦“从100个项目到1 000个社区，从几十亿元税收到河南第一纳税大户，从带动几十万人就业到直接服务上千万人”，从信念、梦想一步步变为现实，仿佛真正到了“只有想不到，没有做不到”的历史阶段。

十谢这个时代让我从与方风雷结识合作开始，在从事房地产业后结识了王石、冯仑、任志强等业界领袖，继而结识了陈东升、田源、柳传志、马云、宁高宁、王健林、郭广昌等一大批中国商界的翘楚。在与这些智者的交往中，我既分享到了他们的智慧，也感受到了一个人对心态的控制能力之于企业生存和发展的重要性，更察悟到了自身的无数个知识盲点和能力的局限性。我还从他们的成功中充分认识了“匠人、匠心、匠人精神”之于一个企业存在的价值。

成功的路上并不拥挤，因为坚持下来的人不多。只要你能经得起诱惑，受得了挫折，忍得住委屈，耐得住性子，守得住方向，则无事不成。我会坚守在中原这块古老而又充满生机的土地上，遥望着朋友们的繁华似锦，一路相伴，行稳致远。

08

王玉锁

四十年，属于奋进者的风从未止息

岛君说

2018年是改革开放40周年。在这40年里，改革深化，政策松绑，市场经济呈现出蓬勃生机。作为最基本、最重要的市场活动主体，一批又一批的民营企业蓬勃生长，有幸成为这段历史的见证者、参与者、受益者。新奥集团正是其中的典型代表。

在新奥集团成立29周年纪念活动上，集团创始人、董事局主席王玉锁带领员工回顾新奥的创业历程，感恩改革开放带来的时代机遇，向改革开放致敬！

2018年，新奥集团29岁了。这29年里，我们拼搏奋进、砥砺前行，取得了有目共睹的成绩，值得我们骄傲和自豪。但这一切，在40年前，是我做梦都想不到的。

我从小在河北省胜芳镇长大，那里自古就是“鱼米之乡”，商贾云集，老百姓几乎人人都会做生意，商业意识很浓。但就是这样一个地方，40年前，我目睹的仍然是“一大二公”的情形：生产效率极低，大家总是用别人应该做多少来衡量自己应该做多少；许多今天习以为常的“买卖”，当时都要提心吊胆地进行。

让我印象特别深刻的是，上学时“赶早集”的场面。虽然正常的集市应该在早上8点以后开始，但我6点多出门上学时，集市就已经非常热闹了，人们往往要趁着天没亮就完成交易；偶尔出门晚，到7点多，就会遇到一帮人抬着箱子、筐子到处跑，一边跑还一边喊“来了，来了”。后来我才知道，这是工商所的人突击检查，来“割资本主义尾巴”。可想而知，40年前，在我刚刚开始有梦想、开始构思自己人生的时候，眼见这样的情形，怎能想到40年后的巨变？

01
改革成就新奥发展

改革开放吹醒了创业的种子

我是从人生的悬崖边走上创业之路的。

改革开放初期，是产生“万元户”的年代，我们周围的人开始买大彩电，生活也有了长足的进步。但这时，我家的情况用我父亲的话来说就是：“我们家也是‘万元户’，是欠人家钱的万元户”。由于率先“试水”参与承包的生意砸了，我一下子背上了两万元的“巨额外债”，一时间几乎就要走投无路。就在这个节骨眼上，我遇到了液化气。

20世纪80年代，胜芳液化气站

当时，一些富裕的人家已经开始使用液化气烧饭，我发现这罐子不仅干净而且方便，的的确确是个好东西，于是便决定做这门生意。起步之初，由于没有足够的资金，我采用的是一种类似“期货”的方式：先从朋友家借来一套灶具，包括炉架子和钢瓶；

再借用我姐姐开的小卖店，在小黑板上写明“液化气灶具，240 元一套，送 10 罐气，先登记、交钱，1 个月后取货”。虽然不是现货交易，但在当时，液化气作为一种时髦、紧俏的商品，依然引起了不少人的关注。

招牌挂出后仅仅 3 天，我就登记了 24 套。于是，我赶紧借车、拉货。最终，1 个月取货的承诺，7 天就兑现了。我这种守信的行为一传十,十传百，打消了很多人对预付货款的疑虑，我的液化气生意开始火爆起来。不到 1 个月，欠下的两万元我就还上了，还变成了真正意义上的“万元户”。

这出人意料的成功，现在看来主要得益于两方面：一是改革开放带来的人民生活水平的提高，否则，没有需求和市场，即使有天然气也没人买或没人买得起；二是得益于价格改革，1984 年国家启动价格改革，主要就是为了激发企业积极性，鼓励企业在计划外多努力、多超产，并提出超产部分可由企业自主溢价出售，而我正是抓住了超产的部分，把它变成了商品，才跨出了事业的第一步。但这些因素之所以能发挥作用，关键还是在于国家开始允许个体经济发展，从禁止个人商品交易到允许商品经济发展，国家的政策开放给非公有制经济发展带来了曙光。

生产要素改革支撑起新奥两大事业基点

在新奥的档案馆里，保存着我们第一张营业执照，公司名称是“廊坊夏利汽车出租公司”，注册日期为 1989 年 3 月 24 日。这时，非公有制经济已经成为社会主义经济必要的、有益的补充了。

1993年8月6日，廊坊开发区管道天然气通气点火

不过，新奥的司庆日，却是每年8月6日。将司庆日定在这一天，是为了纪念1993年8月6日，新奥将管道天然气引入廊坊开发区，并一次点火成功，继而使廊坊成为河北省首座接通管道天然气的城市。这是新奥燃气首次接通天然气，也是新奥主营业务——城市燃气运营的开端。

跨出这一步，改革的推进至关重要。1992年，小平同志南方谈话给改革开放注入了“强心针”，反映到市场上，令人感受最明显的就是生产要素改革。当时，全国各地开始建设开发区，廊坊也不例外。廊坊市相关部门开始动员新奥入驻开发区，并提出开发区燃气业务可以由新奥承担，条件是不能以罐装气为主，要做管道气。为了把握这个机会，我们迅速前往锦州考察液化气混空气技术，预订设备，制订整体规划，全力准备发展此项业务。正当基础工作已初步完成时，1992年年底，一个消息传来——国家下发文件，对天然气上游政策开始“松口”，小的油气井可以和地方政府、企业开展合作了！

得知这个消息，我们第一时间想到了廊东有几口伴生气井常年都在“点天灯”，如果能把这些白白烧掉的气给我们，我们的气源问题不就解决了吗？想到这里，我们抓紧时间找采油四厂领导，找相关部门，希望得到一些伴生气的资源。为了说服华北油田的

一位主管领导，我从下午 3 点到晚上 10 点，一直等在他开会的会场外，终于感动了他，让他同意在当晚 10 点散会后给我 5 分钟，听我汇报自己的“项目”。

私营企业做燃气，我当然知道领导担心什么。领导担心的第一点就是安全问题。于是我开门见山地介绍，自己从 1986 年就开始经营液化气，深知安全是这个行业的底线，对安全保障也有自己的认识和经验。领导担心的第二点是资金问题。我向他汇报，因为赶上了液化气销售的好时候，这些年我已积累了足够的资金，能支撑业务投入。我还向他说明，我们虽然是私营企业，但有开发区出具的证明，并且有开发区给予的政策。我能感受到，我的这些陈述，特别是对安全认识的说明大大打消了这位领导的顾虑。这次汇报后，我们很快就拿到了华北石油管理局的批文。

可以说，天然气资源改革，为新奥发展城市燃气业务奠定了基础。置身于改革的洪流，从了解政策到签署供气协议，我们前后仅用了 3 个多月，便迈上了事业的新台阶，开始在更广阔的空间大展拳脚、奋力前行。

几乎同一时期，国家住房改革启动。新奥把握住机遇，第一时间为员工解决了住房问题，并由此开始涉足房地产市场。怀着真诚的发展初心，新奥房地产很快便以过硬的质量和优质的服务在市场上崭露头角，打出了知名度。1994 年，我们注册了自己的房地产公司——新城房地产公司，为后续生活板块的发展埋下了种子。

除了两大要素改革的支撑，在这一阶段，还有一个对新奥发展至关重要的“资源改革”——人才。

随着公司业务如火如荼的展开，新奥的规模不断扩大，我们也有了更大的梦想。企业要发展，人才是关键。新奥开始迫切地盼望高水平人才的加盟。正当我们求贤若渴之际，国家支持人才自由流动的利好政策出台了：允许国有企业职工下海，员工档案可以由劳动市场、主管单位存管。而此时，我们的事业发展已经能对大家负起责任了，于是，新奥开启了第一批人才的引进。在此后的 20 多年里，这些最初舍弃了“铁饭碗”，毅然加盟新奥的创业者，为新奥事业的开疆拓土立下了汗马功劳，成了我们发展的中流砥柱。此后，自主择业的大学生、本世纪越来越多的归国留学生，都为新奥的壮大注入了源源不断的新鲜血液。

可以说，没有国家这一系列“及时雨”般的政策，新奥就没有燃气、地产两个事业基点，就不可能在短短 5 年内夯基垒台、积蓄力量，实现新的跨越。

国企改革推动了新奥大发展

1998 年，新奥开始走出廊坊，迅速“气化”了 10 余个城市，并于 2001 年成功在香港上市，打通了融资渠道，开启了高速发展期。从一城到十城，再到百城，新奥的每一步都与深化改革密不可分。

2001 年，新奥燃气在香港上市

首先是国企改革。1993—1994 年，国家启动国企改革，开始“卸包袱”。但这些“包袱”对于新奥这样的民营企业来说，恰恰是宝贵的资源。这期间，我们引进了国有企业的骨干，吸收了一些劳动服务公司，在充实自己的同时，也为国家解了忧。1998 年，改革进入攻坚阶段，国有企业开始进行股份制改革，新奥也积极参与其中，借势走出廊坊，改变了合作企业大多处于亏损状态、需要政府补贴的窘境，再次实现了发展自身和服务国家改革的双赢。

其次是公共事业改革。虽然新奥自 1993 年开始做城市燃气，但到了 1998 年还只能在廊坊市运营。为了突破政策禁止企业在外埠运营燃气业务带来的发展瓶颈，5年里，新奥广泛探索了污水处理、太阳能，甚至汽车配件等众多业务领域。直到1998年12月，国家建设部出台政策，允许企业在公共事业领域进行多元化投资，我们才终于拿到了驶出廊坊的“通行证”。此后两年，凭借积累的城市燃气运营经验，新奥迅速“气化”了山东聊城、北京密云、辽宁葫芦岛等10多个地区，在强化主业的同时开始走向全国。

2001年5月，新奥燃气在香港联合交易所上市

资本市场改革是新奥的又一次机遇。20世纪90年代中后期，我国资本市场开始建立，但最初几年，民营企业的上市名额仅有3个，排号长路漫漫。就在我们千方百计想办法时，国务院于1999年发布通知，允许境内公司到海外上市。我们紧抓政策，终于在两年后于港交所成功挂牌，成为首批在香港上市的民营企业之一。

公共事业改革空间的扩大、国企改革的机遇、融资渠道的打通，使新奥与改革同行，驶上了发展的“快车道”。

进入新千年，一方面，非公经济从社会主义经济的“补充”发展为社会主义经济的“重要组成部分”，中央提出“两个毫不动摇”，这些都使民营企业发展的信心更加坚定；另一方面，我国成功加入WTO，开始全面融入世界经济。在国内外发展的“双轮驱动”下，新奥不断转型升级，并跟随国家“走出去”的步伐，开始在全球市场上获取气源，构建完整的天然气产业链；以国际化的视野开展业务，获取资金、技术、人才，对标国际一流企业提

高了自身的经营管理能力。

十八大以来，习总书记一系列关于全面深化改革的重要指示，已经推动改革开放进入了新时代。党和国家持续放宽市场准入，加大对企业的财税金融支持，完善社会服务，打造便利高效的营商环境，必将支撑我们每个企业在更高水平上创新发展，必将开创国家新的辉煌！

回首新奥的发展，公司成长的每一步我都历历在目。记得公司成立之初，恰恰赶上国家清理整顿公司的困难时期，新奥可谓刚“出生”就面临着生死存亡的考验。千钧一发之际，是支持改革的领导一锤定音，说“这家企业我去看过，有固定资产，也符合国家政策，建议予以保留”。就这样，新奥才活了下来。记得我们刚刚涉足城市燃气领域时，社会上对公共事业能否交由一家民营企业做还有很多争议，面对巨大的压力，时任市委书记张成起、市长赵诚、王高鹏等领导都曾给了新奥莫大的鼓励和支持。省委机关报《河北日报》当年的一篇报道曾记载：王市长曾在一次市长办公会上“狠拍一板”为新奥“撑腰”，他回应质疑说，“干事业不能唯成分论，谁有能力谁来干，依据就是‘三个有利于’”。《河北日报》还为此事专门配发了评论《争论一千次不如做成一件实事》为我们的发展鼓劲……这一路走来，类似的事情还有很多很多。可以说，没有这些推动改革、富有担当的领导、主管部门的支持与鼓劲，没有众多媒体及各方的帮助和护航，就没有新奥的今天。因此，对于他们，我们永远心怀感恩。

剖析新奥的发展，我们的每一步都与改革脉络高度契合，是改革开放让我们的事业、我们的生活发生了翻天覆地的变化，而能够在和平中实现这样一场轰轰烈烈、荡气回肠的改革，更是我们亿万人民之福。我们所有人，特别是新奥人都应当感恩改革开放，致敬改革开放！

02
以发展回馈改革

对企业来说，在改革开放中成长，不仅意味着规模的扩大，更是能力的积累。回顾 29 年的发展历程，我想新奥至少积淀了五大能力，这五大能力支撑我们走向未来。

战略前瞻能力。如果说 1992 年之前新奥是摸着石头过河，是机会牵引，那么 1992 年之后，新奥就逐步转向了战略牵引。

考虑到天然气清洁、方便、绿色，必定能成为重要的能源选择，因此我们专注于做强做大天然气业务；考虑到企业发展要掌握稳定的现金流，我们将城市燃气作为主业；特别是洞察到气源是关键，我们从探索压缩天然气、发展天然气运输开始，到战略性开发煤制气技术，向产业链上游延伸。新奥走的每一步，都是在前瞻性布局上的再升级。

而在战略布局的过程中，2004 年的转型风波给新奥的发展留下了深深的印记。当年，新奥燃气业务发展如日中天，但我却时时心怀隐忧：我们靠卖别人提供的燃气生存，一旦上游出问题，就会给我们带来致命的打击。为了消除这个隐患，我几经思索提出：向上游进军。

2018 年 9 月，新奥煤制天然气技术在内蒙古鄂尔多斯达拉特旗生产基地成功试产

然而，传统业务势头强劲，探索转型却面临缺技术、少团队、投资大等现实挑战，集团内部对此争论激烈、分歧很大，始终无法达成共识，甚至有员工写信给我，让我停止新奥的“慢性自杀”。面对各方压力，我专门召开了一次高层民主生活会，并在会上向大家提出三个问题：“随时可能受到资源制约，10 年之后新奥卖什么？城市燃气销售难以形成品牌，20 年之后新奥是什么？特许经营权到期，30 年之后新奥干什么？”面对这“三问”，全场整整安静了 5 分钟，大家终于意识到，故步自封没有前途，企业发展不进则退。出于对长远发展的考虑，新奥终于统一了思想：在年收入只有 25 亿元的情况下，投资 21 亿元进军煤炭清洁利用领域，正式向上游延伸。因为这一决定，我们有机会站在全产业链的高度重新认识客户需求，重新认识能源行业，这也为几年之后我们向综合能源服务再升级奠定了基础。

经过这场争论，“三问”成了新奥的著名故事，它时时警醒我们：不唯短期盈利，要居安思危，要注重战略布局，要培养核心能力，才能让企业保持长久的生机和活力。

新奥承建煤基低碳能源国家实验室，致力于清洁能源技术创新

带着“思变”精神，新奥把握时代趋势，深刻理解行业，洞察客户需求，并以此为牵引，走出了从“两点”到“两链”，再到“两链两圈一平台”的战略升级之路。

新奥产业生态全景图

“两点”是城市燃气、城市地产，是新奥事业的起点。

“两链”是贯穿下游分销、中游贸易储运和上游生产开采的完整清洁能源产业链，以及覆盖文化、健康、旅游、置业等领域的品质生活产品链。这是新奥深耕多年的积淀，是再变革的基础。

“两圈”是新奥在数字时代升级“两链”业务，形成的能源生态圈、生活生态圈。新奥将以此为支撑，达成“创建现代能源体系，提高人民生活品质”的企业使命。

“一平台”是产业互联网平台，它将用数字技术助力传统产业数字化转型，使新奥成为一家受人尊敬的创新型智慧企业。

未来，两个产业链会最终融入生态，成为生态圈中的伙伴。到那时，新奥将彻底实现由“链”到“圈”的跃升，完成数字时代的战略升级。

持续创新能力。创新是新奥的基因，既包括战略创新，也包括管理创新和技术创新。

在持续升级战略的过程中，新奥认识到，要想将战略转化成商业模式，转化成业绩，关键在于管理，在于建立与战略匹配的生产关系。因此，新奥始终没有停止在管理领域的探索。

起初，我们的管理靠“模仿”，跟国企学、挖人做，又聘请清华大学的教授做管理咨询，上市后还请到了国际顶尖的咨询公司做外脑。这些努力，在不同时期、不同阶段，解决了我们不同的战略问题。后来，新奥开始“借鉴”“创新”两手抓。特别是2006年的绩效管理，是我们不断结合自身特点和发展需求，完善形成的独有战略绩效体系，支撑了新奥10多年的高速发展。如今，面向数字时代，新奥大胆独创了“自驱+赋能”的新型企业内部生产关系，打破了职能制、科层制、流程化，打造了以用户为中心的灵活、柔性网状组织形态。

新一轮的变革已经开启。未来，我们希望在新奥的平台上，每个事业伙伴都能直面客户创新创值，在服务企业的同时，成就自己的梦想，真正成为事业的主人翁。我们坚信，这也将成为新奥从千亿级企业向万亿级企业跨越的动力源泉。

技术创新是企业生存发展的命脉，是实现可持续发展的唯一途径，这是新奥在创业初期就深刻领悟到的一个道理。

被誉为“神州第一瓶”的储运天然气大口径压缩钢瓶

20世纪90年代末，新奥在全国各地抢抓机遇拓展燃气项目。这时，一个制约企业发展的瓶颈出现了：储运天然气的大口径压缩钢瓶被发达国家垄断，依赖进口成本高、售后差，远远无法满足业务发展的需求。

为了解决这个问题，我们尝试找到了一家正计划在中国设厂的外资钢瓶生产企业，提出以市场换技术，成立合资公司实现钢瓶的本土生产。没想到，对方却表示：合作可以，但中国团队只能参与喷漆、拧阀门等技术含量极低的流程，核心技术对方绝不开放。不仅如此，这家公司的老板还讲了一句我至今都难以忘怀的话：如果对你开放核心技术，你学会了我就没饭吃；如果不对你开放核心技术，至少到我儿子才会没饭吃。言下之意，没有他们，中国人要想实现技术追赶，那得是下辈子的事了。

对方的傲慢令我非常愤慨，憋着一口气，我暗下决心，一定要靠自己把技术做出来。此后，我们广聘专家、日夜不停、连续奋战，终于在374天后生产出了第一个国产大钢瓶，使中国成为继美、德、意、韩后第5个有能力生产此类装备的国家，这个瓶子也被誉为“神州第一瓶”。

业务的瓶颈消除了，但我们却牢牢记住了这次受制于人的教训，坚定不移地走上了自主技术研发之路。此后，新奥先于市场，引进、改造、研发膨胀制冷液化技术、混合制冷液化技术，掌握了净化、生产、储运、再气化的全套工艺，在保障业务高速发展的同时，推动了我国液化天燃气产业的升级。

基于对自然界碳循环的理解，新奥还从“低碳”到“无碳”，系统地规划了技术图谱：在技术研发的 1.0 阶段，我们围绕煤基清洁利用，自主开发出高效率、低排放、节水环保、低成本的新型煤气化技术，对我国在“富煤、贫油、少气”的资源禀赋下，科学地用好煤提供了技术支撑，为国家能源安全提供了多种技术保障。如今，新奥的技术研发已经升级至 2.0 阶段，我们认为，彻底摆脱对化石能源的依赖与污染，是人类发展进程中不可逆转的趋势。于是，自 2017 年起，新奥正式启动了无碳能源技术布局与探索，聚焦安全无辐射的小型可控聚变技术、深层地热开采技术、面向规模化储能的新型低成本电池技术，力争以永不止步的创新驱动能源发展，引领社会未来。

高效执行能力。逢山开路、遇河架桥、不畏艰苦、顽强拼搏，是新奥自创业伊始就秉承的“成事”精神。

1993 年，为了开发区燃气如期点火，新奥全员出动、全方位配合，仅用了 18 天就完成了 7 公里高压管线的协调及施工任务。那是一段既艰苦又令人振奋的日子，七八月正是酷暑，大家驻扎工地、不眠不休。有人累极了，就地眯一会儿爬起来接着干；有人感冒了，却坚持不肯从一线退下来。天上下雨，但大家谁都不愿停工，我干不了别的，只能给冒雨抢工的电焊师傅们打伞……终于，在大家的咬牙拼搏下，新奥燃气交出了首份亮眼答卷：18天，保质保量完成任务。新奥用实际行动证明：民营企业承建基础设施项目，一样能做得精彩，做得漂亮。

此后，“大会战精神”作为创业者的宝贵财富被代代相传，“排除万难，实实在在要成事”成为新奥人的共同追求。于是，我们能见到，曾有事业伙伴在寒风凛冽的冬天，坚持守在风雪中，只为第一时间拿到领导签字；我们能见到，为了满足客户急迫的用能需求，新奥密切协调六七百人并行作业，在保障安全、质量的同时，将10个月的施工期缩短为百日，为客户早日投产提供了坚实的基础……几乎所有人都说，新奥有着强大的执行力，我想，也正是这种不说空话、低调成事、以成绩见真章的扎实作风，才支撑新奥一路披荆斩棘，走到今天。

为了成事，我们形成了完善的体制机制；基于市场洞察，提出可量化的战略目标；结合资源配置，制订可执行的业务规划；快速响应市场，可调控地完成战略执行；针对市场绩效，回顾分析研讨，分配价值。这样的闭环设置，保证了战略高效落地，也让每个人都可以有预期的创新创值。

为了成事，我们构建了一流的执行团队：新奥在170余座城市，拥有近5万名员工，依托通畅的信息沟通渠道，可以将战略迅速转化为贴近市场的产品和服务。同时，我们本着自主培养和人才引进两手抓的原则，从管理者到专家团队，系统提高干部素质，为事业快速推进提供了有力的人才保证。

聚力成事，新奥“明、快、严、实”的企业文化已经深入人心。我们希望，随着未来公司治理结构的不断完善，这种执行力能够代代传承，支撑企业稳定、坚实的发展。

换位思考能力。尊重伙伴、诚实守信、和谐共赢是新奥秉持的信念。从事城市公共事业，离不开政府的理解与支持，因此，做好与各级政府的沟通协调就成为新奥人的“必修课”。我们认为，构建良好的政府公共关系，其核心是有换位思考的能力，只有深刻理解地方经济社会发展的痛点和难点，才能真正领会政府需求，精准做好协同，做到相互尊重、彼此信赖、持续发展。

本世纪初，东莞为了提高招商引资能力和环境品质，率先提出希望将天然气作为主体能源。因为深知地方发展的迫切需求，新奥想政府之所想，急政府之所急，不计成本从新疆调取气源，让东莞成为广东首个规模化使用天然气的城市，为营造良好的经济发展环境提供了有益助力。

2008 年，我国南方普遍遭遇冰雪灾害，湖南长沙的用气量从每日 90 万立方米陡然增加至 170 万立方米。时值隆冬，又恰逢春节，为了解决地方政府的后顾之忧，兑现居民“不停气”的承诺，新奥举全集团之力，在全国调集资源，确保了 30 万家庭的安全稳定用气；同时，我们组织了千余人的维修抢修队伍，顶风雪、冒严寒，打赢了“无一户因供气故障而停气”的冬保攻坚战，获得了长沙市委、市政府授予的“抗冰救灾工作先进集体”荣誉称号……

坦荡真诚，尽己所能，服务地方经济社会发展。回首过去的 29 年，新奥始终心怀敬畏，将保障居民用气作为重中之重，并为此构建了全国最大的非管输能源物流网；同时，搭建了良好的能源基础设施，为各地工业发展和经济建设做出了应有的贡献。

随着环境问题日趋突出，新奥又提出：发挥专业力量，服务各地节能减排。10 多年前，在石家庄“蓝天行动”中，新奥用 138 天完成了 30 多万户居民的天然气置换焦炉煤气的艰巨任务。近年来，在“气代煤”工程中，新奥更是顶住点多面广，工期、物资紧张等重重困难，立下军令状，确保了辖区内居民如期取暖。保定新奥燃气收到了保定市政府授予的“顾全大局，气化勇担当；事求卓越，治霾彰风采”的锦旗；众多成员企业被评为“煤改气”工作先进单位……

如今，新奥正以我所长、因地制宜地为各地提供综合能源整体解决方案。我们自主研发的泛能理念和技术，可以将能源整体利用效率从当前的 40% 左右提高到 80% 以上，将能源设施整体利用率提高 50% 以上，有效改善能效问题、能源问题、环保问题，已落地的 30 余个项目赢得了各地政府广泛的认可和肯定。

“新奥做事让人放心，新事、难事交给新奥”，我认为，这样的评价是对新奥最大的肯定。我也相信，基于绿色、清洁、高效发展的共同理想和追求，新奥必定能与各地、各级政府同向发力、各守其志、携手前行，共同实现高效、可持续的发展。

凭借已成“本能”的换位思考能力，新奥也与行业伙伴实现了协作共赢。我们在成长壮大的过程中，得到了中石油、中石化、中海油等兄弟单位的大力支持，得到了行业各界的指导与帮助。如今，不断壮大的新奥也在努力回馈行业：我们搭建了国家级重点实验室，积极参与承担了前瞻性研究课题；特别是在发挥自身在综合能源、互联网能源领域的优势方面，建设了行业试点项目，承担了泛能网国家标准的制定……我们希望，新奥能用自己的努力，服务现代能源体系建设，推动行业转型升级和能源革命落地，在更高水平上与行业协同发展，与社会协同发展。

文化驱动能力。新奥的企业文化，在不同阶段经历了多次提升和再塑，沉淀了新奥独有的气质，持续引领着集团的发展。

这段时间，我常常能听到大家对新奥的一些评价：加盟公司的高管说，喜欢这里真诚互助、干事创业的单纯氛围，这是新奥鲜明的企业文化；几个合作伙伴告诉我，相信新奥，是因为我们始终做的比说的多，是因为我们不乱来，这就是新奥的企业文化。

大家给予新奥这样的评价，令我非常高兴。因为我坚信，良好的企业文化才是基业长青的基石。

新奥的文化与企业相伴发展。在创业初期的朴素文化，或者说创始人文化中，我们就强调务实、拼搏、创新、协作。当时，尽管缺乏系统思考，但我们凭直觉认为，企业发展离不开文化。

到后来，从“做生意”到“做企业”，再到“做事业”，我们又不断系统梳理、多次升级了企业文化，有了自己的行动纲领，有了自己的司歌，有了自己的使命愿景。

透过文化，新奥不断清晰地认识自己、定位自己：我们提倡“象文化”，希望像大象那样稳健又敏捷，有实力又能与大家和谐共生；我们提倡“雪莲品格”，强调洁身自爱、坚韧不拔、奋发向上。通过文化，新奥保持了团队蓬勃向上的朝气，解决了新老融合的问题，实现了凝心聚力的大发展。

由于深刻认识到文化对于企业的重要意义，新奥于 2017 年推动完成了数字时代的企业文化重塑，首次提出“源自客户，成就彼此，共创生态”的“新奥之道”，并将它作为成就百年企业的源头和统领。其中：“源自客户”是我们的生存之本，新奥希望借助互联网让每个人都可以直面客户，深刻理解客户，精准满足客户需求；“成就彼此”是我们的发展准则，打破传统的科层制管理，用数据为事业伙伴赋能，让每个人都能与企业共创价值、共享成果；“共创生态”是我们的期许，我们将以开放的心胸，打破围墙，跨级、跨界、跨时空，与政府、客户、合作伙伴共建命运生态圈，携手开创更好的未来。

40 年风风雨雨，40 年砥砺前行。伴随着改革开放，新奥人发扬逢山开路、遇水架桥的精神，成就了今天的事业，夯实了扬帆远航的基础。面向未来，我们认为，感恩改革开放，致敬改革开放，更要以坚定的发展回馈改革开放。未来，将企业命运与国家的命运联系起来，就是要在数字时代创新突破，助力国家在新赛道上赢得领先地位。

把握国家发展、时代变革的机遇，自 2014 年起，新奥已用 4 年时间部署了新时代的战略、管理、文化，为明天的发展绘就了蓝图。我们相信，只要坚守初心、扎实前行，就一定能创造更加辉煌的未来，在改革开放的新征程上奏响时代强音；在实现企业梦想的同时，为“中国梦”的实现做出自己的贡献！

09

张跃

30年来我做了七个大梦，大都实现了

岛君说

有资料显示，中国企业的平均寿命是7~8年，小企业的平均寿命是2.9年。这个数据意味着，每年有近100万家企业倒闭。不过，仍然有许多卓越企业，跨过时间的年轮，朝着更加精彩的未来迈进。

2018年是远大科技集团成立30周年，作为一家一直低调潜行的公司，远大似乎喜欢站在媒体视线之外。但对这家公司创始人有所了解的人，却几乎都非常佩服张跃对技术的极度痴迷、对价值观的持续坚守、对环保节能事业的全情投入。

在与时代偕行共进的征程中，远大一路圆了很多梦。如今，迈步从头越，它正要开创自己新的远大前程，实现新的远大梦想。我们有理由相信张跃所说的，远大在未来会成为世界上最重要的公司之一。

企业如何实现基业长青？如何成为社会与时代的建设者？如何在历史的记忆中留下一个让人尊敬的身影？我们似乎可以在张跃的这篇忆述中找到一些答案。

30 年前，我们两兄弟一起创办了远大。

创业是一件非常辛苦的事情，如何坚持下去？靠的就是兴趣。

01
7 个兴趣

1989 年，我的第一个兴趣就是对暖气的兴趣。南方的冬天太冷，当时我和弟弟在哈尔滨，发现在北方过冬反而很舒服，我就跟弟弟商量做采暖锅炉。弟弟告诉我锅炉有爆炸的风险，所以我们决定发明无压锅炉。

后来，我们把无压锅炉技术转让给了很多厂家，赚了近百万元，这些厂家也因此发展得非常快。

人对享受的追求是一步一步上升的，夏天在没有空调的地方就待不下去。1991 年 7 月，我们下决心做空调，这也是我的第二个兴趣。

但是，当时的长沙到处缺电，我们要解决的问题就是如何制造出不用电的空调。我们采用的原理和做锅炉一样——能源转换，用热来制冷。最终，我们造出了非电空调。

现在，非电空调已经销往世界80多个国家和地区。在这些国家和地区，我们的市场占有率都是第一。

空调的问题解决以后，我的第三个兴趣就是对洁净空气的兴趣。我看到桌子上有很多灰尘，就想到我们的肺里也有很多灰尘。

通过查阅资料，我得知全世界对于洁净空气没有什么有效的产品，至少这一问题在西方国家并不太受重视。在中国，随着经济高速发展，污染会越来越重，所以我们要解决这个问题。

2005年，我们开始研发洁净空气的产品；2008年，我们开始生产洁净新风机。要做就做到极致，一开始，我们就要求我们的产品质量要达到世界最高水平。

虽然过滤效率越高风机电耗就越高，但是我们的电耗跟国家节能标准相比只有它的1/3。国家建筑通风节能标准为每立方米1.5瓦，而我们的这一指标目前是0.35瓦。

使用我们新风机的所有房屋，室内空气要比室外空气洁净100倍，家里可以一个月不用擦，一年不动的资料上面一点灰尘也没有。

我的第四个兴趣是对食物的兴趣。我发现，化学农业在全世界很多地区都存在农药、化肥、抗生素、添加剂滥用的现象，无论是种植业还是养殖业都不够安全，每年癌症患者人数的增长速度是经济增长速度的 3~4 倍。

所以，我们下决心要把食物问题解决，并建立了自己的农场，种菜、种粮食、养鸡、养猪、养牛。有人问，能不能把它产业化？几乎所有东西都能产业化，但是跟生命相关的很难产业化。

一旦产业化，它可能就会以效率为中心，与生命相关的东西只要以效率为中心都会有风险。所以，我们的农场只解决员工的食品问题。

我的第五个兴趣是对建筑的兴趣。汶川地震发生以后，我就下决心要做一种钢结构建筑。我走遍日本、德国、美国的设计院和承包公司，发现如果不搞产业化，建筑的安全就保证不了，建筑的成本也保证不了。

所以，2009 年我们就开始研发钢结构建筑。当时，大家对把钢结构建筑工厂化并不理解，但今天，装配式建筑已经是国家的硬性指标。

有人说我像预言家一样，但我说：我不是预言家，我只是跟着自己的兴趣走，因为我觉得要解决这件事情。

最近，我们又在开发一种叫磁悬浮的真空列车，这就是我的第六个兴趣——对交通的兴趣——想要解决人类的快速交通问题。

很多人都有这个兴趣，只是我的兴趣特别大。我是中国第一个买飞机的，而且在买飞机那一年考了直升机驾照。

人类对交通的兴趣，在于我们希望看到更广阔的世界；对飞机的兴趣，除了更快更方便，还在于我们希望像鸟一样自由飞翔。

真空列车的能耗将是飞机能耗的1/20，一个小时就可以抵达世界的任何地方，地球就会真的变成一个“村庄”，“地球村”的梦想就实现了。但是，这件事太大，要有资本的介入，要得到人类更多的关注。

在解决人类居住和快速交通问题的同时，如何解决节能的问题呢？这是我的第七个兴趣——对节能的兴趣。

我参加了联合国几乎所有有关气候变化的会议，发现地球面临非常危险的境况，种种高能耗、种种生态破坏，正在逐渐改变我们的气候。在20世纪初，北极还是原生态，但我10年前去北极的时候，那里的冰川已经开始融化了。

2013年04月05日，海南省琼海市，博鳌亚洲论坛2013年年会，经济学家“六问”现场，远大集团董事长张跃

对节能的兴趣来自我对世界的观察。如果我们不重视建筑的变革、交通的变革，不进行节能减排，不在技术和生活方式上采取节能减排的措施，我们的地球就没有未来。

02
何为“企业家”

无论是做人还是办企业，一个人都要做自己感兴趣和认为有价值的事情。很多人把办企业当作谋生的手段，或者是为办企业而办企业，而我认为，办企业一定要有一个清晰的目标，这个目标包括你的道德标准和自信。

有些人有道德标准，认为只要不做坏事就行。那么，什么样的人可以称得上企业家呢？

第一，就是要有自信，人类没有自信就不会朝着更好的目标去迈进。有些人没成功摔下来就放弃了，而另外一些人摔下来后一次又一次跑上去接着干，这就是企业家。他们不怕失败，努力做好自己想做的事情，推动公司发展，也能够为社会创造价值。

第二，企业家一定是有主见、有责任心的人。没有主见，就会随波逐流；没有责任心，在文明社会中存在的价值就很小。真正的企业家对外有责任心，对内有主见，凭借自己的兴趣和价值观，从事自己的工作。

第三，企业家的“家”字的含义就是创造性。不管是政治家、文学家还是艺术家，都要有创造性，无创造性就不能称得上“家”。

我总是不客气地说自己是企业家，但我认为社会上真正的企业家并不多。

2014 年 4 月 9 日，海南琼海，远大总裁张跃大赞海南空气好，呼吁全民减排

有些人不是用自己的创造力去做事，他可能把企业做得很大，也可能在经济层面上很成功，但他对社会没有建树，对自身的人格也没有建树，这样的人就不是企业家，他们只是商人。因为“家”字包含更高的标准。

改革开放 40 年，中国经历了三个阶段。

第一个阶段是满足人们的基本生活需求。社会在极度贫困的状态下，无论是资本还是物质都极度贫乏，这个时候能够给社会提供一定物质产品的企业，就是一个有作为的企业。

第二个阶段是提高人们的生活质量。这个阶段是物质相对比较丰富的阶段，企业应该调整自身定位，不仅要提供基础物质产品，还要提供更高品质、能给人们带来更高享受的物质产品。

在满足了基本生活需求、提高了生活质量后，我们现在进入了第三个阶段，开始考虑未来的生活。也就是说，当我们实现物质发达、供给大于需求以后，社会中的每一个人、每一家企业，尤其是企业家，都应该思考企业如何才能更多地履行社会责任，为社会的未来做些什么。

现在，环境污染问题很严峻，很多地方的食物、空气、水被污染了。随着物质文明的逐步提高，我们的健康水平却在下降，每一家企业都应该思考怎样解决这个事关社会未来生存发展的问题。

03
远大梦想

我们现在已经走到了第三个阶段，如果你还用第一个、第二个阶段的思维方式来经营企业，那么对社会来说，你的企业就是破坏者。

自成立以来，远大就想得更远一些。我们做锅炉时想如何防止锅炉爆炸，做空调时想如何节能不用电，做工厂化建筑时想如何用最少的能源满足建筑的需求，而且可以世世代代留存下去。

当下，城市的历史痕迹、家族的痕迹都被抹得干干净净，这是非常危险的。整个社会，无论是环境、经济，还是文化方面都存在问题。

所以，远大下决心要解决这些问题。我们研发了芯板，芯板的全称叫热风铜钎焊不锈钢芯板，有非常坚固的结构。

以我们现有的资料进行分析计算，把这种芯板用在飞机上，飞机的重量将降为原来的 1/3。它可以替代钢筋混凝土，其重量仅为钢筋混凝土的 1/10，而寿命却是钢铁的 100 倍。

它既能解决过度使用能源、不断制造垃圾所造成的气候变化、空气污染问题，又能解决建筑寿命短所导致的每一代人几乎都要做“房奴”的问题。

每一代人都能继承先辈创造的财富，保留祖先的生存痕迹，使家族记忆能够代代留存，让我们的精神能够更加丰满。

但是，要想把这个不锈钢芯板工业化、实现低成本的量产，是一件非常难的事情。但我们敢于接受挑战，1 000 多人用了几年时间将它研发出来。接下来，它要进入量产了。

我下决心要将这项技术快速普及到建筑和所有交通领域。20 年后，远大研发的芯板要成为地球上最主要的一种材料。我认为这是远大要做的，而且做得到的事。那时，远大也会是全世界最大的公司，每一位员工都会为远大感到骄傲。

为什么这些东西远大能发明出来？有三个理由：

第一，远大的老板，也就是我，是个技术狂人，而且我有90%的时间都在做研发；

第二，远大是一个不上市的公司，老板说了能算，说干什么就干什么；

第三，远大一直在积累技术。

芯板这种技术继承了原来的真空技术、流体技术、传热技术和智能控制。这些技术我们一脉相承，经过了二三十年的积累，我们将其不断地完善，不断地颠覆。

04
远大文化

《远大宣言》于 1998 年 6 月 5 日颁布。2018 年 6 月 5 日，在远大创业 30 年时，我们对其进行了修订，其中写道：

“远大文化体系将建立在自然法则基础之上，将揭示以原则为中心的企业理念。”我们强调的是以原则为中心，不讲机会，不讲灵活性，不讲投机取巧。“我们奉行环境至上，永远只做从本质上减轻环境污染的产品，在企业活动的所有方面，将减少污染和提高健康水平放在优先位置，将环保理念植入每一位员工的基因。”

当然，我不是从一开始就有这样高的境界，最初还是为了赚钱。但是后来，我慢慢觉悟了，对环保的理念、信息知识都在逐步提升。

当温饱问题解决了，当财富积累到一定程度，人对社会、对人类贡献的问题就会思考得多一些。

也许在其他方面我不是多么正确，或者多么令人尊敬，但至少很多人都认为我是中国企业家当中不仅重视环境，而且能做到知行合一的。远大员工主要受我的影响，他们的环保意识我相信也是位于全中国前列的。

“我们挑战技术极限，永远只搞颠覆性创新技术，永远只做无人可以竞争的产品，永远做好别人做不好的服务。”这意味着只要有人生产的产品可以跟我们竞争，我们就不做那种产品，这些都不是口号，是我们的实际行动。远大是“言必行、行必果”的。

《远大宣言》里面的每一条、每一句话都是我们每天在做的事情。我会跟人力资源部长说，要让每一位员工都把《远大宣言》彻底读透，把里面的所有观点都变成习惯。

什么是企业文化？企业文化就是习惯，而且是企业员工的习惯，是一种实实在在地影响你每时每刻的思想和行为的东西。

05
远大未来

如果按照一般的价值标准来衡量，远大不算成功。20年前，我们在国内民企中至少排在前十位，纳税和利润都曾排在第一位；

现在，在经济指标方面，比远大强的企业遍地都是，在湖南我们都算不上前几位了。

但是，从另一个角度来说，我们又是一个特别成功的企业，因为我们做的都是创新，从本质上提高人类生活质量的创新，从本质上减轻环境污染。

从哲学角度讲，理念上的成功最终会转变成产业上、经济上、利润上的成功，只是时间问题。对于一个企业来说，一般意义上的成功不是最重要的，怎样做出有价值的事情才是最重要的。

未来 10 年，远大会用新的方式来发展，把我们的技术跟他人的资本和市场进行对接，通过这种合作的方式实现快速发展。

多年来，远大一直把大部分精力放在研发上，尤其是我本人，但我们在人力资源管理、行政管理、营销管理上还存在不足。现在，王石主席来到了远大。我和他很早就认识，后来通过亚布力中国企业家论坛的活动，我们有了更多的时间进行精神交流，这加深了我们的友谊。

他认同远大的企业文化，认同我做环保，也坚信我是一个搞颠覆性创新的人。所以，我俩很契合。

同时，我们两个人也优势互补。他用开放的方式跟别人合作，而我属于封闭型，埋头苦干搞研发。我特别尊敬他，主要原因有三点：

第一，他不贪财；

第二，他的道德标准高，特别强调不能行贿；

第三，他重视运动，重视公益活动，是一个很有正能量的人。

未来，我只负责技术和生产，王石主席来做经理、管理、人事决策。

我们只做对社会、对人类真正有价值的东西，我希望远大的每一位员工都牢记这一点。

10

蒋锡培

政府要提高服务性价比

岛君说

从修表匠起家到电缆产业巨头，从赚5万元的“大目标”到电缆王国的掌舵人，在蒋锡培近40年的奋斗史中，我们看到的是一个关于努力与坚持的成长故事，以及自身命运与时代脉搏紧密结合的生动写照。

为人低调的他，近来却因其所提出的12条建议实实在在地走红了一把，这份直指减税降费的呼吁，反映的是众多民营企业家内心的真实声音，彰显的是新时代企业家应有的担当精神。“好事不说跑不了，问题不说不得了”，这是他对事情最真实的看法，更是他对率真精神做出的最好诠释。

改革开放40年，我们与远东控股集团创始人、董事局主席、党委书记、正和岛岛邻蒋锡培畅谈许久，他与我们分享了自己的创业故事、经营思想以及对未来的希冀。他说，企业家的本质是去奉献、去创造、去感恩，在改革开放的伟大时代中，这一本质值得我们所有企业家共勉。

01
梦想帮我度过了一个又一个难关

先从我的创业之路说起吧。以前我也没有想到自己要办一家企业，我们小时候的理想不就是能够考上大学吗？当时，我就想成为一名大学老师、教授，也算是光宗耀祖了。而且我们宜兴又崇尚读书、崇尚教育，是“教授之乡”“院士之乡”。

父母说要想离开农村、有所成就、出人头地的话，唯一的出路就是考上大学。所以，我从小就怀着考大学的梦想，而且学习成绩非常好。从小学到高中，我至少也是学习委员。但是，在当时的环境下，应届生考上大学的大概只有10%左右。当然，有很多学生通过复读也考上了大学。我也复读了一个月，但没有坚持下去，坚持下去的学生，很多都走上了大学之路。

后来，我就去修钟表，因为修钟表是一门很好的手艺。以前在农村，理发师、木匠、建筑工等都是不错的职业。再加上我哥哥有这门手艺，他有意无意地说到，他的生意如何如何好，一天能挣几十元钱。那个时候，一天能挣几十元钱是很让人羡慕的。20 世纪 80 年代初，按这个标准计算一个月就能收入好几千元，已经很高了。因此，我就喜欢上了这门手艺。

也就是在那时，我给自己定下了赚够 5 万元的目标。那个时候，5 万元还是一笔不小的数目，要知道，那时候的万元户已经很了不得了。我想：自己要是有 5 万元存在银行里，每年还能有几千元的存款利息，那这一辈子就安稳了。当然那个时候，我对于社会和历史等都还没有太深的了解，因此那时候的目标就是这样的。但是，目标是会随着时间的变化而自然地变化的。

在学了 56 天修钟表之后，哥哥跟我说："你可以自己去摆摊了。如果有问题的话，我可以帮助你。"一开始我还半推半就，后来我就想，既然哥哥这么说了，那我自己摆摊挣钱也很好。别人要学半年的手艺，我不到两个月就学会了。

也正是在这个过程中，我感觉到做生意还是很有讲究的。首先，你要非常认真，要能够理解对方。其次你要非常诚恳，对人要客气。在那个时候，各方面的知识我都学到一点。此外，修钟表跟其他手艺不同，一坐就是一天，坐 10 个、15 个小时都是常事。再次，你要有足够的耐心。手表的零部件太小了，一个手表里有几百个零部件，要把它坏掉的部件，特别是它的轴心修理好的话，确实是个细致活儿。所以，这份职业对我影响还是蛮大的。

就这样干了几年后，我手里攒了20多万元。1985年，我就带着这些钱回到宜兴办了一家仪器仪表厂，专门制作钟表零部件。但由于钟表零部件对精密度要求很高，再加上缺乏技术人员，我们制造生产的零部件合格率不高。

在勉强维持了3年后，我不仅血本无归，还倒欠了近20万元。现在回想起来，那个时候确实是我经历的最困难的时期了。自己赚的二三十万元，都是修一块表1元、1.5元钱积攒起来的，一下子都亏光了，亏光了还不算，还欠了这么多钱。家里的所有东西，除了房子，几乎都卖光了，还要还欠下的这么多债，我那时的压力很大。

但是，我相信天无绝人之路，我一定能重新振作起来。而且，我的亲朋好友对我还是很有信心的，因为他们知道我是因为什么样的原因亏损的，相信我还能做得起来。所以，自己的梦想、目标和执着的追求，还有很多人的关心，使我度过了一个又一个难关，我现在非常感激。从某种程度上来说，除了自己的努力，外部的客观条件也是必不可少的。

虽然生产钟表零部件失败了，但我那几年积攒的信誉还在。所以后来，我又向亲友东拼西凑借了15万元，开始买卖电线电缆。因为当时生产资料还实行计划供应，我就利用地区间信息传递滞缓、存在产品价格差的特点，通过到浙江、安徽购买电缆，然后拿到上海、江苏等地销售转卖，赚了不少钱。后来算了算，在不到两年的时间里，我不仅还清了欠款，还赚了 100 多万元。

现在回想这一路的创业经历，我觉得不断树立新的目标对我的影响是很大的。当只有一个小厂，在地方上还只是小有影响的时候，我就想把它办到在这个行业里有影响，在省里有影响；后来，我就想要在全球做到行业领先、行业第一；现在，我想的是，能够帮更多人解决实际困难，让他们的事业更成功，生活更美好，也让加入远东的员工和股东们生活得更好。

我想这也正是我们一直倡导的让客户满意、员工满意、股东满意、政府满意、社会满意的理念的核心所在。能够更好地让他们都满意，这也是我现在的使命和追求。

02
要看重企业的竞争力而不是所有制

从创业之初到现在，算起来远东应该是最早搞混合所有制的企业了。我们很早就开始跟国企合作，在这方面也有很好的经验。当时，我们的企业中既有国家股又有集体股，还有核心员工股，可以说是典型的混合所有制企业。

而且，在采用混合所有制经营管理的这五六年当中，各方也确实发挥了各自的优势。尽管与央企相比，我们员工的股份只有 25%，但这家企业是我创建的，我没有把它当成是央企，也没有把它当成是国企或集体企业，而是全心全意地为它做事。

那个时候我就想着，如果企业做不好亏了的话，我就砸锅卖铁赔偿。相关各方看到我这么自信、态度坚决又有管理企业的能力，所以也非常欣慰，也没有和我签条条框框的协议。但我深知这份信任来之不易，我要好好珍惜。所以在这之后的几年当中，我带着企业每年提高一个台阶，逐渐把企业做到很大，也做得很到位。到后来，我又把它回购过来。

所以不同的行业、不同的企业，要实行混合所有制，归根结底要看合作伙伴以及它们的经营理念，包括它们给到的一些制度安排和人员配备。各方互相信任、优势互补，朝着做好、做强企业的共同目标去努力的话，就容易成功。

不管怎么样，我们都要做到与人为善，都要尽心尽力，也都要朝着对国家有利的方向前进，如果时刻保持这样的文化和理念，我相信合作成功的概率会很高。因此，不管在什么样的体制下，只有坚持以客户为核心，以市场为导向，以品绩兼优者为中心，持续激发相关人员的激情和热情，才能真正做出最好的产品和服务，来解决客户的问题、社会的问题，这是至关重要的。

但实行混合所有制就怕同床异梦，就怕各打各的算盘，不按照游戏规则办事。我认为无论是央企、国企、民企还是外企，都要走市场经济的道路，一手抓制度，一手抓发展，只要是依市场配置资源、开放开明的就是最好的。

因为在现实经济中，民营经济也发挥了非常重要的作用，如果民营经济得不到更好的发展，没有更好的氛围，那么地方经济、地方政府也会面临巨大的压力。

所以不要刻意地讲哪种类型的企业更重要，民企也好，国企也好，外企也好，对于我们国家来说，每个机制、每个类型的企业都很重要，特别是关系国计民生的。

我们最好也不要讲金融业、制造业、互联网等哪个行业重要。凡是符合市场经济发展规律的、有竞争优势的、能够满足市场需求的产品和企业，就是好产品、好企业，就要去支持。不管什么类型的企业，也不论是制造业还是金融业，都是你中有我、我中有你，互相依存、共同促进的关系。

所以我的建议是，要把资本、人才等资源纳入到有全球竞争

2018 年 4 月 10 日，海南琼海，女性圆桌会议“她力量：共建共享美好世界”在 BFA 大酒店二层云亭开幕，蒋锡培参加会议

力的企业和组织当中，不分所有制，不过分强调所有制。

03
最大的问题是信心问题，最大的成本是制度成本

前一段时间，我的 12 条建议好像也在各大媒体中刷屏了，一时间自己仿佛也成了焦点人物。但说实话，无论是在正和岛，还是在企业界里面，我确实是比较率真的。我认为一个人要么就干脆不说话，但要说就要说实话、真话，没有必要撒谎。这是我的风格。

“好事不说跑不了，问题不说不得了。”如果要讲话，就要说出问题，道出解决方法，这是关键。所以我的核心思想和观点就是在讲金融、经济和市场，而这其中我认为最大的问题是信心问题，最大的成本是制度成本。

前段时间，国务院曾召开了关于降成本、减负担的会议。所以这次我提出的 12 条建议，其实也是围绕国务院这个会议的主题展开的。既然谈及降成本、减负担，那就要看到这些问题，要提振市场和企业家信心，要解决好制度性的缺陷、释放制度红利。

当然，我这次对企业减负的呼吁也并非突发奇想。一方面，我自己做企业 33 年，对企业负担重的问题深有体会；另一方面，我在一些商会和企业家组织中也兼任着一些职务，经常有机会和企业家们在一起，也确实常常能听到他们在讨论负担重这个问题。

此外，我在地方人大工作过很多年，在江苏省人大也任职三届了，还担任过十六大的代表，所以我在提出建议和意见的时候，一定是经过深思熟虑的。

凡事都是要以事实为依据，在充分调研的基础上提出问题和解决方案。所以这次建议建言我并非随意提出问题，同时也是在探讨如何解决问题。我这次所提出的几条建议都是有解决方案的，而且这些解决方案一定是要从全球角度来考量的。这段时间美国非常紧张，就是因为它看到了中国市场经济所产生的巨大影响，而且我们还有一个强大的政府，政府的支持是我们的强大后盾。

我们中国现在处在文化自信和民族复兴的阶段，所以我们需要做的就是与时代共同进步、与国家同频共振。习总书记在这个阶段提到的道路自信、理论自信、制度自信及文化自信是非常有道理的。我们现在要有自信，尽管在执行的过程当中遇到了一些问题，比如企业的负债较重，美国的全面围堵等。因此，我们要把这些制度放到全球范围去考量，与美国、欧洲、日本以及其他新兴国家比较，认真研究如何让企业家更有信心、让企业更有竞争力。正如东华老师所说，国家与国家的竞争，就在于企业及企业家的竞争，所以这个时候我们还是要坚定信心、依道而行、打造优势、参与全球竞争。

04
“建议”是一定能落实的

我相信每一条建议相关政府部门都会重视的，它们会审时度势、统揽全局、综合考量。虽然在我提这些建议的时候，也有一些经济学家、教授在从某个角度谈这些问题，但企业家中还没有人像我这么系统地直接提出来的。

我也听到有人说，虽然这次的税制改革是以不增加企业的负担为原则的，但纵观这几年企业的负担是一直在上升的。对此，我认为，总体的负担肯定是在下降的，但是总体税收确实是在上升的。这其中有两方面的原因：一是经济在不断地发展；二是税收部门加强了征管，即要求企业补缴原本应缴而未缴的税。比如按照原来的税率，有很多税，特别是个人所得税很多企业并未足额缴纳，现在逐步要求足额缴纳，数据自然就上升。因此，虽然推行减税政策，但税收额不减反增，其增长甚至两倍、三倍于GDP的增长。这就是为什么在推行减税的同时总体税收却在上升，因为各个地方在加强征管。

对很多民营企业来说，加强税收征管会增加企业负担，更严重的是还要补缴以往5年前、10年前欠下的税，这更让其难以接受。所以此次总理及时提出以不增加企业的负担为原则，并拿出相应的政策，又特别强调既往不咎，消除了大家的顾虑和担心。

实际上，包括后来的那些讨论，也都没有离开我提的这些建

2013 年 11 月 16 日，北京，远东控股集团董事局主席蒋锡培参加论坛活动

议，个人所得税、社保等都是类似的 。

现在，环保部也是很紧张的，因为我们也提到了让企业立刻关门这种“一刀切”的做法是很粗暴的。这么做引起的社会反响肯定很大，所以环保部的压力也很大，它要出来回应。因此，这些建议提了以后，相关部门都能看到。

05
政府要提高服务性价比

也有人认为这次的个税修订没有改到位，但我认为中央政府是会重视的，政府也强调了个税的调节是动态的。“两会”再次召开时，我相信这还会是大家的主要议题。这次赋税改革，提高个税起征点，允许六项抵扣，包括父母养老费用的抵扣等，是有进步的，肯定减轻了企业和老百姓的很多负担。

前段时间，我看到三全集团的创始人陈泽民给全国人大常委会写了一封公开信，他也在谈税制改革和减轻税负的问题。我认为像陈泽民这样的企业家，是值得敬佩、让人敬重的，因为他也是在为党、为国、为人民着想。从目前承担的压力和负担来看，一些企业，特别是民营企业，碰到了之前少有，甚至可以说是前所未有的困难。在这个时候，如何进行体制改革、机制改革，如何降费降税，是至关重要的。

一方面，就像我所提出的，政府的改革尤为重要。政府改革的主要方向应该是如何更好地利用大数据和信息化来有效地管理国家，减少行政开支。减少行政开支，其实就是要“庙少、和尚少”，政府的机构和人员必须要精简。因为所谓的减费减税其实关键还是在政府，如果政府的机构和人员精简不下来，费用就减不下来。政府人员和机构精简以后，老百姓的满意度会更高。此外，还要制定好管理国家的制度流程，比如规定办理事项的具体时间。

要建设现代化的管理制度，政府可能更需要提高服务性价比。

政府人员的职责是为人民服务，要为人民办实事，帮老百姓、帮企业家解决问题。现在，一些人包括企业家在内都有一个痛点，那就是政府部门的服务积极性有待提高，这是客观原因和主观原因综合作用的结果。有人说，这可能与激励机制有关。但是要相信，只要是真心在为老百姓做事的，大家一定能看得到。所谓“种瓜得瓜、种豆得豆”，在其位谋其政，这就是岗位职责。

工作中遇到了问题和困难，就协调各方抓紧解决，需要上级决策、别人协同的，就积极争取决策和协同，这才是正确的态度，而不是回避困难，推卸责任。

我在建议里其实也指出了现存的一些官僚主义、形式主义等问题。我们党经常讲要开拓创新、因地制宜、脚踏实地，但如果在实际中不假思考，到不具备条件的地方执行，这明显是与党的方针相悖的。

比如“美丽乡村”建设，习总书记讲要先进行科学规划，然后才是建设美丽乡村。如果没进行科学规划，就到处去兴建学校，兴建基础设施等，就会造成巨大的浪费。

现在，有些地方甚至要求每个自然村或每个行政村，都要有党员活动室、文化室等，还要建文化广场，这往往会走向形式主义。上级来检查的时候，就让几位老人在里面看文件，上级走后三分钟他们就全跑光了，如果这样搞，会造成多大的投资浪费？

再比如，有些地方要求污水工程要通到农村的家家户户，但农村有很多房子很早就没人住了，在把自来水管、排污管接过去之前，能不能算一下经济账？

经济问题，还是要用经济的手段来解决。地方创造税收和财富不容易，所以不能铺张浪费，铺张浪费是典型的官僚主义、教条主义、形式主义。

06
做好现在，规划未来，承上启下，持续发展

最近，我发现做长远打算的企业家比较少。在接触身边的这些朋友时，他们有的因为产权没有得到法制化的保障而忧虑，有的则是因为经济形势不好、营商环境不如意而忧虑。但我想说的是，我们要坚信我们的国家是一个依法治国的国家，法制一定会越来越健全，无论是个人的财产、权利，还是企业的产权都能够得到合法的保护，这一点很重要。尽管可能会在某个人身上、某家企业中产生这样或那样的问题，但这并不影响产权的确定，这一点也非常重要。

花无百日红，企业也无百年好，企业不可能100年一直都一帆风顺，都会面临倒闭的风险。所以我想，改革还是要向着大家合理的、确定的预期发展。

当然，我们的改革也需要在各个领域去创新、去改变，一切都要围绕人民满意不满意，人民期待不期待，是否符合经济规律、市场规律来进行，要把国家建设得更加富强，把百姓的生活建设得更加美好。

从这个意义上来说，我们需要审时度势、与时俱进，需要从思想观念上进行大解放、大变化，在国家的制度安排上也要进行优化和创新，让老百姓有更大的成就感、更多的幸福感。

这也需要我们进行预期管理，如果过多地承诺了不切实际的

目标，最后不仅不能增加百姓的幸福感，反而会降低幸福感。只要与以往相比变得更好，我们就应该感到满意。

另外，社会管理与企业管理一样，需要奖勤罚怠，需要优胜劣汰。那些懒惰者、不创造价值者在过着美好的生活，而那些冒了很大风险创造价值的人反而不如他们，这既不符合经济规律，也不符合社会规律。

所以社会本身就是具有竞争性的，你不竞争也会有别人去竞争。从国家层面来看也是一样，我们还是要按照习总书记提出的“人类命运共同体”和“一带一路”倡议前进，全面建设现代、富强、幸福的中国，去深刻理解和发现我们在各个地方、各个行业、各自企业的发展路径，不要抱怨，努力奋斗。

我希望我们的广大企业家不要悲观，要有信心。第一，要永远相信这个时代。因为社会都是滚滚向前的，尽管过程中可能有这样或那样的困难，有这样或那样的疑惑、烦恼，但如果坚持下来，明天可能就会变得更美好。

第二，越是困难的事情，若能得到处理和解决就越有价值。企业家要发挥的作用就是去解决客户、百姓、社会共同的痛点和重大的问题，这就是企业要去创造的价值。

第三，就算目前真的遇到一些困难，企业也不能因此就放弃了。企业家的本质就是要去拼搏、去创造、去感恩。

当然一个家庭、一个企业，终归还是要一代一代传承下去的，我现在也在安排一些企业传承的事情。在这个过程中，我认为，做好现在、规划未来、承上启下、持续发展，是我们一代又一代企业家，一代又一代当家人义不容辞的职责和使命。

我的两个孩子，他们现在都已经在企业里或创业中实现着梦想。我相信他们能够更好地学习标杆，能够更好地提升自己，能够更好地开发资源、开发能量，真正做一个对社会、对他人更有贡献，更有价值的人。

我们也希望我所创办的企业，能够经久不衰，能够百年兴旺、千年传承。因为只有一个个的家庭、一个个的企业，一代又一代良好地传承下去，我们的国家才能一代一代更好地传承下去。

国是最大的家，家是最小的国，没有国哪有家，国与家完全是融为一体的。我希望我的子孙后代们牢记这一点，一定要做利国、利人、利他的事情。

11 刘积仁

企业一直很有钱，就很难有市场竞争力

岛君说

明明是一位企业家，尽管身着一套干净利落的西装，却无时无刻不散发着学者气质，让人自然而然地想称他为“老师”——他就是东软的创始人刘积仁。

刘积仁是中国计算机行业发展的缔造者与见证者之一，是中国培养的第一位计算机应用专业博士，33岁就成为中国最年轻的大学教授，成功创办中国第一家软件上市公司——东软集团，建设了中国第一个软件园，一手打造了极具影响力的软件帝国。

但刘积仁却将过去近40年的经历、所有努力和成就都解释成一种“幸运”。“我这一生十分幸运。‘文革’期间，同学全下乡了，我去本钢做了工人。后来，我有机会上了工农兵大学，又考上研究生，出国读博士。别人都在读书爬坡的时候，我当了教授，又开始创业。这一路走下来，本就普普通通、并不完美的我，对人生能够拥有这种幸运而感到满足。”

然而，我们都很清楚，所谓的“幸运”总是留给有准备的人的，刘积仁的“幸运”也绝不是一种偶然。在中国经历巨大变革的20世纪70年代，如果没有超乎常人的努力和付出，一个普通人怎能获得他今日的成就？而身为东软的掌舵人，历经行业的起起伏伏，如果没有精准的战略远见和自我认知，没有持续变革的勇气和智慧，恐怕东软也很难有今天的规模和发展。

出生在20世纪50年代的刘积仁经历过“文革”、改革开放，也见证和参与了中国快速变革和发展的历程。他的每一段经历、每一个故事，都是一段值得细细品味的精彩而丰富的历史。

01
我人生中最危险的时光，也是最浪漫的时光

刘积仁说：“人生有的时候不是你自己能选择的，你自己唯一能选择的就是如何顺势，找机会改变自己。”是的，在那个年代，刘积仁做到了最大限度地掌控自己的命运。从一名天天面临重重危险的救护工，到一名相对安逸的工会宣传员，再到一名令人羡慕的大学生。在那个人人都认为无法掌握自己命运的年代，刘积仁却在四年里完成了人生的第一次跨越。

1972年，本溪钢铁动力厂在当地学校招收工人，正在上学的我被应招入厂。

17岁的我，第一份工作就是煤气救护工。因为当时的设备条件有限，缺乏警报装备，每次作业之前，

他们都要用鸽子来测试煤气管道泄漏的程度。我至今还清楚地记得我背着沉重的防护设备第一次进行抢险救护的情形。

在这个过程中，即使很远的管道中冒出一点火花，都会引发爆炸。年仅17岁的我，每天都面临生与死的考验，内心充满了巨大的恐惧，每次抢险都觉得像上战场。

但是危险之余，我也度过了一段浪漫时光。因为到了工厂就有工资了，那个时候我买了吉他和小提琴。从小热爱美术的我还总是抢着干一些画板报的工作。

一年后机会来了，总部领导来到动力厂，一下就被我画的板报深深吸引住了。我很幸运地被调到了工会，从一名救护工变成了一名宣传员。与以前的工作相比，这份新工作要安全许多，也浪漫了许多。而且工会里面各种乐器很多，扬琴、手风琴等都有。当然，我没有特别擅长的乐器，但是每个都能用一用。也就是说，从十五六岁到二十多岁的这段时间，我基本上是在一个文艺的环境度过的，照相、画画、写字，然后演出。当时，我还放电影，那也是我人生里最美丽的时光。我背着照相机、骑着摩托车到处摄影、采风，然后有时间还能参加表演，很浪漫的。

但年仅18岁的我目标是进入大学，彻底离开工厂。当时实行工农兵大学制度，工厂每年都会评选推荐职工进入大学。1976年，我凭着极好的人缘，顺利被推选上了大学，我的命运再一次发生转变。

02
拼命学习，只为成为优秀的人

刘积仁说：“直至今日，每每提到求学的经历，我总是会提起自己的恩师——李华天教授，因为我希望成为像李华天教授一样优秀的人。”这也是为什么刘积仁明明是一位企业家，即便身着一套干净利落的西装，却无时无刻不散发着学者气质，让人自然而然地想称他为“老师”的原因。

1976年8月，我接到了东北大学的录取通知书。走进校园的那一刻，我只有一个念头——拼命学习。

因为我的专业是计算机，当时的计算机专业在中国也是刚开始设置，所以能学习这个专业的人应该说少之又少，我自己就是中国第一个计算机应用专业的博士。那个时候，全国的博士可能就几个人。所以当我上大学的时候，几乎没有别的时间，除了钻研我的专业，我过去积累的那点乐器爱好、浪漫情怀，几乎全部都废了。

我每天早上五六点钟起来开始背单词，每天进行大量阅读。那个时候，我是最典型的“工科男”，几乎除了专业，我什么都不知道，什么也不参与。所以，如果跟在工厂的那段自由、浪漫、充裕的时间相比，我学习的这段时间是我一生里最艰苦的。这段时间我过得很单调，专注、刻苦地只做一件事——学习我的专业。

从大学、硕士、博士到后来的研究，加在一起大概有十几年的时间。

我把所有时间、所有精力都花在学习上，就是为了实现一个目标：要在这个领域，实现我在学术上的梦想。

1980 年，我考上了李华天的硕士研究生。相处中我发现，老师处处都为他人着想。在老师潜移默化的影响下，我也变得更加谦虚平和。后来，我又考上了李华天的博士生。在老师的建议下，1986 年，我赴美国国家标准局留学并进一步深造。我要特别感谢我的恩师，没有他在学术方向上的指引，我也没有那么多的学术成果。

美国实验室环境优越，做实验的设备也是世界一流的。刚到美国的我一下子就被震撼了。但是，我也很快发现，对于来自中国的留学生，这个实验室有着不同寻常的规定。中国留学生不能单独在实验室，必须由美国公民陪同。人家看中国人的眼光也是奇怪的、提防的。那一刻，我深刻地感受到国家不富强，人民就不会被尊重。

那时，我能做的只能是勤奋学习。因此我很顺利地完成了博士论文，赢得了美国同事的认可。实验室提出，希望我能继续留在美国进行研究。是否回国，我难以抉择。因为那个年代，很多留学生都留在了美国。我征求了李华天老师的意见，他说："1949 年前，我明知回来没有好的生活条件但还是回来了，当时中国正在建设。一个国家要富足起来，总要有人建设，外国人不会帮你建设，只有自己建设国家。你不建设，别人也会建设。那你是等别人建设好了再回来呢，还是自己参与到这个建设过程之中呢？”

听了老师的一席话，我毅然决定回到祖国的怀抱。学成回国，我留在东北大学任教，与李华天教授一起从事科研工作。1988 年，33 岁的我被破格提拔为教授，也成了当时中国最年轻的教授。

03
创业者都是在迷茫无路中摸爬滚打，我也不例外

刘积仁说：“这一路走下来，我认为我做的最对的一件事就是：只要给了我时间，我一定把它充分、精准、有效地利用好，这样可以缩短我达到梦想的路径，也可以让我在这个路径上找到不同的转折点，获得不同的机会。”是的，黑暗渐渐褪去、光明来临前的天空是灰色的，那是希望的开始。

20 世纪 80 年代的中国，学者和企业家两者之间有着一道深深的沟壑。那个时候，教授下海是一件为人不齿的事，别人会觉得下海从商是因为你教授做得不好，科研做不下去了。

当我信心十足地回国想大展身手时，却发现当时国内没有特殊经费资助教授做科研项目，这导致我的科研工作难以为继。在这种情况下，我顶着各种质疑和非议，于 1988 年与两位青年教师在东北大学的一间半研究室里，以 3 万元经费、3 台 286 电脑，创

建了计算机软件与网络工程研究室，试图搭建一个技术转移中心，把科研成果转移到企业，获取充足的科研经费继续做研究。

然而，当时中国没有创业的环境，没有资本，没有人才，没有市场，大多数人还不知道软件是什么、能做什么，就更不用说软件产业的未来发展方向在哪里了。

1989 年，日本阿尔派株式会社一行来到东北大学寻求合作，由我负责接洽谈判。由于实验室条件简陋，没有资金购买会议桌，我就将 4 张课桌临时拼在一起，再蒙上一块红色的绒布窗帘撑场面。谈判结束送走日本客人后，我们撤掉了窗帘布。谁料一位日本代表因为遗落了东西突然返回教室，看到破旧的课桌惊愕得半天说不出话来。

即便如此，日本阿尔派株式会社的会长沓泽虔太郎依然看中了我们的团队和我们的科研能力，我也因此获得了第一桶金——30 万美元。资金还没到账，我们就拿着合同去北京，进口了一批最先进的 IT 设备，东北大学也把主楼二层的一半教室都给了我们，接下来，我们就打造了中国一流的实验室。

成功孕育在非正常之中。当时的年代是一个学术界的变革阶段，当很多人觉得你很正常的时候，你在做的事情往往不太容易成功，因为大家都认为正常的事情，往往没有机会。我喜欢尝试别人认为比较困难的事情，我不像别人那样在意失败。搞经营也好，搞企业也好，搞科学研究也好，基本的原理都是一样的，那就是要有创造性。

两年之后，基于良好的合作基础，我们和阿尔派株式会社组建了沈阳东工阿尔派软件研究所（有限公司），后来又成立了东北工学院开放软件系统开发公司，这就是东软集团的起点。

东软集团刚开始卖软件时，曾被别人误解成卖洗发香波的。只有生得不容易，长得不容易，企业才能更具有生存能力。一个企业如果一直资金充裕，在市场上就很难有竞争力。我觉得，有饥饿感、能把握机会，是企业家的基本素质。

2008 年夏季达沃斯论坛暨世界经济论坛第二届新领军者年会于 2008 年 9 月 27 日在中国天津滨海新区拉开帷幕，刘积仁参加论坛

为此，我总结出四点最重要的企业家精神。

第一，对自己有清醒的认识。每个人的想法不同：有的人想做财富的创造者，想要挣钱；有的人想做一项事业。对任何一个

企业家来说，对自己的认知都很重要。很多人对其他人、其他企业认识得很清楚，而对自己认识得不那么清楚，容易高看自己、忽略自己的弱点。对自己的认知缺失，会导致自己的学习能力下降，使自己特别容易犯错。只有感知自己的弱点，才能知道如何整合资源。

第二，具备资源整合能力。一个企业如果不能在生态系统里创业，就存活不了多久。“利用”已经变成了一种交换。如果你有一样东西能被人利用，那是好事；如果你没有任何一样东西可以被别人利用，那你是很难存活的。想要以小博大，就要找到和发现这种机会。很多失败是由于太执着了，也有很多失败是由于太敏锐了，在这两者之间找到平衡很重要。你要执着的是你的价值取向，要敏锐的是市场不会只在一个行业给你机会。

第三，具备前瞻性和判断力。东软在创业第一天，就走了国际化路线。当时我们的做法是：收取外汇，在国内投资人民币。1995年，东软开发了中国的社会保险产品；1996年，东软开始研发大型医疗设备、CT设备，现在产品已经卖至全球。这些产品当时都非常超前，尽管很多人当时并不觉得我们可以做成。

第四，具备执行能力。强人的实施能力来自每位员工。一个企业，靠理想、靠概念就可以赚到钱，但是想要脚踏实地干出来，就没那么容易了。向投资人要钱可能很容易，但给投资人满意的交代可能就变得非常难。

每个人的成功都不一样，都有自己的故事。一个人走过了与众不同的路，做自己喜欢的事，坚持自己与众不同的追求，才能做得更好。

我最初创办实验室只是想做好科研，成为好的教授，东软后来的发展完全超出了我的预料……

04
致敬 40 年

我过去的 40 年是幸运的 40 年，每一步都很艰辛，但不断有收获。这是多彩的 40 年，面对着太多太快的变化，目标在不断地改变，好像是一场没有终点的旅行，开始就不是为了到达每个地方，而只是为了经历不同的风雨和磨难，寻找着超越自我的兴趣，收获超出预期的满足。这 40 年既是认识世界的 40 年，也是认知自己的 40 年。与这个给予你机会的时代和帮助过你的人相比，个人的智慧与努力不值得骄傲和自豪。

在这 40 年里，中国经历了政治、经济、商业形态的持续变革，信息技术的使用从军事科技领域到每个人的日常生活，用便宜的连接、融合不断地创造出新的社会形态，构造出一个全新的数字社会，改变了各行各业的存在方式和每个人的生活方式。40 年前，我们不会想象到计算连接数字存储会如此便宜和普及，也不会想象到数字创新会成为一个全民运动。

这 40 年，我们一直激动和不安。日新月异的技术进步让我们不得不保持努力学习的状态，新技术、新概念不断刷新我们的经验、我们的积累，让我们没有办法用不变的规则来理解信息技术对社会变革的影响。我们不得不进取，因为跨越领域的竞争使我们连竞争对手在哪儿都看不见。我们会对速度十分敏感，因为与竞争者一步的距离可能会决定我们的生死。数字化技术赢者通吃，没有边界，能拥有一块属于自己的数字领土十分不易。我们还会感受到，人的质量随着信息化的普及在快速重生，我们最有可能的竞争对手不是拥有多年经验的老手，年轻人会以更快、更跨越的速度参与竞争，创造着完全不同的商业模式，改变着竞争的格局。

如果说中国改革开放 40 年的成果是我们在经济上取得了伟大成就，在脱贫方面获得了巨大成功，那么还有一点是可以让我们兴奋的，那就是中国拥有了超级的信息社会、基础设施、庞大的数字化经济消费群体和数字化生活方式的创造者，这会让中国的未来会更加多彩。

这 40 年，中国就是一个创业者的舞台。开始的表演者都是业余的，他们不惧怕失败，在表演中学习。他们没有剧本，一边编，一边演。这是一个十分宽容的时代，对于对与错的判断没有那么苛刻。在这个时代成长起来的创业者，学会的最大本领就是生存、灵活和创造。好日子可过，不好的日子也可过。他们十分宽容，没有太多的抱怨，因为他们的今天总比昨天好。他们接受社会的不完美，因为这些不完美都是他们的机会。

这 40 年，给了创业者太多的选择和表演机会、太多的空白、太多的需求，有时真不知道是自己表演得好还是获得掌声太容易。收获的容易使一批批人忽略了对自己能力的判断，也因为太多的喝彩而忘乎所以，失去了持续表演的机会。这也是一个大批创业者退出舞台的时代，许多创业者没有机会走到今天，但是这丝毫没有影响这个时代的精彩。无论是喜剧还是悲剧，都在推动着社会的进步，不断完善。我们用实践、创新获得了中国特色的发展模式，我们要为这个舞台喝彩。

创业者最大的满足不是自己收获了什么，而是与社会分享了多少价值。我要特别感谢中国这个大舞台和这个时代，让东软有机会为中国一半以上的人口提供社会保险服务支持，支持 30% 的中国医疗机构每一天的运行。全世界有 110 多个国家和地区的 9 000 多家医院使用着东软制造的医疗设备，有 4 万多名大学生在东软的 3 所大学读书，每一天有上百万辆行驶在世界各地的各种品牌的汽车使用东软软件。东软软件要渗透各行各业，为社会做一点贡献，以报答这个时代给予我们的恩赐。

中国大舞台的 40 年，也让我们看到了解放人的思想而释放出的能量。我们会坚信，中国的改革开放还仅仅是开始，因为渴望改变自己的人、期待改变世界的人，还在不断涌向这个舞台，这个舞台会越来越大，年轻人将会成为这个舞台的主角，他们会把中国变得更强大、更有活力。

这 40 年，我没有什么好抱怨的。40 年体会远方，忙忙碌碌，匆匆 40 载，每实现一个渴望的目标，才明白自己享受的是过程而不是结果，自己就会有新的选择，站在不同的高度会看到不同的风景。好奇心和收获之后的自信会让我走向另外一个高度，我会把艰难看成甜美，明白走好每一步的重要。我明白，只有经历不尽的彷徨和搜索，才会使自己变得成熟、睿智和坚强，才能越来越清晰地认识自己，在感恩中让自己更加安静。

时间在浓缩，生命只有在奉献中才能延长。今天，我虽已花甲之年，但是心中还有那份不安，期望走向更加清晰的远方。

12

江南春

在最能折腾的年纪，极有可能杀出一条血路

岛君说

江南春，本来是一位诗人，但后来却成了一位商人。

江南春证明了一件事：当诗人开始做生意时，可能比谁都会赚钱。2018年《新财富》500富人榜发布时，他以402亿元资产排名第35位。而当年江南春赚到人生的第一桶金50万元时，才21岁，那是1994年。

回望来时路，江南春除了庆幸自己生逢其时，更多的是由衷的感恩之心："我没有辜负这个伟大的时代，我为自己的人生努力过、奋斗过、咬牙坚持过，证明了自己所拥有的能力与价值，我达到了自己所有能达到的高度，我活过，了无遗憾。"

"人生的价值不在于你拥有过什么，而在于你经历过什么，即使创业经历的是苦难与疼痛，回头看也都是人生最大的财富。"

江南春用自身经历道出了自己抓住机会的底层思维逻辑，以及在经历了大起大落之后进行的深刻反思。他的创业经历和思考，或许能对你创业有很多启发。

01
从校园诗人到创业人生

我出生在20世纪70年代初的上海，父亲是一位严谨的财务会计，母亲是个小创业者，有自己的店面。很长一段时间里，我的名字被媒体渲染为是酷爱中国古典文学的父亲取自宋词的词牌名，而真实的缘由却要简单朴素得多：我姓江，出生在春天，我们家又朝南，所以叫江南春。“南”说的是空间，“春”说的是时间，“江南春”这个名字本身是一个时空概念的组合。

从幼年起，父母便对我寄托了许多冀望和期待，他们对我的未来是这样规划的：“争取考个好大学，毕业后找个好工作。”

一切似乎都在按部就班地朝着父母的期望进行着。1991年，我进入华东师范大学中文系就读。

进入大学校园，对文学热衷的我每天无忧无虑地徘徊在象牙塔深处，找寻着创作的灵感，坚持、秉承着成为诗人的梦想。不久之后，我被推选为华师大夏雨诗社的社长。那时的我，俨然沉醉在校园诗人的浪漫和理想之中。

时间的车轮很快转到了 1992 年，邓小平南方谈话之后，改革开放进入了快车道，我的人生轨迹也在那一年发生了巨大的改变。

改革的浪潮推动着社会发展，也为大学生带来了新的视野和思想，悄然改变着大家的梦想。当时正在念大二的我想要紧随这个时代大潮，于是凭借着不错的文学功底，开始涉足广告行业。

至今，我还清晰地记得 1992 年的一天：满脸汗水的我站在上海松江某酒店会议室的门前。那天早上 7 点多，我就从华师大出发，骑了将近 5 个小时的自行车，赶到松江去见一位制造、销售"蚂蚁口服液"的老板。

等了一个半小时，他的会议才结束，这位老板和我谈了 15 分钟就叫我回去了。然后，又是 5 个多小时的自行车回程路。我至今仍记得我给他们设计的广告词是"四两拨千斤，蚂蚁口服液"。那天，我并没有抱怨自己付出了那么多努力，只和客户谈了 15 分钟，反而认为人家堂堂董事长能接见我 15 分钟，已经很给我面子了。

凭着这种热情和认真执着的态度，我一路走了下来，成立了自己的广告公司，开启了我的创业人生。

最终，我还是没能按着父母的规划，按部就班地去找一份工作，也远离了诗人的梦想，将人生切换到了创业频道。但成长的经历、对文学和诗歌的热爱，深刻地影响着我的性格，也深远地影响着我对商业的看法，让我始终从最终、最原始的需求和动机来观察产业、思考发展。

2006 年 1 月 9 日，分众传媒斥资 3.25 亿美元并购其在楼宇视频广告领域最大的竞争对手聚众传媒

02 创立分众传媒

在大家的努力和精诚合作下，广告公司的营业额直线飙升，公司 1995 年的营业收入达到了 500 万元左右。1996 年，我又把公司资源全面铺到了迅速崛起的 IT 领域，拿下了上海大部分的 IT 广告。

这样看似风和日丽的日子一直持续到 2001 年。那一年，互联网泡沫破灭，公司的互联网客户全线消失，IT 市场大受影响。为了维持公司的运转，我们甚至接起了餐厅的小广告。

那一年是那么难熬，尽管当年公司并没有亏损，却让我第一次对所从事的广告代理行业产生了深刻的怀疑。我在痛苦中意识到：自己过去从事的广告代理，是整个产业链中最难赚钱、竞争最激烈的环节。而此时，我的好友陈天桥的一番话更是触动了我转型的念头："为什么不跳到产业的战略层面上，去做一些更有前途的事情呢？"

2002 年，也就是我进入广告业的 10 年之后，公司的经营逐渐步入正常，我的生活表面上又恢复了平静，虽然看上去很幸福，但我的内心却愈加焦虑和挣扎。深夜里，我时常在想，这就是我的一生吗？终于，我下定决心转型，重新创业。

我知道再一次创业会很难、很累，有很大的概率会失败，但我内心的声音告诉我，如果我不投入再去拼一次，年纪大了一定会后悔。

于是，我开始寻找一种新的产业模式，思考如何打造一个新媒体。那时候，我发现到处都在造楼，到处都是工地，中国正在掀起一个城市化的高潮。我问自己，城市化会给人带来什么改变呢？是无数栋楼宇拔地而起，而绝大部分城市人每天要靠电梯起落，在生活、工作、购物、娱乐的各个场景中切换。

电梯媒体的创意就在这样的观察中应运而生。2003 年，我在上海创立了分众传媒。

回到创业的最初状态，公司仅仅只有十几个人，我们每天扛着机器出去介绍，在上海、北京开始打楼。没有人知道电梯媒体在中国到底靠不靠谱，但我们却满怀热情和坚定。那一年的春天，非典开始在国内蔓延，许多人都很焦虑、很恐惧，而我们十几个人却每天聚在一起，成天地加班讨论直至深夜。回想起来，我们似乎都没有感受到非典的存在。我想，当一群人特别投入地在做一件事情的时候，可能心里是无所畏惧的。

2005 年 7 月 13 日，是一个值得分众铭记的日子。那一天，成立仅两年的分众传媒成功登陆纳斯达克，成为第一只在美国上市的中国纯广告传媒股。至今我依然清晰记得，当我进行着上市前的发言时，内心是多么自豪和激动，我觉得那一刻自己代表中国企业越来越多地走向了国际舞台。

创业的过程总是艰苦而漫长的，但走过的每一步都值得记忆。我们经历过通过并购聚众与框架占据电梯媒体领域的领导地位，也经历过从纳斯达克私有化回归国内资本市场；我们经历过公司收获的种种荣耀，也经历过挫败和低潮……这些事件在分众的发展过程中都具有重要意义，成为公司成长的宝贵经验。

我常说，人生的价值不在于你拥有过什么，而在于你经历过什么，即使创业经历的是苦难与疼痛，回头看也都是人生最大的财富。我希望多年以后，当我的孩子逐渐长大懂事，我可以坦然地告诉他：我没有辜负这个伟大的时代，我为自己的人生努力过、奋斗过、咬牙坚持过，证明了自己所拥有的能力与价值，我达到了自己所有能达到的高度，我活过，了无遗憾。

03
15 年的成长与收获

2015 年，分众传媒做出了最重要的决定：回归 A 股，回归国内市场。

这是一个顺应时代和环境变化的决定，更是一个忠于初心的决定。

分众传媒创立和发展的根本在于在全球范围首创了电梯媒体这一广告模式，这是一项具有中国特色的媒体创新。随着改革深入、中国的资本市场日趋成熟，回到国内，成为实现分众传媒公司价值的最好方式。

2018 年，是分众传媒创立的第 15 个年头。

回顾这 15 年来我们所走过的道路，分众到底拥有什么，是我一直在想的一个问题。

15 年，分众收获了 2 亿主导中国消费市场不断升级的高学历、高收入、高消费的城市主流人群，收获了电梯这个核心场景，收获了中国品牌引爆的基础设施。15 年，成就了这家全球最大的电梯和影院媒体集团。

今天，宝洁、联合利华、通用、奔驰等超过 5 400 个品牌选择分众传媒；根据 BrandZ 最具价值中国品牌 100 强榜，在阿里、腾讯、京东、蒙牛等中国排名前 100 位的品牌中，有 83 个选择分众媒体进行广告投放。近几年来兴起的如神州租车、饿了么、瑞幸咖啡等许多新兴品牌，也都选择将分众作为关键的广告传播渠道。这些都使分众传媒的品牌知名度和认知度得到了迅速引爆，从而为消费者所熟知。

很多人问我，分众传媒成功的关键是什么？我的答案是：分众传媒的成功得益于改革开放 40 年来中国社会的全面发展和不断提速的城市化进程。

从 20 世纪 80 年代至今，中国的城市化率从 20% 增加到了 60% 左右，这是一项非常伟大的成就。城市化是经济发展的重要推动力，也为企业发展带来了前所未有的机遇。在这个过程中，分众传媒创新性地开创了电梯这个消费者每天必经而且会主动观看广告的特殊场景，在一二线城市充分布局电梯媒体，并逐渐下沉到三四线城市，成功引爆市场和城市主流人群。

2018 年年初，分众召开了一场规模空前的年会，主题是“因为相信，所以看见”。我站在舞台之上，望着台下一张张熟悉的脸庞，心中感慨万千。我想起我们一同出发时的齐心奋斗，想起历经艰难时刻的泪水与汗水，想起战胜自我获得荣光时的动人笑脸。15 年来，一群渴望成功、渴望证明自己的年轻人：因为相信，相聚在一起；因为相信，相扶走过漫长而艰苦的创业路途；因为相信，他们抓住了一个时代的机遇，抓住了一个国家的机遇。

是的，这个时代从不辜负人，它只是磨炼我们，磨炼每一个试图改变自己命运的平凡人。

04
使命与责任

企业的成长历程，也是我个人不断学习和提升的过程。在和分众一同走过的 15 年里，我的生活发生了许许多多的改变，人生的状态也从一路狂奔到去发现更多的意义和责任。

分众传媒出生在一个最好的时代，赶上改革开放和中国经济飞速发展，这为分众的价值实现提供了最好的舞台。在这个时代，分众的愿景是做好两件事：第一，对客户有价值的事；第二，对国家和社会有价值的事。

作为分众传媒的创始人，直到今天，我依然会每年走访上千家客户，分众的同事们总是开玩笑地说我是公司的“顶级销售员”，而我这样做的目的，是希望自己保持对市场足够强的判断力。一方面，我希望我的决策是建立在对第一线市场和客户的深入了解基础之上的；另一方面，我也希望在见客户的过程中，可以利用我自身所积累的专业知识和经验，帮助他们去了解整个媒体市场的趋势，帮助他们研究自身的广告定位、优化广告内容，从而提升广告效果的确定性。

我常对同事们说，分众传媒不应该把营收和市值当成企业的终极目标，分众的使命是成为中国经济品牌的引爆者和助推者，分众要做推动中国品牌的第一力量。

2014 年 5 月，习近平总书记在河南考察时发表了“推动中国制造向中国创造转变、中国速度向中国质量转变、中国产品向中国品牌转变”的重要讲话。这“三个转变”，为新形势下的中国品牌发展建设指明了具体方向。

而分众传媒推动中国品牌塑造和发展的企业愿景与企业价值，也在这一指示下更加坚定和清晰。我期待未来，在中国经济转型升级的关键时期，分众传媒能帮助更多企业摆脱同质化竞争和价格战，用最有效的方式把自己独特的品牌打入消费者的心智之中，创造出更多百亿、千亿级的品牌。

2006 年 3 月 28 日，2006 年度春回燕归·浙籍 IT 精英峰会在杭州举行

如果我和分众的奋斗，能够为中国的品牌发展建设尽到一份薄力，让中国的企业能做得更好，让品牌、产品背后的工人们、创业者们生活得更好，那就是我与分众莫大的成就和骄傲。

而作为一名广告人，我坚信广告是具有社会价值和历史价值的，帮助广告行业展现出应有的本来价值、获得社会的尊重，是我个人的理想，也是分众传媒前行的方向。

改革开放 40 年，中国的文化影响力持续辐射全世界，其间中国广告行业也取得了高速的发展：不仅从量上成为全球第二大市场，从质上看，全球各大 4A[①] 公司和媒体齐聚中国，各种媒体形式和技术领域也获得了充分发展，达到全球领先水平。

习近平总书记在十九大报告中提出："文化是一个国家、一个民族的灵魂。文化兴国运兴，文化强民族强，没有高度的文化自信，没有文化的繁荣兴盛，就没有中华民族的伟大复兴。"作为电梯媒体这一中国原创广告模式的创造者，分众传媒深刻理解自己肩负的重任。

2017 年，分众凭借卓越的品牌引爆能力和杰出的媒体价值，先后勇夺纽约广告节"品牌传播"大奖、釜山国际广告节"最具创新数字媒体"大奖，以及伦敦国际广告奖"实效媒体"大奖。

---

① 4A 是"The American Association of Advertising Agencies"的缩写，中文含义为"美国广告代理协会"，因为英文名称中有 4 个单词以"A"开头，所以简称 4A。后来，世界各国都以此为标准，取其从事广告业、符合资格、有组织的核心规则，形成了各地区的 4A 广告公司。——编者注

这不仅代表着中国广告业正在全球崛起，更是中国所孕育出的新技术、新模式为世界广告传媒业的发展贡献出的中国智慧、提供的中国方案。当全球广告业都面临信息碎片化、粉尘化的巨大挑战时，分众电梯媒体的崛起和成功给这一难题的化解带来了重要的启示。

分众传媒在自己的领域中积累了非常多的体验、经验和数据，在“一带一路”倡议下，分众传媒也积极响应国家号召，希望打响前哨战，助力中国品牌成功出海。

过去几年间，分众已经陆续在韩国、新加坡、印度尼西亚等海外市场进行布局，向世界输出着电梯媒体这一中国原创的广告媒体形式。“一带一路，文化先行”，在走向海外的过程中，分众将承担好为中国制造发声的重要使命。

回报国家，回报社会，这是企业家精神的内在驱动，也是企业家的责任和应有归宿。我想，我终生的事业就是做好全球最大的电梯和电影媒体集团，在这一个领域做深、做透，尽最大努力去助力中国文化和中国道路赢得全球自信，并且不断地去做一些对社会有益的事。

在我的内心中，我始终认为做慈善与事业成功是同等重要的事，并把这看作人生价值与未来规划的一个重要组成部分，也将其作为企业发展的一项重要内容。目前，分众传媒已经搭建起乡村儿童教育、孤贫大病儿童、公益宣传、前沿科学等多个公益领域，并在实践中不断探索出具有分众特色的公益模式。未来，我还希望身体力行来承担更多使命和责任，帮助更多年轻创业者实现创业梦想，帮他们实现自己的中国梦。

05
结语

回顾过去，让人感慨，亦教人心潮澎湃。有幸亲历、见证改革开放这段波澜壮阔的伟大历程，是我的幸运，也是分众传媒的幸运。我深深感谢所有与我一同走过来时路的分众同事，正是因为他们的努力拼搏，才有了分众传媒今天的所有成就；我深刻地感恩于党和国家所给予的关心和支持，让我和分众在漫长的成长岁月里向阳而生，得到最强大的助力。我珍惜这一份结果，也希望这个结果变得越来越好，让分众传媒这个平台创造出更多价值。

站在历史的新起点，我和分众比任何时候都更加信心坚定、满怀憧憬。未来已至，分众传媒将继续锐意进取，践行企业的使命和责任，为实现中华民族伟大复兴的中国梦贡献自己的一分力量！

13 丁立国

没有信仰的企业，注定走不远

岛君说

2000年，丁立国将公司名称从“立国集团”改为“德龙集团”，一个德字，自此成为他和德龙的立身之本。

在改革开放的大潮下，二十多岁创业收获的第一桶金就达到了两三千万元，丁立国却将此归结为简单的“幸运”二字。然而，这份“幸运”并没有贯穿丁立国此后的创业之路。

车祸与濒临死亡的威胁，让他将之后做企业的每一步都看作现世修行。濒临破产的浩劫，让他更加看淡财富的占有。

由此，丁立国把人生分为三个阶段：生存、生活和生命。与此相应，他把创造财富的过程也分作三个阶段：为个人创造财富、为企业创造财富、为社会创造财富。

“早期创业的初衷很现实，要解决生存问题。那时候几百万元、几千万元的财富是满足自身需求。随着事业的推展，有了几亿元、十几亿元、几十亿元，这个阶段属于对企业及事业的追求。第三阶段，资产过百亿元，这时候财富跟我自身关系不大了，只是数字的变化，它已经属于社会，我只是这个阶段的管理者。”

每年冬天雾霾来袭，钢铁行业便成为全社会关注的焦点，被推到舆论的风口浪尖，屡遭限产、停产。在公共场合，屡屡有人毫不客气地质疑丁立国：“环境遭受严重污染，请问贵集团对此做出了多大‘贡献’？”“你有没有思考过你的财富，给家乡父老的身心造成了多少伤害？”“你会不会为造成污染而内疚？”

对此，丁立国只是回应：希望你们有机会到我的工厂去看一看。可能只有去他的工厂看过的人，才能真正了解，丁立国是将钢铁当作一辈子的产业去做的。

01
人生“第一桶金”：“幸运”的两三千万元

我出生于1970年，在20世纪90年代初期就开始创业了。

那是1991年春，我20岁出头，学习成绩不太好，在河北理工学院（现华北理工大学）机械系“混”了三年大专，然后开始只身闯荡深圳。我很快找到了工作，被深圳市福田区物资局录用。20世纪90年代初的深圳就像一个初级老板培训学校，在那里，我懂得了“经商不要首先考虑自己赚多少钱，要先为合作伙伴算账，看他能赚多少钱，然后把自己的利润加进去”的经商之道。

深圳市福田区物资局的业务可以做到全国各地，我就利用老家唐山是全国重要的钢铁资源基地的优势，先后为单位联系了几批钢材。到年底一算账，我成了当年完成进货任务最多的职工。

1992年邓小平南方谈话后，中国的经济形势大为改观。1992年正好在我家乡有一个机会，我就承包了一家轧钢厂。我通过租赁当时的一家工厂获得了第一桶金。因为那时候钢材是短缺的，那一年钢材吨价从不到2 000元涨到5 000元。一些50后、60后、70后对那段历史可能会了解得多一些，那个时候很多人都在倒钢材。当时是计划经济向市场经济转型的时期，买钢材要靠批指标，拿到指标就等同于赚到钱，其道理与交易产能是一样的。

我二十几岁获得的第一桶金就有两三千万元，当时是我的运气比较好。我觉得，对于没有任何背景的年轻人来说，机遇是起步的基石。我比其他人幸运的是，我抓住了机遇。

但我没想到钢铁行业的形势瞬息万变，1994年钢铁价格一下子跌到谷底，全国各地的原材料涨价、钢材滞销，许多小轧钢厂难以为继，纷纷停产，我的企业也面临困境。

但我始终认为，在中国经济飞速发展的过程中，钢铁行业并不会一直疲软下去。我就利用第一桶金在家乡成立了自己的贸易公司，专营钢材。在这个过程中我发现，仅仅掌握全国各地的钢材信息和渠道还远远不够，拥有信息并不一定拥有市场，只有掌握了行业终端产品，才能立于不败之地。1995年，我开始从钢材贸易转向钢铁实业。随后在1998年，我组建了立国集团。

02
人生第二次重大抉择：开创钢铁实业

1999年，我开始收购一些县办大中型国企。1999年年末的一天，我的一位在河北省农行工作的朋友向我推荐了一个项目：邢台市的新牟钢厂因管理不善停产几年，这家企业大部分贷款来自农行，农行希望有实力的企业接盘。我准备接盘，但当时的新牟钢厂资不抵债，负债接近5亿元。我公司内部的人、家里人，都反对我接手这个项目。面对陷入恶性循环的新牟钢厂，我从长远考虑做出了人生的第二次重大抉择——接手邢台新牟钢厂。

我算了三笔账：第一是我们国企采用的大多是租赁的形式，没有长期、稳定的事业平台；第二是发展账，我冥冥之中感觉未来可能会好，但是没想到会好到今天这种程度；第三是财务账，这是一个变量，当时好像要承担将近5亿元的有息负债，但我想如果工厂规模扩大，产能就从十几万吨提高到几百万吨，负债比例是可以降下来的。

我说有大舍才能有大得，所以倾自己所有进驻新牟钢厂。

到当年8月底，钢厂的生产已恢复到原设计能力。产品一下线，正赶上全国钢材市场形势好转，新牟钢厂创造了一个奇迹，只用8个月就扭亏为盈，当年纳税60万元。之后我又累计投资13亿元，对企业进行改造，使企业的生产能力由原来的年产15万吨提高到2002年的年产120万吨 。2002年，新牟钢厂纳税6 000

万元，成了河北省重点钢铁企业。

这段经历让我懂得，创业需要勇气和信心。正所谓无知者无畏，但开始投资创业的同时也要对整体经济环境有个判断，要先把大气候考虑一番。德龙正是赶上了钢铁行业高速增长的阶段。选行、选择进入点是非常重要的，必须对国家的宏观经济状况、经济走势进行判断，并在其中找寻到最适合的机会。

03
人生第一个劫：车祸与思考

2000 年，我不幸遭遇车祸，颈椎第二节、第三节严重骨折，命悬一线，昏迷 3 天才醒来，在医院躺了 110 天。在病床上，家对面的一位修行人送给我一本《西藏生死书》，这本书让我学会了与生命对话。

如何才能活得有意义，如何才能让生命在世界上留下美好的印记？我躺在床上不断问自己。我就考虑，赚钱是不是我的唯一？事业是不是我的唯一？工作是不是我的唯一？大商留名，小商留利，我在做事业的同时应该留下什么呢？

病愈后，我把公司名称改为德龙集团（之前为立国集团），意思是以德立身，靠德打天下，对外诚信经营，对内关爱员工，力所能及地帮助更多人，让他们活得更自由、更有尊严。

我觉得可以用“洗心革面”形容“重生”后的自己，毫不避讳地说，我曾经在企业规模尚小的时候，对公共环境和企业社会责任不够关注。

2002 年，公司投资 300 万元建设集党团学习、职工娱乐、培训为一体的德龙文化活动中心，并投资 200 万元对 4 幢职工宿舍进行全面装修，实行公寓化管理。这一年，德龙还专门成立团委，团委和员工一起筹建了员工互助基金，每年组织一次捐款，帮助困难员工，在医保之外给予他们一定的补助。

2003 年，公司投资 300 万元，用 3 个月时间完成职工食堂的全面改造，在“三星级”标准的餐厅，员工只需三五元就能够吃得很好。除此之外，德龙在 2012 年和 2013 年投入 1 亿多元为员工新建了职工之家和职工公寓，进一步改善员工的生活条件。

而在提高德龙内部条件的同时，我也积极参与社会慈善活动。

2010 年 9 月，我和妻子发起成立北京慈弘慈善基金会，开始平台化、有计划、有序地做慈善。慈弘基金会以教育救助为主要关注领域，项目集中在青海、甘肃、贵州、江西、黑龙江、四川等贫困地区的学校。每年，我都会抽出时间到项目所在地待几天。

2017 年 5 月，在贵州省纳雍县新房乡新联小学，我们一行人准备离开，突然有四个小姑娘跑过来叫住了我。我以为她们会提一些求助的要求，谁知四个小姑娘在我面前停下说：“谢谢您，我们想给您鞠个躬。”

四个小身板刚一弯曲，我的眼泪瞬间掉了下来。我们生活在城市的人，或者是生活更好的人，老是想着去帮助别人，其实

（帮助别人）也是在帮助自己，它唤回你人性的根本、善、慈悲，让你懂得珍惜和感恩，也会激励你尽自己的能力去帮助更多人。

那一刻，做慈善真正触动到我的内心，我感谢被我帮助过的人，这些人的感恩之心帮我找回自我。这也是我再忙都要亲自参与项目的原因，我也有眼泪，也需要有释放的地方。

这是我的现世修行。

一些民营企业为什么寿命那么短？关键就是没有信仰，企业领导人对金钱的态度有问题。企业没有信仰就好像一个人没有灵魂，做什么事都没有敬畏之心，没有敬畏之心就会不管不顾，容易犯错。

04
人生的第二个劫：卖厂与金融危机

2008 年，钢价涨到了每吨 6 000 元，俄罗斯最大的钢铁公司耶弗拉兹集团的大股东俄罗斯石油大亨、铝业和钢铁巨头罗曼·阿布拉莫维奇要买我们的钢厂。当时该集团一年赚 40 亿美元，比宝钢还厉害，它的成员跟我见面 1 个月零 1 天，就以 18 亿美元拍板了，也不去我们工厂看看，也没有做尽职调查。我跟它的成员谈判，我也研究它，做事情就是要知己知彼，要判断形势的。

我自己的判断是，在这个钢价疯狂的时候应该出手了，18 亿美元的现金，当时美元兑人民币的汇率还是 1∶8，折合成人民币那可是 150 亿元。

2009 年 12 月 6 日，主题为“新商业文明的中国路径”的 2009 中国企业领袖年会在北京举行。德龙控股有限公司董事局主席丁立国（左）和三一重工股份有限公司副总裁何真临（右）出席了主题为“这一轮海外抄底术”的分论坛

对耶弗拉兹集团，我也不告诉它要把企业卖给谁，当时我的决定是谁出手快、谁出价高就卖给谁。耶弗拉兹集团很重视，除了老板阿布没来谈判，其他高管全来了。当时的米塔尔（全球最大的钢铁公司，荷兰米塔尔钢铁公司），是老板的儿子在现场，老板在伦敦指挥。我最后按照吨钢价格把企业价值核算为 18 亿美元，2 亿元的负债，最后以 16 亿美元成交。谈判在中国大概三四天就结束了，我们在谈判，外面的投行、律师事务所、评估所等一大批机构在做资料准备工作。但是运气不好，奥运会还没开完，我们的项目搁浅了，没有通过发改委、商务部的审批。

最后，我们要延期交割。延了半年，到 2008 年金融危机爆发了，对方就把项目搁置，最后改为转股。

但是在这个过程中我发行了可换股债等多种金融工具，金融危机给我的压力很大。全球金融危机爆发后，中国投入 4 万亿元拉动经济。但是我比较冷静，没有盲动，也没有跟着投，一心想着要把企业的负债降下来，所以从 2008 年到 2012 年这几年，我们基本上还是进行内部完善、内部挖潜。

05
人生的第三个劫："拆"字与眼泪

2014 年，邢台市委书记抓环保，负责德龙。虽然我们各项环保指标都达标，但还是面临着"拆"的命运。记得那时候我说：再给我一个机会。我知道尊严是争取来的，当时我真的掉泪了。

我开始考察全球各地的优秀钢铁企业的环保做法和技术，因为很多环保技术到今天也不是很成熟，例如脱硫、脱硝等。我去了美国等很多地方，看到蒂森克虏伯的烟囱很高，在三四百米的层面排放气体，不像我们把气体排放在三十米左右的云层。

考察环保回来，我们就开始投入环保改善工作，每天投入 100 万元。尽管钢铁行业面临的形势很困难，但我们仍坚持做环保。仅邢台一家企业，我们就投入了大概十多亿元。

从 2012 年、2014 年到 2017 年，我们的实体工厂已经是 3A

级景区，但我们依然要按照 4A 级的标准去建造。2017 年我们接待了 1 万名参观者，包括北京的很多中小学、大学的学生，大年初二还有很多人到我们那儿参观。北京四中的学生写的观后感"大自然为人类创造财富，而丁立国叔叔不惜重金回馈大自然，这种精神值得我们好好学习"，让我很感动。

全国南到广西，北到黑龙江，包括被环保部约谈的河北、河南等省的很多领导，由市委书记、市长带队来我们这里参观。市委书记到我们那儿，当场就用我们的环保指标质问所在地区的钢铁企业负责人，说："你们不是说不能达到这么高的环保标准吗？怎么人家德龙做到了？"

环保，现在已经变成德龙的名片。

德龙做环保秉承着这样的理念："尽社会责任，创绿色财富"，"不只是完善环保项目，更是践行环保理念"，"用环保践行理念，用行动来赢得尊重"，"瞄准世界一流，投入不设上限"，"全员参与环保"。我们的环保标准为"五化"——生产洁净化、制造绿色化、厂区园林化、建筑艺术化、标准 4A 化。我们坚守自然和谐共生的法则，与城市和谐相处。

在过去几年，我们去了 100 多万吨产能，都是响应国家供给侧改革的号召。当时拆高炉的时候，时任河北省长胡春华也去到现场考察，评价说我们做环保也是在履行社会责任。我们的环保投入没上限，环保的吨钢运营费用目前大概是每吨 240 元，而钢铁行业的平均运营费用是每吨 180 元左右。

做环保，不产生效益，还增加了很大一部分成本，为了什么？因为我们已经把做环保上升到生存的高度，不做早晚是死，早做晚做都得做，早做争取了民心。这是我开会时讲的原话。为了做好环保这件事，我先后换了三任总经理，越换水平越高。

邢台环保局局长，2016 年的“网红”，当时几十名记者到工厂去参观，很多人说的都是外行话。环保局局长带着他们去污水处理厂参观，到那儿拿起杯子接了处理过的污水就喝了，记者们当时就信服了。我们德龙不开采使用地下水，都是使用从山区引入的地表水，实施循环水池和软水系统改造工程，经过 10 道工序处理，我们处理过的水达到国家一级水质标准。我们工厂的水全部循环再利用，实现污水零外排；同时，我们还大力推广节水技术，吨钢耗新水降至 1.7 吨，达到国内先进水平。

我们做环保最早的想法是为了生存，做到一定程度是为了尊严，而现在是输出模式，为行业的绿色发展探索了模式，积累了经验。现在好多地市都下发红头文件，要求企业向德龙学习。

德龙的竞争力就是我们坚持新发展理念，具体表现形式就是：2017 年整个钢铁行业中，我们的吨钢盈利水平处于先进水平。另外就是我们科学的治理结构，科学的法人治理结构和清晰的企业战略、经营策略。 我们虽然身处一个传统行业，但依然每年申请很多专利。我们有 3 家高新技术企业，也在和智能化、数字化生产进行对接，打造数字智能工厂。2017 年中国钢铁企业综合竞争力评级中，德龙钢铁属于竞争力特强级别。

06
致敬改革开放40年

党的十九大为中国未来发展绘就了新蓝图，为中国经济发展指明了方向。习总书记在十九大报告中第五部分第一条提出："深化供给侧结构性改革。建设现代化经济体系，必须把发展经济的着力点放在实体经济上。"

习总书记在这一部分还明确提出："激发和保护企业家精神，鼓励更多社会主体投身创新创业。"党的十九大报告明确地将"企业家精神"放在重要地位加以强调，这对我们广大企业家来说是极大的鼓舞和鞭策！

我们中国从古至今就不缺少企业家精神，尤其是改革开放以来。从新中国工业基础建设到三线建设，更多体现了国有企业管理者无私奉献的精神，这种精神值得我们尊敬和学习！

改革开放后，企业家群体开始逐渐兴起。从1984年到1992年，到中国加入WTO，再到现在互联网经济的兴起，中国企业家群体在市场经济的大潮中演绎出了一幅一幅精彩的画面，无论成功还是失败都是社会的宝贵财富。坚忍、担当、责任、奋斗是企业家精神的代名词。时代需要的是具有社会责任感的企业家，而不是高卖低买的生意人！

我们可以轻松地列出一个长长的中国优秀企业家的名单，从柳传志、张瑞敏、王石、刘永好，到马云、马化腾，李彦宏等，还有已经去世的鲁冠球鲁老。他们已经向世界证明，中国企业家已经开始走向世界！改革开放证明：每一位企业家的所有付出都是值得的，因为犒劳企业家的是这个伟大的新时代，我们正在参与其中。

14 冯仑

40年，我的『被改革』史

岛君说

改革开放40年见证了中国历史上最为深刻和重要的现代化进程。40年的风雨前行，让无数人的命运发生沧桑巨变，其中最让人震撼的故事，恐怕还是来自那些在时代的浪潮中激流勇进的民营企业家。

这其中，御风资本的冯仑被称为企业家里的段子手、商界的思想家，其诙谐的言语背后常有深刻的思考与洞察。

在这篇自述中，冯仑将过去40年的个人成长和时代变迁娓娓道来，于昨日留影，给未来启迪。在当下攸关国运的特殊时刻，文中所言的“新解释”与“新选择”尤为重要。

01
伤痕、解冻与希望

1978 年 2 月，春节刚过的一天，云低气晦，太阳无力但有些温度，我张望着走进西北大学。

在报到的地方，我见到很多“来路非常奇怪”的同学：有十八九岁，和我一样大的，也有 30 多岁甚至带着孩子的；有来自农村穿着黑棉袄的，也有穿着军装的……

和这样一群个性迥异的人一起报到，并且即将要成为同学，我感觉到有些紧张，有些新奇，也有些期待。

记得大家挤在几张纸前面签名的时候，突然有一个人挤进来，报到的老师跟他说签完字要交钱，他把手一摆，说：“老师，我哪儿有钱，这条命都是刚捡回来的。”

他瘦瘦的，个子不高，穿着棉袄，腰上还扎着一根绳子，但说着一口标准的北京话。我对这个看起来像农民却操着京腔的同学充满了好奇，就在一边悄悄关注着他。

后来我知道，他是从北京来的知青，在 1974 年那个大家已经不那么积极下乡的日子里，他带着一帮人去延安插队，还写了一篇很重要的宣言文章发表在《人民日报》上。

那时候，人们的积极性超出现在人们的想象，人们会主动要求去受苦。即使刚刚经历了延安的一场特大洪水，差点儿被水冲走，他还能坚持读书。

就这样，我开始了恢复高考后的第一届（1977 级）大学生生活。天慢慢暖和起来，人们的心思也逐渐苏醒。

在学校，我听到了许多以前没有听说过的事情，见到了之前听说但被认为是“腐朽堕落”甚至是“令人不耻”的事情，比如：学校里竟然不放革命歌曲，而是开始放软绵绵的港台歌曲；我看到那些自信、英俊的同学在简陋的食堂里兴奋地跳着交际舞。

这些音乐听起来不那么有力量，大家伸着懒腰，走着摇摇晃晃的步子，这种情景似乎缺少了革命时代雄赳赳、气昂昂的激情。

很快就到了 1978 年年底，中共中央在北京开了一个重要会议，也就是后来人们常常提起的十一届三中全会。

这次会议做出了关于国家发展的重要决定，这个决定改变了当时学校的学习、生活氛围，改变了我们学习的焦点和未来要去的地方，也改变了中国这 40 年的发展方向。

这个决定就是明确结束革命时代，要将党的工作重心转到经济建设上来。越到后来，人们越觉得这个决定之重要，之正确。因为新的时代让我们的生活变得更美好，让社会有了秩序和法制，让国际社会开始尊重我们。

当我在西安遥望着北京的时候，这个时代就这样不知不觉地开始了。人们的胆子似乎也变大了，对过去的痛苦有了更多检讨，也出现了一批有代表性的文学作品，比如小说《伤痕》《班主任》，话剧《于无声处》。

这一系列作品检讨了此前在“文革”十年的荒诞日子里因为政治斗争发生过的人与人之间的折磨，重新把社会政治斗争使人性扭曲和对心灵的戕害等苦难生活的记忆倾泄出来。

在这段日子里，人们不断地检讨，然后释放，把过去埋在心里的不满、痛苦、愤懑都发泄出来。这个时期后来被称为“解冻时期”。其实在斯大林去世以后，苏联也有一些“解冻文学”。而中国这个时候的“解冻文学”就叫“伤痕文学”。

光伤痕和解冻还不够，我们还要找到方向。于是，学校墙壁的公示栏里出现了很多从北京传来的诗歌，而且作品不断地更换。后来我才知道，我经常看到的诗歌来自一本叫《今天》的杂志。

北京知青的同学们经常聚在一起写诗、朗诵，也举办活动传播他们的诗歌，这群参与活动的同学也被称为《今天》的文学群体。

那时候，我知道了北岛，知道了《回答》，也被那句“卑鄙是卑鄙者的通行证，高贵是高贵者的墓志铭”触动，在潜意识里想把旧时代钉在悲剧和耻辱上面。

其间，星星画派和一些艺术家也开始觉醒，在学校的墙壁上，我看到王广义、方力钧等画家的作品，这些都让我们思考：过去的时代到底把我们钉在一个什么样的位置？我 20 多岁的心灵就埋下了这样的思考，这也让我认识到了开启新时代的必要。

春天，市面也变得自由起来，人们偷偷在宿舍里看起之前的“禁书”，公开讨论着青春的问题。当时，大家传阅着一本《青春心理学》，每天晚上在宿舍轮流读，里面还有性的话题。

这样的事情在过去完全不敢想象，我感觉一切从冬天变成了春天，温暖重新洋溢在每个人的脸上，我的内心也散发出更多活力。

在这种氛围的感染下，学校里的同学们也变得活跃起来，积极思考，随之出现了一批一批的小团体。

中文系就办了文学刊物《希望》，毕竟我们不能停留在伤痕当中，接下来最重要的是追求希望。我们希望什么？想要去哪儿？想看见什么？想和什么人交往？我们的未来到底在哪里？这一切都凝聚在希望里。

《希望》在校园里流传很广，在很大程度上激励了我。当时有一些很出色的同学，他们的表现至今都深深地留在我的记忆中。《希望》的确让我们感觉到要从伤痕和解冻中走出来，让我们觉得今天应该是有希望的今天。当时我所在的经济系也印刻了一本小杂志，叫作《经济初学》。

更重要的是，武汉大学、北京大学等很多大学的经济系都开始通过这种传统油印的刊物交流起关于经济发展的想法。

大学的日子很快在检讨过去、徘徊今天、追求希望中结束了。那是 1982 年，知识青年回城使城市的就业压力变得非常大。着眼于这个问题，我开始用从经济学中学到的点滴，用非传统的方法寻求解决这个问题的方法，这方面的研究也成了我当时的毕业论文。

毕业后，我的同学们相继被安排在政府的经济、党政等各种部门。我考上了中央党校的研究生。那时，中央党校是非常神圣的理论殿堂，于是我在心里给自己定了一个小目标：作为党的理论工作者，要捍卫马克思主义的纯洁性。

这件事让我很兴奋，因为当时的我只是在中学和大学阶段研读过马克思主义，但从来没有想过把研究它作为终身的职业。直到进入党校，真正做的时候我才意识到，这将是我毕生的工作，而且我还要用它换取一份工资来养活自己。

在那里，一方面，我享受着旧体制给予的独特照顾——当时在党校我们常去一家叫二十四号的商店，我们每个人都会有一个小本，在那里可以便宜地买到特供商品，而且出门还有车，食堂里有很好的伙食；另外一方面，我日复一日地研究着马克思主义，寻找着它与现实相吻合的地方以及存在差距的地方。

在这段让我感觉稳定的学习和工作的日子里，突然间改革又成了一种强劲的声音。

在农村改革的呼声过去以后，1984 年开始谈城市改革，1987 年又开始谈政治体制改革。我一如既往地充满了兴奋，不安于简单地在书斋里看书、研究和思考，更希望与现实中的变化有所联系，所以一毕业我就主动要求带职下放，去武汉最底层的生活当中去体验。

于是，我到武汉搪瓷工厂做党办的副主任，之后又去了武汉市经委，在综合处任副处长。

从工厂到经委，我每天都体会着工厂的细微变化，同时每天坚持观察、记录每个细节。比如在工厂里，到底是书记说了算还是厂长说了算。工厂书记是一个风风火火的老干部，她看我读书看报，每次讨论事情时总是跟我说："不读书，不看报，照样做报告。"

我发现那就是她一生的工作方式，每次做报告只要念几句经典的教条，就可以永远当好这个书记。我当时不以为然。可是她太会讲了，每次让我讲三四条她记下后就可以做报告。

但我当时依然认为，痰盂、搪瓷盆这些产品不是讲出来的，是做出来的。厂长就是这样一位技术干部，大学毕业以后来到这里。我还记得他总跟我讲："事儿（产品）要做实做透，要学会算账。"

在这种纠结当中，我内心产生了一种微妙的变化，开始研究改革当中可能会遇到的一些现实问题。

很凑巧，当时又有一批青年理论研究组织出现，有武汉的“青年论坛”，也有北京的中青年改革研究、体改所（国家体制改革委员会研究所）、发改所（国家发展改革委员会研究所）、北京青年经济学会。我自然很积极地去跟这些先进分子联系，参加他们的活动，一如现在创业者的激情。

在这种激情澎湃的思考中，我如饥似渴地看着金观涛编写的“走向未来”丛书，原来世界这么大，原来罗马俱乐部在研究未来，还有“增长的极限”等这样的新词。

我一下子顿悟了，要解决中国的问题需要一个这么大的思考背景。我很受感染，开始积极地给杂志社投稿，同时在中青年论坛等平台上表达自己的看法。

在思想解放的那个时期，也有各种有关经济改革的会议。比如：莫干山会议上出现了“价格双轨制”的意见，这对经济改革有很大的影响；之后又有天津会议、京丰宾馆会议等。

在京丰宾馆会议上，我不满足于只是一个旁听者，最后成了组委会的副主任。在这之后，我还成了北京青年经济学会的宣传部长。

就这样，我从学习研究参与到改革研究的活动中。后来，我又开始参与讨论政治体制改革，和迟福林、李永春等几个同学一起编撰了一整套有关政治体制改革的丛书。

那时候，一位领导对我们提出了一个非常清晰的要求：理论对策化，对策政策化；同时完成学者幕僚化、幕僚官僚化的身份转化。

我一下子明白了，原来这就是我未来的人生。照这一要求，我不能仅仅是一个书生，也不能仅仅是一个理论的后备人员，而应该真正参与到社会改革中。从此，我逐渐走到了宽广的社会当中。

在 1989 年之前的那段激情岁月，我就这样被改革推动着，改革的潮流也把我从一个马克思主义的研究者“改革”成了一个在现实中不断探讨答案、推动现实改变并身体力行的年轻人。

“被改革”以后，我变得更有激情，似乎面前的方向更清晰，道路也更宽广了。但我万万没想到的是，麻烦也更多了。终于有那么一天，我被改到离开往前疾驶的列车，被甩到一个空阔的荒地上，坠落到一个新的海洋里，这个海洋就是市场经济。

我要做的事情也更直接：创办企业，为自己谋生，并且努力不被淹死。我们还要在新的海洋里造一条船，然后继续与陆地上的改革者一起“被改革、被推动、被前进、被追求”希望。

02
下海与上岸

在 1989 年春夏之交，北京发生了一场政治风波。因为这场风波，中国前进的列车也受到了影响。我也陷入恍惚、迷茫，停在原地四处张望。

可是要生存，就要等待下一个时机，我别无选择地去了一家民营企业讨饭吃。过了几个月，心神落定之后，我又琢磨起自己的发展和前程，想找到一个新的方向。

在这期间，原来在体制内研究改革的伙伴先后出来，要么跟我一样在民营企业打工，要么自己做个小买卖勉强维持生计，也有几个人投奔到我所在的民营企业。

在来之前，他们已经尝试过好多事情了。最后，我们决定共同办一家万通事务代理所，帮别人办理事情，我们的代理所有点像王朔小说《顽主》中的“三 T 公司”。

这也是“万通”名字的由来，就是什么事儿都能办。后来，我和王功权、王启富、刘军商量，一起写了章程，拿去注册。遗憾的是，代理事务所没有注册下来。

再后来，在磕磕碰碰中，我们找到了唯一一件能继续做下去的事情——做生意，而且是脱离原来的公司自己做。

于是在 1991 年，我和刘军、王功权、王启富、易小迪、潘石屹 6 个人先后聚到一起，创办了我们自己的公司——海南农业高技术投资联合开发总公司，简称“农高投”。这时，我们的平均年龄不到 26 岁，我们想有一个像“桃园三结义”一样的仪式，让大家心里都有一个把事业做好的信念。

有人提议说写个承诺，还有人提了一个土招数——喝酒或者杀鸡喝鸡血，盟誓表明决心。后来，我觉得喝酒有点老套，毕竟不是在古代，我们也不是没有文化的土匪草莽。最后我们没有采纳这个方法。大家就在心里发了一个誓，把公司作为我们信念的载体，而且我们必须与公司一直在一起。我们的生意就这样开始了。

做生意初期，我们没有自己的资本金，一切都靠借款。我们发动所有人出去借钱，从 3 万元、5 万元、7 万元、10 万元、15 万元、20 万元，一直借到 500 万元、1 800 万元，直到做完第一个项目我们公司才开始赚钱。在这个过程中，我们慢慢了解到，办一个公司，人、钱、项目是怎么组合到一起的。

在公司成立一周年的时候，我们再一次发誓，要像起初聚在一起那样，一定要把这份事业做好。于是我们把公司的创立日——每年的 9 月 13 日确定为“反省日”。在从那时候到现在将近 30 年的时间里，我们每年都在反省。

第一个“反省日”是 1992 年 9 月 13 日，我们 6 个人和所有员工一起开了两天会，讨论了当时可能遇到的所有问题，并记录了下来。

后来，我和功权执笔，把会议内容写成了一篇文章《披荆斩棘，共赴未来》。通过反省，我们更加明确了公司的使命、愿景和价值观，这也让我们能够更加理性地处理商业活动。

我们还把自己的企业文化、使命、价值观浓缩成一句话——“以天下为己任，以企业为本位，创造财富，完善自我”，后来又浓缩成四个字——“守正出奇”。

尽管我们在主观上很努力地发展万通公司的事业，但仍然有很多缺失和迷茫。比如我们不清楚，我们 6 个人的关系到底是一种江湖关系还是一种金钱关系？

迷茫的时候，我们经常拿历史故事互相说服，再建立我们的合作模式，比如《三国演义》故事、《水浒传》故事、太平天国历史故事，以及电影《上海滩》的故事等。这种方式的确有效，但很辛苦。

1993 年，我的好朋友杨小凯从澳大利亚回来。那时，他在中国是著名的经济学家。他非常诚恳地问我：“听说你们在做公司，我很好奇，你们是怎么做的？”我一五一十地跟他讲了讲。

他说：“这很奇怪，中国都没有《公司法》，你们怎么做公司呢？你的公司虽然叫公司，但你们几个人之间是一种什么关系呢？你们当时怎么签的合同呢？”我说：“我不懂。”

他说：“澳大利亚有《公司法》，公司会有章程说明股东、董事会、经理的权利和义务如何分配、财务如何审计，也有规则说明如何雇用员工、如何申请破产等。做公司是有一套章法的，你们什么都没有，公司怎么办呢？”

我说：“我是真的不知道这些章法，现在确实也没有章法。”

在 1993 年以前创业的时候，我们真的是在小凯说的这种环境下开始的，就像《水浒传》里描述的一样，以很“江湖”的方式进入。

在小凯走后不久，国家体改委先颁布了《有限责任公司试行条例》，接着又颁布了《股份有限公司试行条例》，之后才真正有了《公司法》。小凯说过:“有了《公司法》之后，你就知道怎么弄了。”于是，我如饥似渴地研究了《公司法》，逐渐把我们的“江湖组织”向公司靠拢。

简单地说，把我们的组织变成公司，就是把朋友、哥们儿的关系变成股东关系，把大哥变成董事长，内部成员不是江湖上的马仔，而是员工。我也弄清了董事会应该如何表决，如何写决议。

1996—1997 年，我对《公司法》已经很熟悉了，特别是在 1996 年参加了中欧商学院的第一期董事培训班后，我发现《公司法》中规定的董事会，居然有一套这么复杂的游戏规则。

这些规则除了有关于董事会成员构成的，还有关于收购、反收购的技巧，以及在每个阶段董事会和总经理的权限划分的。从那时到现在，我一直是专业的董事长，没做过一天总经理。如果要选一个在职时间最长的董事长，我肯定算一个。

现在回过头来看，从有了《公司法》到现在，我们国家颁布的有关市场经济，围绕公司交易、市场要素和游戏规则的重要法规已经超过 250 项。

在这 250 多项法规中，除了《公司法》，最重要的法律还有《银行法》《担保法》《票据法》《物权法》《商业银行法》《民法通则》等，所有这些，共同构成了市场经济的法律体系。

如果把市场经济比作奥运会的赛场，要想达到奥运会比赛的要求，就必须得设定一套有关赛场的管理规则。有了这套规则，我们才能从业余选手逐渐变成职业选手，这个职业选手就是企业家。

从那个时候到现在已经 25 年了，我和同时代的民营企业家，都经历了从业余选手变成职业选手的过程。

1999 年亚信在美国上市，在它融资上市的过程中，我们作为天使投资人进一步意识到，资本、技术和创业者之间可以建立一种良好的治理关系。

这样的治理关系可以让拥有技术的人员和企业在资本市场获得一个定价，这些人员和企业拿到定价以后还可以上市变现，这使得他们有更大的动力去进取。

直到 2000 年，中国的《公司法》才把天使投资和风险投资等与资本市场有关的规定考虑进去。

有了这样的游戏规则，投资人、经理人、股东、团队之间就有了更好的治理结构，资本市场上的制度设计也更加完善，监管部门、分析师、交易所之间可以形成一整套良好的资本市场制度，资本市场制度又反过来通过筛选、淘汰、激励、监督，促使公司的治理更加透明、规范、诚信。

这让监管和效率保持了适度的平衡，也让资本、技术和管理者之间的权力得到很好的平衡和协调。

随后进入到代公司治理阶段，我们这些职业运动员（企业家）不仅可以在国内赛场上比赛，而且可以成为全球竞技场上的选手。正因为有这样一套制度安排，我们才看到在亚信上市之后，一批互联网企业如雨后春笋般出现，并且在全球市场上进行博弈和竞争。

比如现在的BAT（中国互联网公司百度、阿里巴巴、腾讯的首字母缩写）和一大批新型创业公司，有了这些公司的出现，才有了让人震惊又不得不钦佩的中国经济的高速增长，以及高速增长带来的企业竞争力。

20世纪80年代末90年代初，有一个词叫“下海”，就是从机关、学校、部队等体制内系统转到体制外做生意。如果没有一套完整的市场经济法律体系，我们这些“下海”的人恐怕就会淹没在大海里，成为传统的草莽英雄，在江湖中打打杀杀之后，归于尘土，烟消云散。

好在有了法律体系、赛场规则和赛道的建立，还有商学院“教练员”和政府及监管部门的指导，在这样相对完善的市场经济法律体系、制度体系、运行机制体系下，我们能够更明确地界定政府和市场的关系、企业和市场的关系、企业家和政府的关系。

界定好这些关系，企业和市场才能有效运转。说到底，我们在努力处理好这些关系，尤其是企业和企业家的关系、企业和市场的关系、市场和政府的关系、企业家和政府的关系。处理好这其中的任何一种关系，都可以说是市场的自我完善。

这25年，我们所经历的，其实是把民营经济和公有制经济的关系，从一个纠结的状态变成了顺畅的状态。在《公司法》颁布前的那段时间，民营经济和公有制经济的对立关系非常明显。

很多人认为，民营经济的出现一定会导致公有制经济瓦解，从而导致基本制度的倾覆。虽然现在还有人这样认为，但大多数人逐渐被民营经济发展的事实教育和影响，普遍认为二者是共生共荣、共同发展的关系。

直到 1997 年中共十五大召开，这种关系才被正式确立为：非公有制经济是社会主义市场经济的重要组成部分，混合经济是未来发展的主要经济形式，民营经济的从业者也是社会主义的建设者。

这样的政策宣示和制度上的主张，表明了民营经济和公有制经济不是一种你死我活的关系，而是一种交叉关系，即“你中有我，我中有你”。

十八大以来，中央相关文件进一步明确，在保护产权的基本法律制度方面，不仅要看到民营企业和国有企业之间的交叉关系，更应该要看到它们之间的平行关系：在国家安全领域，以国有企业为主；在民生经济和科技创新领域，以民营企业为主。

经过这 30 多年的努力，民营经济和公有制经济的关系终于被厘定清楚，由初期的对立、替代关系到后来的交叉关系，现在终于被确立为平行关系，也就是大家在各自领域发挥各自优势。

2018 年“两会”上，统战部负责人肯定了民营经济所发挥的重要作用，并用一组数字进行了说明：民营企业用近 40% 的资源，创造了我国 60% 以上的 GDP（国内生产总值），缴纳了 50% 以上的税收，贡献了 70% 以上的技术创新和新产品开发，提供了 80% 以上的就业岗位以及 90% 以上的新增就业岗位。

这样一种准确描述表明了经过改革，民营企业在市场经济中取得了合法地位和特别好的发展时机，一旦建立起市场经济的法律体系和赛场规则，就会有一大批职业选手（企业家）快速成长。

我相信，企业家群体的出现，加上前面讲到的制度体系的完善，一定能推动中国经济持续增长。在这一点上，我认为改革非常成功，而且这也是我们未来取得持续成功的重要基础。

03
自利与公益

随着市场经济法律体系的建立和越来越多企业家的出现，中国经济得到快速发展，这些都为财富创造提供了最好的土壤。

不难想象，在民间财富获得巨大增长后，社会上关于钱，关于利益，关于生活的改善，以及所有关于能用钱说明自己变得富裕的事情，都会成为焦点，同时也会产生很多矛盾和不平衡。

这种不平衡和冲突既体现在价值观上，也存在于人际关系中。传统的社会伦理、组织关系与新的市场出现冲突，体制内的人和体制外的人关系紧张，体制内的游戏秩序和体制外的游戏秩序也有冲突。

这些由市场经济引发的变革和产生的矛盾，让我和我的伙伴以及周围的很多企业家朋友在企业运行中，深切感受到很多事情不能不回应，同时也必须自觉地去做很多事情。

这时候，王兵提供了一个好的机缘。王兵和我、李东生、朱新礼是第一期中欧 CEO（首席执行官）班的同学，他专门做投资。

2004 年年初的一天，王兵来找我。他说：“国家已经公布了《基金会管理条例》，我们是不是能够一起做？比如每个人拿一百万元，共同发起一个基金会。”这就是现在广为人知的最好的基金会之一——爱佑华夏基金会的缘起。

就这样，我们三个人在王兵的倡导和带领下，共同投入了最初的公益慈善事业当中。

在爱佑成立初期，我们不懂得怎么去做，只是觉得这件事情很重要，必须去做。这个重要不光是对别人、对社会，对我们自己其实也重要。它会改变我们对生意经营和社会之间的关系的看法，也让我们把自己摆在利益相关者的正确位置上。

这之后不久，在刘晓光的倡导下，我们和近百位企业家又一起成立了中国最大的民间环保机构：阿拉善 SEE 生态协会（以下简称“阿拉善”）。

第一次创办一个生态协会，这对我们提出了一个挑战，我们很想知道如何去管理和运行一个环保组织。于是由阿拉善组织，我、王石，还有一些企业家，认认真真地到美国、英国等地考察，学习公益基金设立、运营、募款的规则。

这一趟访问持续了两个星期，我们扎扎实实地访问了美国最知名的慈善机构，才知道资助型基金会、永久性基金会和自己运行的基金会有很大区别，也学习了如何管理基金会的庞大资产，如何用职业公益人士，如何做到每个公益项目的定量化考核等。

这次访问经历让我们这些职业选手不仅在赚钱上变得更职业，更重要的是让我们开始把企业的利益和社会发展的长期利益以及周围相关者的利益协调起来。

我们越来越理解什么才是真正的企业社会责任。凡是优秀的企业，都会对这份事业极其重视，并且会投入很多力量。

后来，李连杰创办了壹基金。在他的倡导下，我和马云、马化腾、王石、柳传志等企业家先后加入，逐步把这个最初的救灾组织从一个私募的民间组织改制成国内第一家民间发起的公募基金会。

“5 · 12”汶川大地震后，为了解决救灾问题，我们又到日本学习如何抗震救灾。我们慢慢了解并逐渐明确，在经济快速成长当中的优秀企业和企业家，必须要使自己的利益和整个国家经济成长的大趋势以及民族利益保持一致，同时要照顾到周围的利益相关者。

因为有些利益相关者离你很近，他或是社会的弱势群体，或是就在你所在的社区，或是你的客户、供应链，又或是社会上的某一特定族群。

这期间有一件事，对国内民营企业有相当大的震动。比尔 · 盖茨和巴菲特在美国积极倡导企业家生前把大部分财产捐出来，用来改变经济社会发展过程中不好的地方，从而推动全球人类文明的进步。

他们的倡导在美国做得很顺利，也有很多人响应，其中不乏一些知名企业家。他们认为中国作为一个新兴发展中国家，经济成长很快，财富阶层也快速成长，应该积极鼓动中国的企业家做出捐款的承诺。

于是，两位老人家兴冲冲地跑到中国鼓动民营企业家做慈善公益。这种鼓动在媒体上形成了巨大的关注点，并引发了社会舆论的热议。

这样一来，中国的民营企业家被放到一个很尴尬的位置。不回应呢？好像自己的道德就不够高尚。回应呢？其实民营企业家才刚刚闻到一点钱的味道，刚刚吃到一点肉，马上又要都捐出去，大家还是不太理解。

最尴尬的是那些收到比尔·盖茨和巴菲特发出的参加慈善晚宴邀请的企业家，去或不去都是问题，彼此之间还谨慎地打探。

盖茨基金会在北京北边的庄园里举办了一个简单的晚宴，主要由盖茨和巴菲特分享做慈善的感受和体验。晚宴上，我碰到了很多非常知名的中国企业家，大家讨论了很多，也会向盖茨和巴菲特请教，更重要的是一起聆听他们的分享。

盖茨和巴菲特的分享有几点给我的印象很深刻。

第一点，做公益不一定要艰苦，不能影响自己的生活和工作状态。

比尔·盖茨说：“我也没有为了做慈善，不坐飞机，不住自己的大房子，每天在狭窄的地方工作。其实这两件事并不冲突。”

巴菲特也是持这样的观点。当时很多企业家都很关注这个事情，因为媒体和舆论的声音很强硬，甚至有人说：既然你做公益，为什么还要花那么多时间飞来飞去。

在谈到应该什么时候开始做公益时，参加晚宴的企业家觉得，中国的企业才刚刚起步十几年，如果不集中精力做企业而是做慈善，似乎有些找不到方向。

这时候，巴菲特提了一个让人容易理解的观点：“做公益什么时候都可以，没有规定说一定要在什么时候开始。我都80岁了，才决定把我的大部分钱拿来做公益。”

听到巴菲特这样说，大家终于缓了一口气，似乎得到了权威的背书，只要你决定做，20岁、40岁、50岁、60岁都可以。

第二点，做公益是一件非常专业的事情。巴菲特说他之所以把钱给了比尔·盖茨，是因为盖茨最会赚钱。赚钱是企业家的一种能力，这很重要。有了这些钱，他能赚到更多钱，就可以捐更多。公益资源的使用也非常讲效率，资金的使用更要讲杠杆。

这让我感慨，做公益不仅是做一件好事，做好事还要讲方法，不仅要选一个正确的专业机构，而且要用专业人才和专业能力，才能把事情做得完美。

这次晚宴对中国的民营经济、道德与伦理，对在市场经济下如何激励民营企业、财富创造者、财富拥有者解决社会当中的公共问题，解决利益相关者提出的问题起到了巨大的正面推动作用。

从那以后，只要企业发展到相对稳定的阶段，一大批企业家都会积极做公益，而且不仅仅是捐一点钱，更多的是捐 10 亿元，甚至是上百亿元。更为重要的是，这些捐款都集中在基金会等专业机构中。

从爱佑华夏成立到现在，几乎每天都有两个基金会创立。到目前为止，全国已有 7 000 多家公益组织，而且多半都由民间人士创办，原来的公有机构和国有机构在慈善体系中反而不是主流。

我很受鼓舞，一口气参加了十二三个公益组织的创立和运行。除了爱佑华夏、壹基金和阿拉善，我和一些朋友还先后创办了故宫文化基金会、万通公益基金会、红树林基金会等。

这些基金会的创立，让我在企业经营的过程中能够正确地看待企业家和社会的关系，在挣钱的同时更合理地安排自己的财务资源，更合理地安排生活。

作为职业选手，在从事公益事业的过程中，我们的视野变得更宽阔、更全面，立足点和出发点更贴近社会发展的未来导向以及中国全面改革和社会发展的轨道。

现在，民营企业每年贡献给社会的慈善基金已经超过 1 000 亿元人民币，被公益机构雇用的人员超过了千万。这是值得骄傲的一个进步，也是 1978 年改革以前我们所想不到的。

过去，人们是通过单位、组织得到照顾。现在，单位和组织的边界被打破，人与人之间的流动性增强，人们不仅得到社会整体福利的照顾，还可以获得这 7 000 多个慈善基金运营的 1 000 亿元资金和 1 000 万人的照顾，这可以有效解决社会进步中暂时出现的困难和亟待解决的问题。

比如，爱佑华夏这一个基金会一年就能够救助约 20 000 个患先天性心脏病的贫困儿童。这个工作持续进行下去，爱佑华夏一定会成为全球最大的心脏病救助基金会，也会激发和促使政府出面将先天性心脏病纳入整个政府管理的范围，由政府全面出资解决。

例如由电影《我不是药神》引发的全民热议，就得到了总理的批示。这些事情让我们看到，一个民间力量关注并帮助解决贫困、疾病，最终使政府出手，全面担负起责任，使贫困的先天性患儿再无生命之忧，也让家庭增添了欢乐。

这样的故事，在 1 000 万人、7 000 多个公益组织中每天都在发酵，这就是改革，是中国文明在不断进步的路上最值得关注和称道的地方。

回过头来看，这 40 年来，民营经济借由公益组织和公益实践的活动和努力，很好地解决了社会关系问题。在改革发展的过程当中，总会有人提出这样或那样的疑问，认为挣钱会造成对原有社会关系的破坏、人际关系的对立，会瓦解过去温情脉脉的邻里、同学、朋友关系。

总之，市场经济就像《共产党宣言》中写的那样："商品经济所到之处，无不摧枯拉朽，它是旧社会的一曲挽歌，又是新社会报晓的敲钟人。"

市场经济的确是这样。很多人认为，只要大家在市场经济中赚钱，人际关系就一定会紧张，甚至会引发冲突，导致社会关系瓦解。但是这 7 000 多个公益组织，这 1 000 多亿元人民币，这 1 000 万人所做的工作，让大家逐步改变了这种看法，也弥合了社会中的一些创伤，使社会多了温暖，人与人之间多了一份理解，也使环保等社会公共问题得到重视。

以阿拉善为例，它是我国最大的民间环保机构，有 1 000 位企业家为它工作。它关注的环保议题除了阿拉善的治沙，还有深圳的红树林、湖北武汉的江豚、陕西的秦岭、重庆的长江，以及三江源、淮河、滇池的保护。

环保过程中既有自然教育，也涉及项目的具体治理。这些环保机构的推动，使得民间环保意识有了巨大的提高。不得不说，这是一个让人极其兴奋的改革过程，也是改革的一个成果。

还有一个方面也很重要。在我们经济快速发展的过程中，不可避免地会出现一个问题，那就是收入差距的拉大，它将使人与人之间的矛盾和对立加深。

起初，确实有一些人担心这个问题。但是，经过公益事业的发展、民营企业的努力，企业家以身作则，主动关注扶贫工作，无论是马云的“乡村教师”计划，还是城市有关部门在救助残障人士和疾病救治方面的工作，都在一定程度上弥合了收入差距带来的人与人之间的新的距离，先富带后富，很好地解决了共同发展的问题。

当然，解决收入差距扩大问题，光靠公益是不够的，还要特别注重两件事情。第一件事情，是要建立一套能够真正促进经济社会发展机会均等的制度安排。

如果我们能够有一套公平的竞争机制和人们可以从底层垂直上升的通道，就不会像我们所担忧的那样，形成典型的“官一代”“官二代”“官三代”“富一代”“富二代”“富三代”“星一代”“星二代”“星三代”。

如果缺少公平竞争带来的垂直晋升的机会和通道，久而久之，社会就会形成阶层固化，就会出现对立，从而走向崩溃。所以，我们要打破阶层固化的一切可能性，建立一条通畅的公平上升渠道。只有建立这样一套制度，收入差距的扩大才不至于引起社会的对立和冲突。

第二件事情，是要有一套财富分配的经济政策制度。尤其是在制度制定的过程中，需要让所有人都能参与，这样能缓和收入差距扩大带来的问题。

比如在你睡觉的时候，突然形成一套制度，你看着别人把大蛋糕拿走，留给你的是稀饭，那你肯定感到不满。如果我们睁着眼睛开会，大家共同讨论出一个对社会发展有利的经济制度和利益分配规则，只是由于自己工作不努力，失去了上升的机会，收入比别人少，那么你还是能接受的。

收入差距扩大，不一定会导致社会问题，只要做好这三件事：第一，创造机会均等的上升通道；第二，让所有人都有机会参与到收入分配、财富分配的政策制定过程中；第三，建立一套良好的做公益慈善的社会机制和社会财产再分配的游戏规则。

2011 年 12 月 16 日下午 3 点，著名企业家冯仑携新作《理想丰满》来到成都，在川师大学术报告厅举行了一场名为“理想丰满”的主题演讲

只要做好了这三件事，收入差距大也并不可怕，相反可能还会激发大家对财富创造的动力，提升国家经济和整个民族的竞争力。

这就是我在企业经营和从事公益事业当中的切实感受。如果说改革开放 40 年有一个烙印，那这件事已经深刻地烙在我的身上，我也将为它继续前行下去，直到永远。

04
进退两难时的新解释与新选择

随着改革进入第四个十年：一方面，经济成长带来的信心和美好前景给了我们巨大的激励；另一方面，市场经济的快速增长客观上也带来一些矛盾和问题。我把其中的四大矛盾和问题理解为深水区和攻坚克难的重点。

第一个问题是，收入差距的扩大。人们对这种差距的扩大能容忍到什么程度，应该如何解决，政府要把它控制在一个怎样的合理范围内，这些问题如果不及时处理，必然会引发社会的矛盾和冲突。

第二个问题是，快速成长的经济和以GDP为导向的工业化与城市化进程带来的环境污染，使得生态脆弱的地方和整个居住环境遭到破坏。这个巨大的问题，也是时常被批评的重点。

第三个问题是，政府在配置资源中起到强有力或者说绝对的作用。长期以来，我们的经济增长模式以政府强势主导为特征，权力寻租往往会导致贪腐和社会营商环境的扭曲，一些腐败现象成为社会批评的另一个重点。

第四个问题是，在整个深入改革和经济成长的过程中，过去的传统观念和意识形态教条与现实之间存在着很大的错位，甚至被现实肢解、被破碎化和庸俗化。于是，意识形态、国民精神和伦理方面出现了混乱、空虚，甚至是缺位的问题。

出现了这四个问题，社会、政府会怎么办呢？而我自己又能怎么办呢？又怎么能够在未来的日子里做好自己的事，不给社会、政府添乱呢？想归想，但每天天一亮，眼睛一睁，又得去干活儿，我能做的事还是在公司上班，这是最重要的事情。

2014 年 05 月 26 日，广东佛山南海区总商会举办一场“头脑风暴”，该讲堂邀请了万通控股董事长冯仑作主讲，吸引了近千名企业家参加

生活在继续。一天的早上从开会开始，然后讨论公司内部的业务、管理、战略，处理其他一些相关的事情。

吃了午饭，又匆匆去机场，赶到下一个出差的地方。在出差的地方，照例仍然是见一些需要见的合作方、政府方面的人士，还有公司的员工，大家讨论一些事。

当然，还要吃饭、睡觉。就这样，一天过去了。

接下来的一天，可能是再飞去另外一个城市。除了公司的事情，还要去参加房地产行业的一些论坛和公益方面的活动。

人生可不就是这样子嘛！可能突然一个事件来了，让你必须反应。你真的不知是该前进，还是该后退。

人生的很多苦恼、很多烦恼，其实是因为没有解释，或者有解释，但不足以令人满意和释怀。一件难事，有了解释，就不令人烦恼了。没解释，就会让人烦恼。解释以后，就会有新的选择。在复杂的事情面前，有解释才可能有新的选择，没解释只能令人郁闷；采取原有的、固定的解决模式，会把事情搞得不可收拾。很多时候，换一个解释，事情就演变成了另外一种结果。

生活就是这样，我们面对改革，面对国家、社会的这么多事，也是求个解释。

有新解释就可能有新选择，有新选择就可能有新前途，有新前途就可能有新天地。这就是当下的我。

15

黄怒波

从猪狗不如的流浪儿到走出红墙大院的弄潮儿

岛君说

中国的幸运在于，在关键时分，总有务实、开拓、敢于担当的领路人，因此，于关键时分，中国总能艰难地走上正确的路。

邓小平就是这样的人。纪念史诗般的改革开放，便应该纪念这样了不起的人。因为他以难得的眼界、意志与威望，改变了包括创业者、青年学生在内的普罗大众的命运，甚至使其从地下到天上，获得不曾设想、不可思议的成功与幸福。

黄怒波正是这样“典型环境中的典型人物”。从黄河边到中南海，再到赤足下海，从贫贱不堪的穷孩子、苦孩子到企业家“新人”，从“偶然成为的人”到“可能成为的人”，黄怒波一路攀登的不只是一座物理的高峰，还是一座个体精神与理想的高峰。

改革开放40年，中国企业家正在走向身份自觉与精神自立。为何出发？为何奋斗？去往何方？在新一轮改革远征之际，企业家正宜归零自思，再出发。我们希望更多卓越企业家回看来路，感恩时代，启迪未来。

1990 年 4 月，中南海里的迎春花开得灿烂如潮。一天傍晚，我坐在湖边，湖里的鱼儿三三两两地蹦跳着。几只乌龟在岸边伸出头来打量着我。看着它们，我在想，它们是幸福的、安逸的，因为不会有人拿诱饵来引诱它们上钩，然后带回家去红烧油炸。

但是，它们的世界只是这一池春水，它们的自由也只是局限于这一片湖岸之中。我呢？要走了，要从这红墙大院中走出去。走向哪里呢？走向改革开放中的社会。了不起的邓公，正在艰难而又坚定地推动中国在改革开放的大道上前行。

这样的时代是让人心潮澎湃的时代。人的心动了，屁股就坐不住了。曾经日夜梦想的京城红墙的生活突然变成了索然无味的日子。“下海”这个词在我脑海里出现的频率越来越高。

坐在中南海的湖边，我的心在犹豫，七上八下。要从中南海走出去，下到市场经济的大海里，是一次天上地下的命运抉择。

但是，我已经看到了，一个伟大的时代正不可阻挡地到来。正因为在中央部门工作了 10 年，我坚信中国共产党的决心绝不会改变。那就是，改革开放推动民族复兴、国家富强。

这是一个让人激动的年代，也是一个万众一心的年代。我下决心走出这个红墙大院，把自己抛向了当时不知未来的命运中。

今天，在改革开放 40 周年之际，回顾这些年的打拼，我感慨万分。从个人角度，我有三个方面的收获。

01
从“体制人”变成了“新人”

美国社会学家丹尼尔·贝尔在讨论资本主义的崛起时，把企业家划到了“新人”的行列。他这么说：

“现代主义精神像一根主线，从 16 世纪开始贯穿了整个西方文明。它的根本含义在于：社会的基本单位不再是群体、行会、部落或城邦，它们都逐渐让位给个人。这是西方人理想中的独立个人，他拥有自决权力，并将获得完全自由。”

随着自身的崛起，这类“新人”开始了对社会机构的批判（这是宗教改革的显著后果之一，它首次把个人良知遵奉为判断的源泉），对地理和社会新边疆的开拓，对欲望和能力的加倍要求，以及对自然和自我进行掌握或重造的努力。过去变得无关紧要了，未来才是一切。

“新人”的发展体现在两个方面。首先，经济领域出现了资产阶级企业家。他们一旦从传统世界的归属纽带中解脱出来，便拥有自己固定的地位和摄取财富的能力。他们通过改造世界来发财。货物与金钱的自由交换，个人的经济与社会流动性是他们的理想。

企业家和艺术家双方有着共同的冲动力，就是那种要寻觅新奇、再造自然、刷新意识的骚动激情。

资本主义是靠“新人”企业家进入了现代社会发展进程。社会主义市场经济也呼唤着自己的“新人”企业家出现。

市场经济的本质是竞争，培养一代具有竞争能力和价值观的商人或企业家是几千年来中华民族的新鲜事。这是一个民族的补课工程。从体制出来，就有了“做新人”的机会。下了海，在商场打拼，是一个民族全新的实验。

我是一个从黄河边带着梦想来到京城的人，作为一个幸运儿从大学一毕业就到中央机关工作。这是千百万青年想都不敢想的人生机会。

但是，当我在红墙内规规矩矩地上班的时候，改革开放的大潮在中华民族的大地上席卷而来。那个时候，谁也不知道中国将会发生什么。但是，人们的心都动了，因为那是这个民族前所未有的大变革。

“新人”的声音在召唤着，吸引着我加入“新人”的队伍。因为是“新人”，所以遇到的都是作为一个“体制人”所无法想象的挑战和困难。现在回想起来，那个时候“新人”几乎人手一本《胡雪岩》。

为什么呢？首先，在改革开放初期，社会上的寻租行为是普遍的，大量行政权力在政府部门手里，那些“批文”“指标”就是发财的机会，所以大家都在和权力纠缠，在这个方面，胡雪岩就成了一个非常灰色的榜样。其次，从体制内出来的人一穷二白，赤手空拳打天下，自然就羡慕胡雪岩从一个学徒做到红顶商人的奇特经历。

这也从另一个方面说明：在中国的改革开放初期，“新人”们还没有机会建立起正确的商业价值观。这也是在改革开放后期直到现在，党和国家大力反腐倡廉的重要起因。

庆幸的是，我在中宣部工作10年，受到了老同事、老领导的深刻影响。那时候的中宣部是个典型的清水衙门，是改革开放中意识形态斗争和纠结的中心。人们都在为党和民族的走向而操心，都有很强的使命感和时代责任感。这种作风和教育影响了我。

所以，当成为无依无靠的“新人”后，我没有热衷于“官商勾结”，而是老老实实地以一个学徒的身份开始商业活动。那时候，我用仅有的几百元钱开始印制名片、贩卖玩具娃娃、倒卖茶叶，在中关村倒腾复印机、办公用品。

那是一个人人经商的年代，也是一个人人夜不能寐的年代。那时的我，不知道什么时候能赚到钱，也不知道以后如何养老，天天夜半惊梦。那些日子里，我焦虑得胸背疼痛，头皮疼得揪一根头发都如针扎。

但是，我从来没有后悔，没有再想着回到红墙里面。每当骑着自行车路过中南海时，我都想沿着中南海绕一圈，再看看我熟悉的大门。但每当产生这个念头，我都骂自己：你这个“笨蛋”，退缩了？

现在想起来，是一个伟大的时代，成就了我这样的一代“新人”。因为坚持改革开放，百废待兴的中国大地上，商机太多了。只要你坚持，出来的人都有机会成长起来。

所以，像我这样毫无概念的“新人”就幸运地走了过来。当拿到第一块地时，我就变成了房地产开发商，第一桶金就开始闪闪发光。当进到第一个古村落的时候，我又成了旅游行业的“新人”。

于是，就有了世界文化遗产的项目。当我第一次走出国门，在冰岛投资的时候，就有了轰动性的中国人在海外投资的故事。这一切的一切，都要感恩我赶上了一个伟大的时代，一个辉煌的40 年。这也是我必须向这个辉煌的 40 年致敬的个人原因。

02
从艰苦奋斗的一代人到国富民强的一代人

我跟我们中华民族一样，是从苦难中走过来的。在 20 世纪 50 年代初期，我的家庭也是政治运动的受害者。我的父亲因为“现行反革命”罪在监狱自杀了。我的母亲靠着一辆板车拉土卖钱，养活我们 4 个孩子。

在 20 世纪 60 年代，我每天饿得从炕上掉到地上就爬不上去了。后来，我的母亲在工地值夜班，煤气中毒去世了。我成了一个流浪儿，偷鸡摸狗，在街头打架，卑贱、肮脏，蝼蚁般生存。

我至今不能忘，每个星期我的“生活大事”，是在街头等待一个邻居傍晚归来。他是一个饭馆的厨师，每次都背回来一小布袋剩骨头。这些骨头上没有肉了，但我们一些孩子还是要抢。为什么呢？因为那些骨头里的骨髓是“人间美味”。

但是，骨髓被石头砸开后，里面都有很多蛆。我们把蛆用草棍拨去后，吸吮甘露一般地把骨髓一吸而光。那时候的命贱，所以我们也从来不闹肚子。我现在想起来，那也是一种进化吧。

有一次，我哥哥带我去一个大车店里偷豆饼。墙很高，我哥哥和小朋友把我托起来才送进了马棚。我个子虽然很小，但是因为饿，冲到马头下面，从马嘴里抢豆饼。

突然，马车夫来了，我哥哥和小伙伴蜂拥爬墙逃跑了。留下了我，在马肚子下发抖。马车夫本来抬起手来要打我，但看我大哭不止，就深深叹了口气把手放下了，转身从马槽里拿了几块豆饼塞到了我的手里，然后把我领出了马棚。

看到我手里的豆饼，小伙伴们一拥而上全部抢光了。现在想起来，那种不堪回首的日子，已经没有苦的味道了。但是，那种做人的耻辱，一直深深印刻在我的心灵深处。这也是我在中宣部工作时常常独自一人坐在中南海的湖边默默无语的原因。

因为我不敢相信，我已经安全了，不会再回到那些猪狗不如的日子。这也是我不甘心一辈子在体制内安逸度日的原因。我常想，我吃过那么多苦，受过那么多侮辱，我的命是捡来的，决不能就这样贪图舒服安逸地度过一生。

所以，改革开放的大潮给了我新的人生机会。我想，既然那么侥幸地活过来了，也说明我必须再去打拼一场才是命有所值。打拼的结果，就是我有钱了。当我的第一个房地产项目赚到钱的时候，我无法衡量这种巨大的财富对我生命的意义。

在机场，我宁愿等着上飞机要水喝，也不愿意花钱去买瓶水，

2010 年 12 月 15 日，由现代传播集团主办、《东方企业家》杂志协办的全球华人企业领袖峰会在北京召开，黄怒波参加该峰会

但是财富让我从内心感觉到了安全。现在的年轻人创业是为了证明自己，是为了与别人竞争，是为了比别人更有钱。但我这代人对财富的感受却是来自苦难，来自贫穷。

一代人，就这样从艰苦奋斗的一代人成为国富民强的一代人，获得了财务意义上的自由。你可以去全世界旅行，也可以一次次去登珠峰，还可以在夜里睡得很安稳。这是一个穷人在改革开放 40 年中的传奇故事。为此，1 万年后也应该向这伟大的 40 年致敬。

03
从一个“偶然成为的人”到一个“可能成为的人”

改革开放 40 年历程最伟大的地方，不仅在于社会财富的增加，也在于整个社会秩序和法治的重建。

亚里士多德认为：一开始，人们都是“偶然成为的人”。他的意思是，这时候的人还没有经过道德的驯化。而他们一旦认识到自身的基本本性，具有了道德意识后，就成了“可能成为的人”了，而这种人就是拥有最好生活方式的人。

在改革开放初期，我们的商业活动和我们作为“新人”的介入，有着某种意义上的“原罪”。

因为市场经济具有“原罪”要素，需要伦理和道德的引领。所以，无论如何，我们这一代在改革开放中走过来的企业人士都应该继续努力，去成为一种“可能成为的人”。

北京中坤投资集团董事长黄怒波

现在社会的一大特点是道德标准多元化。除了法治之外，我们还急需重建我们的传统文化体系。

比如儒家学说、佛教伦理。我们需要一套共同的道德标准来解释什么是对的，什么是错的，谁是好人，谁是坏人。这也是我们在改革开放 40 年后，面临的新挑战。

在这 40 年中，企业的经营者把狼性发挥到了极致。企业经营中的困难和挫折，再也不能让我们屈服和退让了，这是这一代企业家的坚强性格。现在，我不会再夜半惊梦，为什么？

因为再难的企业转型、再大的商业格局变化都不能让我寝食不安，因为这 40 年，我们就是从不确定的状态中走过来的。

然而，在改革开放 40 年之际，作为走过来的人，我们回首往事，谁的内心中能没有遗憾呢？做房地产的，都要经历那些不堪重负的项目发展过程；做旅游的，都要面对与老百姓争利或者博弈的场景。

企业的生存斗争是残酷的，所以你不可能做天使。然而，我们有责任从天性的、自然的、狼性的“偶然成为的人”的状态中挣脱出来，必须重建我们的商业规则，那就是从“狼性”的竞争中，找到一条共同发展之路。

致敬 40 年，我们不能简单地把自己放在英雄的位置上，也不能把自己置身于了不起的企业家之列，而是要勇于面对自己，要敢于承认我们并不是与生俱来的时代骄子，我们只是改革开放 40 年的受益者，是这个民族的幸运儿，是国家、社会的受益者。

所以，在当下新经济时代来临的时候，在历史性的“清零”时刻，我们要勇于面对未来。

我们要把自己的一切骄傲、自满、经验和经历“清零”，“清空”，从对财富的追求转向对精神的建构，探索一代企业家成为“可能成为的人”的道路。

在这个意义上，我们必须向伟大的已经过去的 40 年致敬，然后，再出发。

16

徐少春

金蝶25年三次『蝶变』
转型重生

岛君说

徐少春，金蝶国际软件集团掌门人。20世纪80年代末，他辞掉公务员的“铁饭碗”，只身一人奔赴深圳蛇口。当年的深圳，恰逢改革开放10周年，领风气之先，东风劲吹，满目春意，处处弥漫着让人躁动的气息。这种干事创业的磁场吸引了无数年轻的不安分的灵魂，徐少春就是其中一位。

深圳历史上的一位重要人物梁湘曾说过一句话：“如果要生一千次，我愿生在这个地方；如果要死一千次，我也愿死在这个地方。”金蝶“生于斯，长于斯，成于斯”。从最初做DOS（磁盘操作系统）财务软件转向做Windows（视窗操作系统）财务软件，再从做财务软件转型做企业ERP（企业资源计划）软件，然后砸碎ERP迈向“云战略”，金蝶历经了三次“蝶变”，终于破茧而飞，成为中国企业服务市场的领军者。如今，软件业流传着这样一句话：“一部金蝶创业史，半部中国软件史。”

“忆往昔峥嵘岁月稠。”25年创业历程，在徐少春看来，真正的蝶变就是找回真己。真己，就是每个人的至善之心。徐少春说：“我内心有一种无形的力量驱动着自己前进，这个无形的力量就是——良知。”

这是一个关于成长、变化、创造和爱的故事。

01
幼时读《林海雪原》，想当少剑波

1963 年，我出生在湖南省沅江市的一个小乡村。沅江市地处洞庭湖畔，因“沅水归宿之地”而得名，享有“洞庭明珠”“江南宝地”的美誉。

我们兄弟姐妹一共 5 个人，我排行老四，是家里最小的儿子，也因此得到了更多的疼爱。那时候，家里虽然贫穷，但人穷志不能短。从小，父亲就教我们兄弟姐妹《三字经》：人之初，性本善。所以，我从那时候就相信人们内心都是善良的，是有爱心的。

我从小酷爱读书，家里没有电灯，就点着煤油灯看。外面有人来了，我就像什么事情也没有发生过。有邻居就跟我妈说：你那个小儿子是个书呆子。小时候，我最爱读《林海雪原》，梦想成为少剑波那样的英雄人物。当时，这种浪漫主义是我心中最深的情结。

因为贫穷，上高中的时候，我经常是以咸菜萝卜来填饱肚子。我告诉母亲："我一定要做金钱的主人，绝不做金钱的奴隶。"从小我就埋下了立志的种子。我创立金蝶后不久，就提出了"五子登科"（票子、房子、车子、妻子、孩子）的概念，我希望员工过上有尊严的生活，希望员工能享受公司发展带来的红利。

高考制度恢复后，父母积极鼓励我去参加高考。1979 年我 16 岁，考取了南京工学院（现东南大学）的计算机专业。当时，我是班上年龄最小的学生，有人评价说我"文质彬彬，但又锐气十足"。大学期间，我最爱读的书是法国作家罗曼·罗兰的《约翰·克利斯朵夫》，书中写道："人生所有的欢乐都是创造的欢乐：爱情、天才、行动——全靠这一团烈火迸射出来。"这句话后来成了我的座右铭。

1983 年大学毕业后，我被分配到武汉一家工厂。当时，我为工厂编写了一个工资管理小程序，大大简化了财务人员的工作。从那时起，我心中就有了帮助财务人员从"账海"中解脱出来的梦想。

02
深圳挖到第一桶金：5 万元

由于分配的工作与我并不合拍，我选择了继续深造，考取了财政部财政科学研究所，师从著名会计理论家杨纪琬先生，成为中国第一批会计电算化硕士研究生。

其间，我曾经写过一篇论文——《论会计电算化的标准化、通用化和商品化》，并把它发表在 1987 年的《电子财会》杂志上，这是我第一次在权威杂志上发表论文。论文发表后，湖北武汉无线电六厂一个即将退休的总会计师给我写了一封信：“徐教授，你这篇文章很好！我看了以后，就想着与你合办一个会计软件公司。”原来，这位会计师把我当成教授了。

当时我心想，原来还可以办一个公司来做这件事。回顾整个创业历程，这一刻，是我创业梦的起点。

1988 年，我从财政部科研所硕士研究生毕业。毕业后，我被分配到深圳市财政局预算处，但当时我女朋友章青在山东工作，于是我选择去了山东济南。而原来要去济南的那个同学，替代我去了深圳市财政局。

在济南期间，我经常去“三好电脑”逛街，琢磨着能不能办个电脑公司，推广自己研发的财务软件。在济南待了两个半月后，我感觉山东的文化氛围很保守。因为在当时的山东，办公司还是一件很难的事。这时候，我萌生了离开济南，去深圳打拼的想法。

1988 年是新中国历史上第一个“资本苏醒之年”。那时候，民间流传着“摆个小摊，胜过县官”的说法。在深圳的同学不停地给我打电话，告诉我深圳有多好：这里的女人街、跳蚤街可以买到旧衣服、旧电器，甚至很多都是进口的。30 年前物质匮乏的我们，是多么渴望更高品质的衣服和电器啊！这些使我眼前一亮，对深圳充满了好奇。当然，对我产生吸引力最大的还是深圳开放、包容的氛围，能够让我有机会创办一家属于自己的公司。

于是，我决心奔赴深圳，追寻梦想。我的导师杨纪琬先生——中国会计界泰斗、财政部会计司司长，为我写了一封推荐信，介绍我去深圳市蛇口中华会计师事务所工作。

来到蛇口，一下火车，我就看到一个指示牌——一边指向香港，另一边指向深圳。一看到香港方向，我心里马上就想到，我到了改革开放的前沿阵地。蛇口是改革开放的最前沿，当时蛇口工业区的招商局常务副董事长袁庚总揽大局，干得风生水起。袁庚提出的那句“时间就是金钱，效率就是生命”，虽引起广泛争议，却又深得人心。

当时的深圳，自 1978 年改革开放开始，已经经历了 10 年的发展，呈现出生机勃勃的景象。这一年，中国开始接入互联网，成为国际互联网大家庭中的一员；这一年，“大哥大”在深圳街头出现；这一年，深圳大亚湾核电站已开工建设一年……1988 年的深圳，处处弥漫着创业的气息，空气中蕴含着梦想、生机和活力。

在这期间，我一边工作，一边开始编写财务软件。

1991 年 5 月，我正式辞职。在去蛇口社会保险公司办理劳动保险的时候，我已经有 8 年工龄，却只领取到 360 元。这笔钱很少，但我并不觉得惋惜；我砸碎了自己的铁饭碗，义无反顾地投入到创业梦想之中去。1992 年 1 月，邓小平来深圳视察了。当时，全国上下都感觉科技的春天要来了，所以我更加坚定了创业的想法。

我向岳父借了5 000元，开始了创业生涯。尽管当时深圳的创业氛围很好，但创业并不容易，成立一家民营企业仍然很艰难。我先承包了一家电子公司的软件开发部，作为创业的过渡。

很快，我就赚到了人生第一桶金。当时，我经常去赛格市场看最新产品，因为硬件比软件更容易赚钱，我就先做起了硬件生意。这期间，同学给我介绍了一个海南客户。因是同学介绍，我对此“一百个放心”，连合同也没签，就带着30万元的电脑过去了。但去了之后，这个公司总经理百般刁难，只愿意付一半的钱。我一气之下，就把东西运回了深圳，卖给了与我有着良好合作关系的深大电话公司，挣了5万元。这在当时是一笔不小的数目，够我在会计事务所工作10年的工资了。

虽然赚了钱，但这次经历也让我摔了个大跟头，给我上了深刻的一课：做生意，一定要先签合同，规则第一。

有了第一桶金，我就开始筹备公司了。我写了65页的可行性研究报告，提交给了深圳市科技创业服务中心审批。当时的深圳市副市长亲自批准我设立民间科技企业。后来，科技局的一个干部告诉我，这是他们见过的最好的可行性报告。

1992年1月，公司正式成立，注册资金30万元。我给公司取名叫“爱普”，“爱普”反过来就是“普爱”，就是“让爱普洒人间”，英文名字叫“Accounting Process Technology”，指会计处理技术的意思。“账海无边，何处是岸？”我希望开发出一个财务软件，把财务人员从记账、做账的苦海中解脱出来。我要把爱带给所有财务人员，这是我的初心。

03
毛阿敏的歌给了“金蝶”灵感

创业的前三年是最艰难的，当时我一没有钱，二没有人才。

爱普成立之初，除了我自己，只有一名员工。我每天带着“爱普财务软件”和伙伴一起骑着自行车，逐个企业进行宣讲。如果企业不买，也可以免费试用。由于产品实用，帮助企业解决了财务报表的难题，爱普软件在财务人员那里口口相传，有口皆碑。短短几个月时间，用户就增加到了 30 多家，我和同伴忙得不可开交，也开始思考如何才能将公司规模做大。

要想在创业初期活下来，就必须做到两点：一是快速获得融资，二是获得高素质人才。做到这两点，就能解决公司的生存危机。

于是，我决定对公司进行股权改造，引进战略投资伙伴。当时社会上的创投机构还不够发达，企业更多依赖自身的人脉关系。后来，蛇口社会保险公司总经理赵勇表示了想对爱普进行投资的意愿。经过磋商，蛇口社会保险公司获得了 40% 的股权，成为爱普第一大股东。我持股 35%，是公司第二大股东。在赵勇的引荐下，美籍华人赵西燕女士也认购了公司 25% 的股权，成为公司第三大股东。股改之后，公司由“深圳爱普电脑技术有限公司”更名为“深圳远见科技发展有限公司”。

紧接着，机会来了。1992 年 10 月，中共第十四次全国代表大会在京召开，确定建立社会主义市场经济体制。会议指出，在以公有制经济为核心的前提下，要大力发展其他所有制经济。中央政策调整后，深圳加快了改革步伐，大规模引入外资公司，外企如雨后春笋般发展起来。

当时外资公司使用的财务软件都是国外的，这些软件有一个共同缺点——无法处理中文文本及人民币业务。而当时财政部规定，外资企业需要使用人民币作为企业的记账本位币。因此，在处理账务时，外资企业需要一套符合中国特点的软件。

我觉得这是一个发力点，就从这方面努力。1993 年，深圳远见科技发展有限公司推出了首个财务软件产品——“金蝶”。

为什么起“金蝶”这个名字呢？实际上是源于《思念》这首歌。在 1988 年的春晚上，毛阿敏唱了《思念》这首歌，其中有一句歌词深深打动了我：“你从哪里来，我的朋友，好像一只蝴蝶，飞进我的窗口。”再加上我从小就很喜欢罗曼·罗兰的《约翰·克利斯朵夫》，希望像里面的主人公一样，充满人道主义和英雄主义精神。于是，我想要给产品起一个很浪漫的名字——金蝶。

推出金蝶的初心就是希望能够减轻财务人员工作的艰辛。当时，很多财务人员还在使用算盘这种古老的工具来处理财会业务。我希望我们的产品能够像一只金色的蝴蝶一样，飞进当时全国 1 200 万名财务工作者的窗口，帮助他们甩掉算盘。

后来，这一理念演变成了金蝶历史上最为著名的广告语之一——“用金蝶软件，打天下算盘”。

金蝶产品投放到市场后，由于非常契合当时深圳市场上不同企业对于财务软件的需求，所以销售情况非常好。当时很多客户只记得金蝶这款产品的名字，反而不清楚公司的具体名称。很多客户打电话咨询时，开口就问：“是不是金蝶软件公司？”实际上，“金蝶”只是公司的一款产品。既然这款产品让客户如此印象深刻，为了让品牌效应的影响力最大化，我就把公司改名为“金蝶”。

04
三次对自己下手，大破大立

蝶变 1：从 DOS 财务软件到 Windows 财务软件

金蝶经历了 3 次大的转型，也就历经了 3 次蝶变。

第一次蝶变是从做 DOS 财务软件转为做 Windows 财务软件。

先前时期，财务软件都是基于 DOS 系统的。1985 年，微软推出了一款不同于 DOS 的计算机系统——Windows 1.0。相比 DOS 系统，Windows 系统有两大优势：一是增加了鼠标应用，二是可以进行多任务处理。可是直到 1994 年之前，Windows 系统都没能在中国大规模推广，因为微软一直没能推出中文版。1994 年，第一个中文版 Windows 系统登陆中国。当时，我觉得这个系统操作美观，也更加实用，体验程度远远优于 DOS 系统。我认定 Windows 系统才是未来的主流，于是就想开发一款基于 Windows 系统的财务软件。

当时，很多人认为这是一个非常危险的想法。因为 Windows 系统还未普及，中国大部分电脑是基于 DOS 操作系统的。而且，大部分企业的电脑配置都跟不上最新的 Windows 系统，金蝶的竞争对手也都是继续开发 DOS 系统应用的。后来美国股东赵西燕说：“美国公司的电脑都已经换成 Windows 系统了，Windows 系统是未来的发展方向。”于是，我下定决心。经过一年时间的研发，金蝶于 1995 年春节后推出了中国首款基于 Windows 操作系统的财务软件——“金蝶财务软件 For Windows 1.0 版”。随后，金蝶又不断对软件进行升级，推出了 V2.5 版本等。

新软件推出后，受到市场的热烈欢迎。新软件还被中国软件评测中心确认为中国首个优秀级 Windows 版财务软件。金蝶基于 Windows 系统的软件带动了整个软件业的升级，促进了国内财务软件由 DOS 系统向 Windows 系统的迅速转移。

技术领先的产品，带动了金蝶业务的高速增长，奠定了金蝶在财务软件行业中的领先地位。1996 年下半年到 1997 年年初，是金蝶销售部员工最为忙碌的时候，他们每天几乎都要加班到晚上 10 点以后，坐末班公交车回家。这段时间被金蝶的销售人员称为

"最美好的时光"。

蝶变 2：从财务软件迈向 ERP 系统

1997 年到 2008 年，是金蝶的第二次转型期，从开发财务软件转向开发企业 ERP 系统。

1997 年是中国 ERP 行业的转折点，在此之前，国内的 ERP 市场主要被跨国公司垄断，其中德国 SAP（思爱普）、美国四班软件、美国甲骨文等公司占据着 ERP 高端市场。随着信息化的发展，国内财务软件企业不甘心落于人后。于是 1998 年 6 月，八大财务软件商在北京联合召开了"向全面企业管理软件进军"的发布会。会上，我呼吁："中国财务软件公司重任在肩，可以走自己的路。"

金蝶顺应时代，开发了 K/3 ERP 产品，这是一款基于三层构架的 ERP 系统解决方案，实现了企业资金流、物流、信息流的三合一，并且融合了电子商务功能。K/3 获得了市场的良好回应。当时，珠海励致洋行董事长俞敏说："中国企业首先解决的问题是基础信息化，K/3 不像国外软件那样大而全，而是抓住了最核心的东西。"他还特别补充说："K/3 是中国人做的，更适合中国国情。"

这一时期，金蝶的成长速度非常快，业绩也很亮眼。但我无时无刻不担心公司发展，害怕一有闪失，公司就会倒下。当时的金蝶就像开了一辆跑车在高速公路上奔驰，我却战战兢兢、如履薄冰。

2001 年，金蝶在香港上市，成为内地第一家在香港上市，登陆国际资本市场的独立软件厂商。当时，国际资本市场正经历一轮寒冬，纳斯达克指数半年内下跌了四成，互联网泡沫开始破灭，互联网公司哀鸿遍野，在这样的背景下，金蝶能够顺利上市相当不易。

2002 年时，ERP 市场竞争非常激烈。在国际上，甲骨文通过一系列收购，实力大增，与 IBM、SAP、微软成为世界四大软件企业，占据着大型企业市场；国内 ERP 市场则进入了“战国时代”，很多硬件厂商开始通过整合资源，进入 ERP 市场。在低利润的中小企业市场中，国内本土企业的产品同质化非常严重。为了获得客户，国内厂商开打“价格战”，导致整体利润下滑。

金蝶希望找到属于自己的蓝海，让业务保持高速增长。当时我认为，中国软件产业之所以做不大，是因为没有形成完整的产业生态链。很多软件企业都在孤军奋战，本土企业需要带动产业生态链群发展。金蝶发布了金蝶 BOS（金蝶业务操作系统）平台，合作伙伴可以在该平台上研制具有自己品牌的管理软件，平台也可为企业进行应用定制和个性化开发。

当时，国内厂商还掀起了一场“ERP 普及风暴”，希望用标准化的 ERP 产品大面积占领市场。由于面向中小企业的产品易于安装、后期维护成本低，这些厂商的占有率大大提高。但金蝶没有这样做，我认为传统的 ERP 无法满足客户的个性化需求，金蝶应该反其道而行。

我提出了“个性化 ERP”战略，并把这一战略作为金蝶产品的蓝海战略。个性化 ERP 解决了异构系统不能有效集成、各项业务工作无法标准化和规范化、企业个性化需要无法满足的行业顽疾。于是，金蝶的“个性化 ERP”战略在竞争对手“ERP 普及化”的攻势中，杀出了一条血路，铺垫了金蝶的光明前景。

蝶变 3：从 ERP 系统转型“云战略”

金蝶的第三次转型是最艰难的，这次调整是金蝶历史上最刻骨铭心的一次转型。

ERP 系统让金蝶的版图不断扩张，企业人数也在不断扩大。2008 年至 2010 年的 3 年间，金蝶的员工人数涨幅超过了一倍，总人数接近 1 万人。到了 2011 年，金蝶已经拥有 12 000 名员工了。当年上半年，金蝶收入增长了 58%，净利润同比增长了 43%，创下了历史之最。

当时，我们都很兴奋。但中国有句古话：“祸兮福所倚，福兮祸所伏。”没想到，当年 8 月半年报发布时，金蝶的股价跌了 16%，第二天跌了近 8%，第三天下跌 6.5%，连续三天的股价下跌几乎跌去了金蝶一半的市值。投资人认为金蝶业务扩张带来成本费用上升，并且担心企业管理失控。

2012 年，金蝶遭遇了史上最艰难的时刻。上半年，金蝶净亏损达到 2 亿多元。这是金蝶自成立以来首次亏损，不断攀升的人力成本几乎把金蝶逼向了生死存亡的险地。此时，金蝶在管理方面也暴露出一系列问题，出现了窃取商业机密、伪造公章、私签合同等损害公司利益的行为，有的人为了业绩制作虚假客户确认单，还有的员工缺乏保密意识，屡次发生泄密事件……

徐少春与美国前总统克林顿会面

这一年，移动互联网正在中国如火如荼地普及。而金蝶的重心却还在 ERP 系统和传统咨询服务业上，我觉得是时候调整方向了。我的想法是把公司变成一个轻公司，未来把业务更多集中在互联网、云计算等领域。就这样，金蝶拉开了公司史上最波澜壮阔的转型序幕。

我用了两三年的时间，把原来公司的 12 000 人缩减至 7 000 人左右，员工压缩近一半。这是一件非常艰难的事情，但我们不得不主动求变、主动转型。当时整个公司士气十分低落，员工不断流失，一些高管相继离职。裁掉了一些业务，公司收入也自然下滑。此时，我内心无比痛苦。

我一个人回到家里，想到了“三个坚持”。我心想，我们一定要坚持下去：坚持信念、坚持信任、坚持行动。这三个坚持，支撑我把转型进行下去。

第一是“坚持信念”。回顾多年的创业历程，我心中一直有把公司做大、做强的理想，尽管走过很多弯路，但绝不能放弃。我相信只要继续坚持下去，胜利一定会属于金蝶。我深信软件行业拥有广阔前景。我常常在公司讲，金蝶所做的是一个永恒的行业，只要地球上还有企业存在，就会有我们的身影，就会有我们发光发热的地方。金蝶人要坚持信念，坚持走正道，坚持行王道。

第二是“坚持信任”。历经艰难后，金蝶有一个高度凝聚的团队，一个高度互相信任的集体。我不再迷信“外来的和尚会念经”，而是更信任一起奋斗的兄弟姐妹。

第三是“坚持行动”。这次转型让我们冷静思考，更加认清当前形势。我们把这次转型称为二次创业，这是我们实现蜕变、重大转变的机会。我们说干就干，随时调整，快速迭代，围绕用户体验建立“小、美、快”的创新文化。

这一年 7 月，我专门请金一南将军来给金蝶讲《苦难辉煌》。听完金将军演讲之后，大家感觉我们的坚持确实是对的。其中，金一南将军讲到一个故事：

1927 年 8 月 1 日凌晨 2 时，连续三声枪响，南昌城内各处起义军应声而起，揭开了中国共产党独立领导武装斗争和创建革命军队的序幕。随后，22 000 余人的起义队伍南下，计划“先得潮汕、海陆丰，建立工农政权，后取广州，再举北伐”！

刚刚诞生的队伍信心满满，谁也没有料到，仅仅一个多月后，在敌人的疯狂反扑下，他们险些夭折——主力部队损失殆尽，朱德领导的“断后”部队成了孤军。

前进还是撤退？放弃还是坚持？留下还是离开？每个人都面临选择。

南昌起义失败后，最终有八百余人的队伍上了井冈山。他们保存住的革命火种，从此再未熄灭。朱德当时曾跟他们说过这样的话：愿意离开的可以离开，相信我的跟我走。

很多人选择了相信，有一句话说：有的人因为看见而相信，有的人因为相信而看见。因为相信，金蝶人看见了希望，这给了大家很大的鼓舞，重新点燃了金蝶人心中的梦想。我们感觉到，越是在危机时刻，越要拧成一股绳，越要坚持到底。

从那之后的 2014 年至 2015 年，金蝶开始聚焦于云战略，相继推出了“云之家”等移动办公软件，进行云转型。2014 年 5 月 4 日，我在金蝶总部参加金蝶五四青年节纪念活动。我跳上公司接待前台，砸掉了电脑，宣告一场“工作方式革命”的到来，鼓励员工采用移动办公、社交办公、共享办公和弹性办公的办公方式。

8月，我和客户一起抡起大锤砸掉了服务器，宣告成立“ERP云服务事业部”。软件是过去，云是未来。这一刻，标志着金蝶“云转型”战略开始集中发力。

2017年，我们把ERP也砸了，这是金蝶历史上最狠的一次。砸掉ERP意味着砸掉一份自己从事的事业，不仅仅是砸掉一个产品。抛开金蝶20多年的积累不说，很多企业的ERP至今仍在运行。但我们就是要自己革自己的命，让“金蝶云”全面代替传统ERP。金蝶的目标是，到2020年，云业务收入占比达到60%，成为一家真正的云计算公司。

在转型过程中，最难的是管理和文化的转型。为什么很多企业不能转型成功？其根本原因就是企业领导者不能“放下过去”，心中装满过时的经验而不自知，还津津乐道，结果给企业带来战略盲点，让企业既看不到战略转型的方向，又找不到转型的突破口。

大破才能大立，一切的快乐都是创造的快乐，金蝶人就是要有舍我其谁的精神和勇气。

05
龙场之行，牵手王阳明

2016年，我去了两次贵阳龙场。龙场在贵阳市区西北70余里，是明朝王阳明先生悟道的地方。

当时的龙场，位于丛山之中，几乎与世隔绝，生活条件极其艰苦。王阳明被贬到龙场后，想起这些年来的遭遇，日夜反思。一天夜里，他顿悟到：“圣人之道，吾性自足，向之求理于事物者误也。”这就是历史上著名的“龙场悟道”。

2016 年 6 月 19 日，我带领金蝶 42 名高管来到龙场学习。到了阳明纪念堂，主办方设计了一个“立志”的活动，每个人依次跪拜王阳明先生。当我跪拜完之后，转过身来，面对金蝶的 42 名高管，一种莫名的情感突然充斥心中，我当场给这 42 名高管跪下了。

这一跪不得了，我痛哭流涕，这些高管们也痛哭流涕，和我紧紧地抱在一起。我们很多同事都是下午 3 点多的飞机，在上飞机之前，我们就在贵阳机场旁边的一个农庄吃了中午饭。大家的话匣子都打开了，很多人说出了心里话，就连平时不太说话的技术型干部也滔滔不绝，说出了很多令人感动的话。

后来，我们又去了一次龙场。通过两次贵阳龙场之行，我找到了“走正道”的“不二法门”，这就是“致良知”。“致良知”就是走正道。这些年来，我不断地在公司提倡王阳明先生的“致良知”哲学，其核心要义就是在贵阳龙场悟到的“心即理”。王阳明所说的“心”，是一种“本心”，人的本心是光明的、至善的，但是由于受到各种“欲望”的蒙蔽，本心常常失去光明，因此需要“格物致知”，才能求到自己的“本心”，这就是王阳明所推崇的“知行合一”。

我从 2008 年开始就苦苦探索中国管理模式，坚持了十几年。

龙场之跪后，我终于醍醐灌顶，摸到了中国管理模式的“魂”。中国管理模式，就是我们每一个企业，结合中国传统文化，通过实践探索出来的一套适合自身的管理模式，让企业建立自信，建立深层次的文化自信。我认为，中国管理模式和西方管理模式的一个很大不同就在于“正心”。我们要通过“正心”引导员工走向光明。我在金蝶公司大力推行“致良知”文化，就是希望每一个金蝶人通过“正己之心”，找到本心的光明，光明就是力量。

一个人活在黑暗中是多么累啊！一个人如果不能够跳出自己“小我”的境界、画地为牢、作茧自缚，就是“不知道自己不知道”，就无法去做更大的事情。所以，转型就是要颠覆自己、改变自己，颠覆自己那些传统的观念、思维模式。

那段时间，我也经常回老家，去寻找根的力量。每次我在困难的时刻回到家乡看到父母，他们就会给予我力量。父母培育了我们，一听说他们的孩子做得不错，就感到很骄傲。我看到他们的眼睛，内心就知道，我绝不能让他们失望。

06
我仍有梦，准备再大干 30 年

2018 年 8 月 8 日，我在金蝶创立 25 周年“良知与梦想”晚会庆典上发表了《让阳光照进每一个企业》的演讲。我觉得，人就是要走向光明。我们不能在纠结、焦虑、迷茫中等待，要走出黑暗的小我世界，走向光明的大我天地。

回望 25 年创业路，我初心未改“致良知”。2018 年，我 55 岁，希望能够再为祖国健康工作 30 年，能够推动成就社会、服务民众的新商业文明。

未来的金蝶要继续坚持“致良知、走正道、行王道”，全心全意为企业服务，成为最值得托付的企业平台，与天下有志之士共商、共建、共享一个新的商业文明世界，让中国管理模式在全球崛起，让阳光照进每一个企业，让新商业文明之光普照世界。这是我如今的发心和使命。

由于去杠杆、去产能、中美贸易摩擦等内外因素，很多人对当前的经济形势不够乐观，很多企业也感觉经营压力很大。也有很多同事跟我讲，目前全国各地的 GDP 增长率都在下降，整体经济遇到很大挑战。但我不这么认为，我常常讲三句话。

第一句话是，经济不是在下行，而是在酝酿新的增长。这些年来，中国在新经济领域增长很快，传统经济转型调整是应该的。我们应该大力推动数字经济发展，加速新旧动能转换。金蝶的创新方向就是要助推这些领域的客户，帮助他们实现数字化转型。

第二句话是，不是没有市场，而是市场发生了变化。我们很多同事说，推广“云产品”的时候，大家都不知道“云”是什么，所以“云产品”没有市场。我说不是没有市场，而是市场发生了变化。我们要告诉客户“云”的价值是什么，告诉客户云产品能够帮助他们降低成本，能够催生出新的商业模式。

金蝶 25 周年晚会现场，董明珠给徐少春戴戒指

第三句话是，伟大的公司总是孕育在大变局之中。2008 年，受全球金融危机影响，中国经济也曾一度下行，但后来酝酿了互联网经济的大发展。从 2017 年开始，国内经济又面临新一轮压力，企业有所担心很正常。但我认为，中国经济正酝酿新的成长，数字经济将成为主力军。

市场是经常发生改变的，中国企业应该顺势而为。很多国外的管理模式很稳定，但到了中国市场这种不确定的环境中就失效了。所以，越来越多的中国企业开始赶超国外企业：华为超越了思科，立白从宝洁手中抢回了市场份额，国产家电开始全面崛起，国产汽车也正酝酿新的成长，金蝶在企业云服务领域也超越国外同行……

我们中国的企业家，尽管有时候口头上有些抱怨，但都特别有家国情怀。我觉得中国的企业家，特别有抱负，特别勤劳，特别能奋斗。可以说，我把我的生命献给了分分秒秒的工作，我的很多企业家朋友也是这样。有这样一群勤奋的企业家，中国经济能不发达吗？

2018 年是改革开放 40 周年，我期待国家能够创立更加公平的市场环境，让国企和民企在开放的领域公平竞争，让市场在资源配置中起决定作用，让不同所有制企业在相应的领域中发挥各自独特的优势。比如：在涉及国计民生、公共设施的领域，由国家统一规划、整体把控；在其他领域，让民营企业在市场中进一步发挥自身所长。

激发企业家的心之力，是最大的供给侧改革。2017 年 9 月，国家首次以专门文件明确了企业家精神的地位和价值，让我们企业家群体倍感振奋。国家鼓励大家讲真话、谈实情、献诤言，聆听企业家的心声，这样就能够及时发现问题、解决问题。国家政治稳定，社会就能够稳定，经济就会发展。

这是一个怎样的时代？我常说：这是一个风起云涌的时代，这是一个风雨无阻的时代，这是一个风雨同舟的时代，这是一个英雄辈出的时代。改革开放 40 年，点燃了无数中国人的梦想。“历史从不等待一切犹豫者、观望者、懈怠者和软弱者。”我们唯有无所待而兴起，与伟大祖国同频共振，去干一番伟大的事业，才能不辜负这个千年一遇的伟大时代。

17 汪潮涌

成功和伟大都是熬出来的

岛君说

汪潮涌，15岁就考入华中科技大学，19岁考入清华大学研究生班，20岁赴美留学，22岁驰骋华尔街。33岁成立公司以后成功投资了百度、搜狐、华谊兄弟、阿斯顿·马丁等200多家公司，走出了一条不一般的创业之路。

“奋斗让人生更精彩”，汪潮涌用自己的职业与创业生涯诠释着他的人生理念。从华尔街顶级投行史上最年轻的中国驻外代表，再到创办信中利资本集团，成为创投界标杆性的人物，他谱写出了精彩的人生华章。但他总是说：“我的成功除了个人的努力，还因为赶上了这个波澜壮阔的变革发展的时代。”

20年来和团队一起起早贪黑、节假日不休息地穿梭在各个行业峰会和创业公司的日子，是汪潮涌颇为自豪的，他总是说“成功和伟大都是熬出来的”。他对年轻的创业者们循循善诱：“创业需要百折不回的毅力，创业是一种苦行僧式的修行”。他对创业者们充满关怀，愿意为他们提供支持和帮助，在他看来，做投资人就要帮创业者实现梦想：“我们不但是创业者，更是造梦者，希望成就更多创业者、企业家的梦想。”

汪潮涌从来都不缺关注度，但他更愿意做个“社会企业家”，在他看来，这个称号比他投资了哪些公司，赚了多少钱更有意义。

创业、投资、奋斗、情怀、社会责任感，这几个名词贯穿了汪潮涌的人生之路，他总是在实现了一个目标以后就马不停蹄地奔向下一个目标。“做事一定要趁早，不管是上学、留学、进华尔街，还是创业、做投资。”这种夜以继日的奋斗对他来说是种享受，正如他自己所说：“我想像巴菲特那样，做投资做到八九十岁。在生活中投资，在投资中生活。生命不息，投资不止。”

01
跨越：从大山到美国

我出生在湖北省黄冈市蕲春县，“文革”期间因为父母被下放，在大别山深处度过了我的童年。

40 年前的我，还是个山区小县城的高中生，正在寒窗苦读备战高考，在当时并不算明亮的灯光下，用对未来的希望鼓励自己。读书、补课，就是我少年时代的主旋律。功夫不负有心人，1980 年，15 岁的我参加高考，考上了华中科技大学，读管理专业。当时，华中科技大学还叫华中工学院，我之所以选择管理专业，是因为那时候“四个现代化”建设非常需要管理人才。

1984 年毕业后，我考到清华大学，成为清华大学经济管理学院创院后的第一届研究生。当时，我的职业规划是这样的：用 10 年的时间完成学业，然后成为一名职业经理人。当时兼任清华管院院长的是时任国家经委的副主任，他 1985 年去美国考察时顺便给系里带回来一个公派留学的名额，而这个名额幸运地落到我头上。临行前，院长还告诉我“专业就选金融”。

“金融”这个名词对我来说是完全陌生的，可能当时的大部分中国人对这个名词都很陌生。金融究竟是什么？为什么院长会如此重视，把它看作前沿产业呢？当时的我带着好奇心，怀揣着 30 美元踏上了前往大洋彼岸之路。

就这样，1985 年，20 岁的我只身去了新泽西，在罗格斯大学商学院学习了两年的MBA（工商管理硕士）。也正是从这一年开始，我国开始允许自费出国留学，“支持留学，鼓励回国，来去自由”。

从大别山走出，这一走就到了万里之外，而我的征程才刚刚开始。

02
蜕变：投身华尔街

1985 年，中国还没有股市，大学里也几乎没有证券市场、资本市场、股票投资这些课程。刚到美国时，我连课都听不懂。于是在那一年多的时间里，我每天早上 6 点起床，看相关书籍、报纸，空闲时就追着老师和同学请教；晚上 9 点停止学习，我便换上工作服去打工，端盘子、洗碗、做焊工，能挣钱的活都干，一直到凌晨 2 点。我像一部不知辛苦的机器，夜以继日地运转。

就这样到了 1987 年，我顺利通过论文答辩，获得罗格斯大学工商管理硕士学位。

从罗格斯大学商学院毕业后，我选择投身华尔街，经过 16 轮严格面试，我有幸成为摩根大通投资银行的一员，开启了长达 11 年的“每周工作接近 100 个小时”的投行生涯，从事不动产融资与金融资产证券化工作。当时整个华尔街投行，只有三四个中国留学生。

在摩根大通的 3 年，我的视野豁然开朗，在工作中对金融自由化、混业经营等发展趋势有了较为深入的了解，并系统地学习了掉期、期货、期权、互换等金融创新产品。

1990 年，25 岁的我被标准普尔看中，成为其结构融资债券部联席董事。正如有关媒体报道的，在标普，我干了一件实实在在的“大事”：1993 年，通过数据模型与成果分析，我写了一篇名为《企业破产概率与债信变化》的论文，该文被《华盛顿邮报》《华尔街日报》等各大金融媒体转载、引用。我的这一评级标准，至今仍被众多银行和保险公司沿用。

1993 年，我以摩根士丹利高级经理的身份从纽约调任香港。两年后，我荣升为亚洲公司副总裁兼北京代表处首席代表。

在华尔街期间，我参加了各种社交与业务圈子，甚至由此认识了我一生中最敬佩的巴菲特。我永远记得第一次见到巴菲特时的场景，对方外表的平易近人和思想的深湛给了我深深的震撼。

当时，巴菲特先生跟我说的一席话，改变了我的人生，让我从一个华尔街的职业经理人变成了一个创业型的企业家，或者说是投资家。他对我说："做投资一定要相信自己的国家，中国正在高速发展，未来的投资市场前景无限。你要相信中国，就一定可以获利。"就是这次会面给了我创业的冲动和想法，使我决心创办信中利，支持当时的海归创业。

03
重启：回国创业，新的征程

"人生需要不断地去追新的事业高度。人生就如飞行，高度够的时候，只有万里晴空，浮云都在脚下。人生如逆水行舟，不进则退！要成为创造蛋糕的人，活出尊严，活出精彩！"

1998年，我放弃之前的工作，选择回国创业。1999年5月，我在国内注册成立了信中利，专司风险投资，主要服务对象就是那些无缘结识海外投资基金，又被国内金融机构拒之门外的民营高科技企业。

那时我认为，别看这些民营企业今天规模还小，未来它们一定是新经济的中坚。而我可以早早和它们并肩作战，做它们的投资人和伙伴，这是我的幸运。但那时，听得进去我这番理念的人很少。相比如今"全民PE（私募股权投资）"，当年的中国是创投的荒漠。如果说拓荒投行业务是在草地上种树，那搞创投就是在盐碱地上种树，中国当时没有 LP（有限合伙人），得不到银行融资。

那时候最难的是“两头空”：一头是创业板没有开，法人股没有流通，并购市场不成熟，在国内没有退出通道；另一头，国内也没有募集资本的渠道。于是，我将模式变成了“两头在外”，去欧洲找财团募集资本，带着中国企业去国外上市。

我出国的时候，还是一个不满 20 岁的学生，对中国商界的一切都未曾感受，再加上创业之初的艰难，令我的确产生了一种类似“苦行僧”的感触。过去在华尔街，我是行必坐头等舱，宿必住五星级酒店。可是和国内的民营企业家去海外融资，我总是坐经济舱，住汽车旅馆，尽可能替客户省钱。

不光如此，每次出行，我还要负责准备材料、预订酒店、安排出租车，在投资银行家的身份之外我给自己再附带上一大堆诸如秘书、司机、翻译、导游等职务，为客户提供全方位的服务。

我和客户的关系不止于工作，我喜欢和客户交朋友，不仅帮他们在管理和团队上提意见，还将感情带入生活层面，结伴出行、无话不说。除了最后让水沸腾的那 1 度——股票上市需要证券商去做，政策环境能让我做的，我做到了 99 度。

同时，“吃苦耐劳、心智健康、非常有活力与感染力”也是我对团队成员的基本要求。

我会将公司会议地点安排在登山路上，例如爬泰山。目的是让团队体验如何以“责任重于泰山”的态度去管理基金，体验如何脚踏实地、一步一步地登上南天门，最后站在玉皇顶上，感受什么是“会当凌绝顶，一览众山小”的豪情。

那些年，我还曾在海外募资，比如向当时硅谷最大的互联网证券公司老板、瑞士等地的欧洲财富家族办公室讲述中国的创投机会，希望他们能够投资我们的基金。最终，我拿到了来自瑞士财富家族的第一笔风险投资。在 1999 年年底到 2002 年间，我们把这笔钱陆续投了出去。

我们的第一批投资对象，是海归代表的创业企业家中的两位：一位是张朝阳，搜狐的创始人；另一位是李彦宏，百度的创始人。当时，我创业的初衷就是要为第一批回国的创业者提供风投支持。在那之前，海归创业有两个团队，一个是小灵通团队，拿到了孙正义的投资；另一个是亚信，拿到了华平的投资。而我们信中利很荣幸地投到了搜狐和百度。再后来，我们的投资业务越做越顺利，我们投资的项目里也出现了华谊兄弟、阿斯顿·马丁、1 药网、本来生活、中诚信、居然之家、优客工场、何氏眼科、蔚来汽车等越来越多的明星企业。

近 20 年间，我们累计投了 200 多家企业，成功退出 60 多家企业。在我看来，实业家，无论是他们的坚守、他们的胸怀，还是他们的视野和成就，都让人心生敬意。作为投资人，我们需要做的就是发现这样的实业家，他们就是我们投资企业的价值所在。

一路走来，看着信中利，这个像我的孩子一样的企业，从出

信中利国际控股有限公司董事长及创始人汪潮涌做客电视栏目，畅谈投资

生、蹒跚学步，逐渐成长为 20 岁的充满活力的志向远大的青年。我可以骄傲地说，我身上的光环，是因为我身后有信中利这家机构，有我的团队，有我们投资过的 200 多家企业。

在创业这个过程中，我也看着很多和我一样的创业者，努力拼搏，走在逐梦的道路上。信中利在发展的过程中，也投资、培养过很多和信中利一样的创业企业，为它们提供资金和平台，帮助它们发展壮大。我为它们的成功和奋斗而骄傲。

作为创业型的投资人，我非常高兴看到越来越多的中国年轻人把创业作为自己的梦想。中国的改革开放，为创业者提供了制度支持。设立经济特区，设立自由贸易港，引进外资和技术，让一部分人先富起来。站在一个“老”创业者的角度，我们做企业的人又何尝不是借了变革的东风，抓住了历史的机遇呢？

04
定格：做一个“社会企业家”

“我将步入社会后的第一个 10 年奉献给了华尔街，第二个、第三个 10 年则奉献给了信中利资本。接下来我的规划是：要完成从一个商业企业家向‘社会企业家’的转变。”

西方对企业家最高级的评价就是“社会企业家”，比如比尔·盖茨、巴菲特。他们赚很多钱，但是赚钱的目的最后是捐给社会。社会企业家是用商业的眼光来看待社会问题，用商业的规则去解决问题，但他们的目的又不只是为了盈利。

2004 年 9 月，我到法国的马赛观看美洲杯帆船赛分站赛。在那座古老的欧洲城市，汇集了几千条各式各样的游艇，其中 8 艘带着各自赞助商广告的帆船最引人注目。于是我想：我们能不能组建一支“中国之队”参加美洲杯帆船赛？在我看来，投资帆船比赛已经完全不同于早期那些纯商业性投资，这是对商业和社会双重效应选择的结果。通过建立“中国之队”并且参加这样的赛事来提高中国的国际品牌影响力，这样的一个契机是赞助商们所乐于见到的。

后来，我同法国的“挑战者号”船队合资成立“中国之队”，并于同年参加了在西班牙瓦伦西亚的比赛，这是拥有 165 年历史的美洲杯帆船赛上，出现的第一支中国帆船队。

帆船运动就是我回馈社会实际行动的开始。后来，我又陆陆续续做了一些践行社会责任的工作，比如：发起举办丝绸之路中国越野拉力赛；在四川大凉山、云南保山、湖北大别山、甘肃灵武、西藏、新疆等边远贫困地区开展扶贫工作；成立公益基金会；向清华大学、华中科技大学、中国留学人才基金会捐赠 2 亿多元，支持更多的人才教育和发展项目；同时也在欧美同学会、全国工商联兼任大量社会职务，开展公益和社会活动。这些都成了我人生中很重要的组成部分。作为企业家，我用创业的成果回馈社会，回馈那些帮助过我的人，支持那些需要我帮助的人，这样的人生才精彩。

2015 年 11 月 27 日，北京，2015 胡润百富 16 周年庆典暨最受尊敬的企业家颁奖晚宴，在北京诺金酒店举行，汪潮涌获奖

05
写在改革开放 40 年

这 40 年，一路走来，经历了改革开放，经历了那些波澜壮阔的大时代，我们非常幸运。尤其是最近这些年，又赶上了中国进一步的改革开放，习主席描绘的新时代的蓝图，让我们感觉到青春时代的那种创业激情，对一切都充满着美好的期望。

个人的命运和国家的命运是密切相关的。40 年以前，很难想象今天的中国是什么样，中国的国力能够发展到像现在这么强大，科技水平、基础建设、人民的生活水平都发生了翻天覆地的变化。作为中国公民的一分子，我赶上了改革开放的大潮，在这个大潮里面找到了自己的位置，才有了今天这么好的做企业、做投资的机会和平台。

对于改革开放，我这些年最重要的感受就是：中国的企业家精神激励了一代又一代的创业者，他们前赴后继地从传统产业到高科技产业，再到现在的金融服务和新零售、新的服务行业，为投资者提供了很好的投资机会。我希望未来在中国的资本市场，如果真的能够出现像 BATJ（百度、阿里巴巴、腾讯、京东）这样的公司，那中国的一些专业的投资机构将会为投资人带来更好的投资回报。

作为投资人，我非常希望能够为创业者们提供助推力，能够长久地扶持企业成长。中华民族的伟大复兴，给我们带来的不仅仅是和平、安居乐业的环境、国际影响力，更重要的是给我们企业家、投资人指明了一条能够创造财富、回报社会、实现中国梦的道路。所以我希望和所有投资人、企业家携手，为中国经济发展、为回报社会做出更大的贡献。

18

刘庆峰

这件事我们坚持了19年，终于做到了

岛君说

人工智能的发展已然成为社会发展的趋势。

19年前，中国科学技术大学（以下简称中国科大）6个学生开始行动，最终组成了18个人的创业团队，创办了科大讯飞。

2017年年底，科大讯飞入选我国首批四大人工智能开放创新平台，并承建了我国首个认知智能领域的国家级重点实验室。

现在，科大讯飞是亚太地区最大的智能语音与人工智能上市公司，成功改写了由外国巨头控制的中国语音市场格局。

科大讯飞发展得如此迅速，最重要的一点就是敢于创新，不断探索，牢牢将核心技术掌握在自己手中。

人工智能发展正逢春夏之交。蓬勃之上，可见创新不止；浪潮之下，仍需笃行不倦。改革开放40载，科大讯飞勇立潮头，誓用核心技术为中国代言。

2018年5月，刘庆峰和他的团队去了MIT（麻省理工学院），和它最大的跨学科研究实验室CSAIL签订战略合作协议，共同探索人工智能研究的前沿领域和更广阔的应用前景。

MIT CSAIL 的主任达尼埃拉·鲁斯（Daniela Rus）教授评价说："科大讯飞是最具创新思维的公司，我们非常期待和你们一起在科技之旅中探索。"

得到这个评价，我很高兴。我认为，这不仅是对科大讯飞技术创新力量的认可，也是对我们背后的中国科技力量的认可。

其实在一年前，我们就得到了国际的认可。在《MIT科技评论》给出的"全球50大最具创新力企业"榜单中，科大讯飞有幸被评为全球第六、中国第一，这也是科大讯飞首次入榜。

能在全球人工智能浪潮中，用核心技术和创新力为中国代言，我们倍感荣幸！

科大讯飞诞生于世纪之交。

1999 年，我国互联网热潮兴起，创新创业的观念在全国兴盛，科大讯飞就在这股大潮中诞生。

但我们没有追逐浪潮，而是选择了尚处于发展寒冬期的人工智能。我们这么做主要基于两方面：一方面是我们内心对人工智能的热爱，另一方面是我们真切意识到语音在未来人机交互中的重要作用。

如果说创业是时代洪流的推波助澜，那么人工智能就是我们逆流而上选择的结果。

2018 年是科大讯飞创办的第 19 个年头，就像看到自己的孩子成人了一样，我的内心是自豪的。

大学生创业不易，得益于国家的高度重视与支持，国家为我们提供了良好的创业环境，同时对知识产权加大保护，这才有了我们创业团队的发展。

我们 18 个中国科大的大学生也都怀揣着一颗赤子之心，从创业开始，就立志要让中文语音技术掌握在中国人手里，让中文语音技术由中国人做到最好，我们要在智能语音与人工智能领域代表中国在国际上的发声越来越响亮。

历经 19 年的坚守与奋斗，现在，我们终于做到了。

现在，科大讯飞是亚太地区最大的智能语音与人工智能上市公司，成功改写了由外国巨头控制的中国语音市场格局。

更重要的是，我们正在着眼未来的人工智能领域全面布局。2017 年年底，我们入选我国首批四大人工智能开放创新平台，并承建了我国首个认知智能领域的国家级重点实验室。未来，我们将带着国家的信任，带着民族的期望，带着我们自己的梦想和初

1999 年年底，黄山路雪地合影

心，持续创新、引领前行！

01
我为什么喜欢爬山

很多人都知道，我喜欢爬山，全员登山也成为科大讯飞每年司庆的“保留项目”。

爬山和我们创业的过程一样：在开始缓坡处有的人会跑得很快；之后进入艰难的爬坡期会令人很难受，但坚持下来，就会由难受的状态进入通透的状态；到了山顶，就可以“一览众山小”了。

回想创业时的种种，各番场景仍是历历在目。

1998年，我还在中国科大求学，和实验室的师兄师弟们一起参加了我国的“863”项目语音合成比赛。在这次比赛中，我们研发的语音合成系统第一次使我国的语音合成评测达到了3分，这让我们很激动。

3分是什么概念呢？当时的评测采取5分制，播音员发音为5分，普通人发音为4分，3分即代表听者可以接受。也就是说，语音合成技术可以应用了。

当时，我面临着出国还是创业的抉择。但我内心的声音告诉我，这很可能就是产业爆发的前夜，如果出国，我很难在短时间内再组建一个这么好的技术团队。更重要的是，当时的中文语音市场基本上全部被外国巨头占据，我一直想改变这一点。

就这样，在改革开放走过20个年头之际，国内互联网创业热潮兴起，政府在政策、资金、舆论等多方面为年轻人提供了良好的创业环境的背景下，我们中国科大6个学生开始行动，最终组成了18个人的创业团队，创办了科大讯飞。我们立志要让中文语音技术掌握在中国人手里，让中文语音技术由中国人做到最好。

这其中，必有影响一生的抉择。后来，在和大师兄张亚勤（微软亚洲研究院创始人之一）的聊天中，我得知，当年我们创业的时候，微软中国研究院最早想挖的一批人就是我们团队的成员。

1999年，微软首次在中国设立奖学金——微软学者奖学金。当时，我们的工资大概一个月2 000元钱，而微软学者奖学金是好几万美元，这个条件很让人心动，但微软同时提出要求，让我做一个月的商务实习生。那时我们已经创业了，我们要做属于中国人自己的核心技术，所以我坚决回绝了。

这就是我们当年开始创业的大背景，大家真的都很看重这个产业。

年轻人创业充满想象力，充满激情，没有包袱，这是我非常欣赏的一点。但创业的道路从来没有一帆风顺，我们也不例外。

创业后，我们推出的第一款产品“畅言”就遭遇了滑铁卢，我们面临资金链几乎断裂、各方纷纷质疑动摇的局面。当时，我的心理压力也很大。但是，我对大家说：“如果不看好语音产业，请走人！”没办法，枯燥的技术研究就是这样，如果不是发自内心的热爱，是很难坚持下去的。这也是一种登山精神，必须要坚定目标、不改方向，才能一步步地爬到顶峰。

语音产业就是需要 10 年甚至更长的时间来进行技术积累，研究人员必须要有“甘坐板凳十年冷”的精神，所以讯飞面对的是一个有希望但无现成路径的全新产业。

好在 2001 年，讯飞开始破局。

2001 年，中国的改革开放迎来重大突破，我国正式成为世贸组织的一员，对中国所有企业来说这都是前所未有的机遇期。也正是这一年，科大讯飞获得了联想创始人柳传志先生的认可，他把联想进入风投产业后的第一单给了我们，成为我们的第一位投资者。

当时，柳传志先生到合肥签约，与我们亲切交谈到晚上11点多，他提出的“建班子、定战略、带队伍”管理三要素，是直到今天我仍在学习并应用到团队建设的重要经验。

自己搞科研，可以埋头单干，不理任何人；而要做企业，就不能这样任性。企业家必须要建班子、定战略、明方向、带好队伍。

2004年，也就是我们创业的第五个年头，在团队的共同努力下，扛着外界的压力，我们终于实现盈亏平衡，并从2005年至2007年保持了净利润130%的复合增长。

2008年，在国家对科技事业发展的大力支持下、在国家为企业创造的良好的创业环境中，经过近10年的坚守和创新，我们在深交所成功挂牌上市，也因此有幸成为中国第一家大学生创业上市公司。但我们知道，上市绝不是攀登的顶点，而是崭新的起点。

人工智能浪潮是一个伟大的历史进程，绝不可能一蹴而就。

而今讯飞置身其中，显然还未到达登顶的状态，只能说是已经开始登山，刚克服了爬坡之后的艰难，开始到慢慢适应的状态，还要继续坚定目标、一步一个脚印地踏实前行。

开放的浪潮扑面而来，永远会有更新的事物、更大的挑战，这也就意味着必须持续攀登才能勇立潮头。

我也时常鼓励我的员工们去爬山，就是想传达给他们这样的理念：每时每刻都有一个新的山峰在前面等你去征服；当你快到一个山顶时，还有另一座更大的山峰在前面，这样才有不竭的动力去前行，才有挑战的精神去创新，才能以创业者、颠覆者的激情一起共创未来。

02
没有核心科技，岂有中国强音

我记得我在上大学的时候，和很多同学说，我最兴奋的事情就是可以参加比赛，因为我们要拿第一，要超过中国最好的大学和机构，当然后来我们和它们中的大多数都在合作了。

我觉得这种不畏竞争、挑战权威、勇争第一的习惯是中国科大的基本办学理念。在科大讯飞的园区，有一座雕塑，两头牛顶着一个地球，我们现在叫它“顶天立地”，它最早叫“扭转乾坤”。这样的价值观是一路传承下来的。

在讯飞公司大厦最醒目的位置，刻着这样一句话：“燃烧最亮的火把，要么率先燎原，要么最先熄灭。”

这句话是我在2000年公司年会上说的，就是要时刻提醒自己和整个团队，梦想既然已经点燃，就要全身心地投入战斗。

在智能语音和人工智能产业中，技术革新很快，想要赢得领跑局面就必须从源头技术上保持领先。

如果我们不能保持源头核心技术创新，不能在技术上掌握主动和先进，就如同被别人掐住咽喉，既难受又危险。

创业团队在“顶天立地”像前合影

我十分赞成中国人工智能学会会长李德毅院士的观点：“今天，人工智能绝不是到了收获的秋天，而是‘春夏之交’。”

所以当下，我们还必须保持源头技术的创新，不仅要关注应用的“小波浪”，更应关注技术创新的“大波浪”。“大波浪”包括源头技术、创新的算法、配套的芯片等，而“小波浪”是指各种穿戴式设备、App（应用程序）等应用。

历史上的每一次产业浪潮，都是“大波浪”和“小波浪”的叠加模式，任何时候，国家或者行业发展都必须坚持“大波浪”和“小波浪”共同推进的原则。

科大讯飞是一家技术创新型公司，自创业之初就坚持源头核心技术创新，坚持掌握价值链的主导权，不把自己的楼房建在别人的院子里。

2017财年，科大讯飞的研发投入增长了61.5%，连续5年研发投入超过销售收入的20%。

我们相信：只有在核心技术上具备了话语权，企业才有话语权；只有国家和行业在核心技术上有影响力，这个国家才可能在全球有影响力。

正是这种要掌握源头技术的决心和对科技产业不可遏制的热爱，促使科大讯飞在语音合成、语音识别、机器翻译、医学影像、人脸识别、自动驾驶图像理解、自然语言理解等方面的国际比赛中，多次刷新全球纪录。仅2017年，科大讯飞就拿到7个国际权威赛事的“世界第一”。

此外，目前我们主持和参与制定的国家标准有2项、国际标准有1项，累计获得的国内外有效专利有260项。

以机器阅读理解挑战赛SQuAD为例，它由斯坦福大学牵头，是在国际上具有极高权威度的机器自然语言理解比赛，谷歌、脸书、IBM、微软等全球知名机构全都参加了。

微软高级副总裁沈向洋说：“真正代表未来人工智能的全球领导者，一定是最先突破了自然语言理解的机构和公司，这样的公司是最权威的。”我很认可这句话，SQuAD就是这样的比赛，10万篇英文文章，人们看完以后提问题，机器阅读完回答问题，以此证明机器的自然语言理解能力。

微软过去几年在这方面一直是全球第一，很令人尊重。但是

2017年7月，科大讯飞改写了这个历史，我们当时很高兴。

然而不到两个月，微软又重新超越了我们；但2017年11月，讯飞再次获得全球第一；到了12月，又有别的公司拿到第一；但2018年1月，我们又重回王者之位。

在2018年7月结束的“Blizzard Challenge 2018”（国际语音合成大赛2018）比赛中，在和国内外一流大学和研究院的同场竞技中，科大讯飞报送的参赛系统摘得10个测评打分项目中的9项第一，在自然度、相似度等重要指标中显示出较明显的优势，这也是讯飞获得的“十三连冠”。

与中国改革开放的宏大进程同步，包括科大讯飞在内的一批自主创业的企业也逐渐站上了国际舞台，这也就意味着我们必须参与国际竞争。但庆幸的是，我们从来就不惧怕竞争。

当年，和我一起进入中国科大的，还有13个省市的高考状元，但越有压力我越能释放自己的潜力，所以从进校第一次摸底考试开始，我就拿到了几乎所有数理学科考试的第一名。因此有人评价，说我是天生的竞技型人格。

我想不仅是我，科大讯飞人都是如此，科大讯飞最早的基因里就有对创新的追求，就有参与竞争的勇气以及用源头技术创新改变世界的决心。

如果怯于竞争，我想就不会有今天的讯飞。

在我们的战略发展中，从2018年开始，科大讯飞在全球范围内整合源头技术资源，通过鉴赏力、理解力和整合力，以全球技术整合来奠定我们未来在全球人工智能产业的领导者地位。

我们希望通过参与国际竞争和合作，用核心技术为中国代言，在世界不断发出“中国强音”，让世界聆听我们的声音。

03
“最强带货员”背后的梦想

人工智能时代正在加速到来，我们希望通过在源头技术发力，构建一个属于自己的地基。

那是不是在技术上领先就可以了呢？并不是。一定要把领先技术转化成大众切实可感受的产品，才能真正发挥技术的价值，让人们感受中国人工智能的魅力。

在 2018 年的 CES（国际消费类电子产品展览会）上，我们做了一个美国前总统奥巴马的语音合成视频，很多美国人都以为是奥巴马本人在讲话。

2018 年 1 月，在央视播出的大型纪录片《创新中国》中，我们用机器还原已故配音大师李易老师的声音，在首映式上，所有学生集体起立，大家热泪盈眶。

说到产品，最“网红”的莫过于讯飞翻译机。

大家都笑称，说我是“最强带货员”，因为我参加很多活动都会带着它，包括在全国“两会”的会议间隙与总理交流、在全国“两会”的代表通道上实测性能、在博鳌亚洲论坛上和中外嘉宾交流。

其实“带货”的不仅是我，2017 年在参加财富全球论坛答谢晚宴时，我遇到了广药集团董事长李楚源。他说，他在向外国人推荐王老吉的时候，都是“左手王老吉，右手翻译机”。这也说明我们的翻译机真的很实用。

这款机器在 2018 年 4 月发布了全新 2.0 版，它集我们的语音合成、语音识别、机器翻译、自然语言理解等核心技术于一体，可以实现中文与 33 种语言的实时互译，还支持拍照翻译和方言翻译等模式，最近它还上线了中日、中韩的离线翻译，目前可实现离线的语种达到了 4 种，是人们口袋里的“翻译官”。

这个小小的机器是我们翻译战略下被精准定位的一款产品，要帮助更多人打破语言的隔阂，实现文化的交流，也要作为战略落地的一个支点，促成人类语言大互通计划的实现。

如果回溯 10 年，回看讯飞翻译机的演进历程，我们就会发现，这一历程无疑与中国开放发展的脚步同频。

当初，我们做这款产品的初衷就是服务国家的现实需求。在推出翻译机 1.0 版本时，我们就推出汉维、汉藏翻译，就是为了促进民族交流、民族融合。

伴随着开放发展和全球化的进程，在“一带一路”倡议下，中国需与沿线国家友好往来，在“人类命运共同体”的愿景下，世界各国各民族需亲密相处。在这一过程中，语言沟通无障碍是前提，所以我们又开拓了更多语种，帮助人们无障碍地进行沟通与交流。

说得更长远一点，我们希望用人工智能技术赋能翻译行业，实现人类语言大互通，让世界感受中国科技的力量。

还记得 2018 年 1 月，我去斯坦福大学、麻省理工学院做演讲，那儿的留学生很高兴地跟我说："因为你们的翻译机，现在我们的父母敢单独出国了。"

这正是我所期望的，我们希望用一部小小翻译机，为人们解决语言沟通障碍，让人们感受到人工智能的魅力，让中国人和中国企业大胆地"走出去"，让中国在国际上的发声越来越响亮！

2018 年 7 月，在保加利亚举行的"中国——中东欧国家地方合作成果展"上，李克强总理来到科大讯飞展台前，现场体验了我们的翻译机，并自掏腰包购买，以"国礼"相赠保加利亚总理鲍里索夫。我们感到非常荣幸，这也是国家对我们极大的信任和鼓励。

我还记得，在讯飞翻译机首发时，一些媒体采用的观点是，这是一款会取代翻译官、会让同传下岗的人工智能设备。

这在一定程度上体现了一个普遍的疑问：在人工智能时代，胜出的究竟是人类还是人工智能？

《科学》杂志早在 2016 年就预测，到 2045 年，全球将有 50% 的工作岗位由人工智能机器来替代，而在中国这个数据将高达 77%。

人工智能时代正在加速到来，可能不到 2045 年就会达到这个数据。但我想说的是，在人工智能时代，不是人和人工智能的竞争，未来更强大的不是人工智能，而是掌控人工智能的人类。

我们和上海外国语学院高翻学院在 2017 年 10 月成立联合实验室。经过半年多的实验，结果令人欣喜。

该院副院长吴刚评价说，讯飞的听见系统、机器翻译对他们的翻译活动帮助很大，而他们一点不担心它会完全取代人工。

最好的模式是什么？是人机耦合、分工协作、各抒所长：用讯飞翻译机去做技能单一、简单的工作内容，而人类翻译工作者则可腾出更多精力从事更高级和有创造性的内容，在提升翻译效率的同时，去琢磨如何做到信、达、雅，如何翻译得更高级。

毫无疑问，人工智能会取代一些简单的、重复性的劳动，但同时它也会创造新的工作机会，这是大势所趋。

在我们看来，未来人工智能最有可能实现的是人机耦合模式，每个人都拥有自己的人工智能助手，创造更有价值的内容。

在改革开放进行到第 40 个年头之际，中国承诺进一步深化改革、扩大开放、持续构建“人类命运共同体”，这也就意味着，将有更多中国元素走上国际舞台、参与国际合作、贡献国际力量、连接世界各国和人民。

交流的无障碍、生产力的充分解放、创新成果的涌现和共享、全球利益的休戚与共将成为大趋势。我很高兴科大讯飞作为龙头企业之一，正在致力于这一大势，让更多人共享科技发展的成果，站在人工智能的肩膀上实现与世界的牵手，开创与人工智能同行的新时代。

04
无生态不未来

除了可以使用人工智能的产品，人们问得更多的问题是：我们能从人工智能的发展中获得什么更多的、实实在在的好处？我想对于这一点，开发者和创业者们最有发言权。

2018 年 5 月，在我们的 AIUI（全新的人机交互解决方案）3.0 发布会上，我们当场让四个开发者用这个平台来开发应用，题目有四个：“程序员字典”“我唱你猜”“新电影推荐”“会场抽奖”。开发时间从晚上 7 点半开始，8 点半就要现场展示成果。

这是真实的开发过程，我们以前进行开发可能需要几个月，后来优化变成几周，现在 1 个小时就可以完成，这极大地提升了开发者的效率、成本也就相应降低了。

人工智能时代既充满机遇与挑战，也容得下千帆竞发，因此我们想让更多人参与到人工智能竞争中去，感受人工智能的魅力。

早在 2010 年，我们就在业界率先发布了讯飞开放平台，全面开放业界领先的核心技术能力，为软硬件开发者降低集成门槛，为企业提供行业解决方案，支持开发者创业，让大家共同用人工智能建设美好世界，这也是我们真正意义上的一次“开放、共享”。

随着核心技术的提升，目前这一平台的能力也在不断提升，我们将其称之为“能力星云”。

该平台提供了声纹识别、语音合成、人脸认证等能力，同时为了让开发者更好地开发使用，我们还提供了20多种解决方案。

2018年，讯飞开放平台计划开放100项新的人工智能能力，打造人工智能全领域开放平台，不断降低创新门槛，不断提升用户体验，给消费者真正想要的；让开发者可以更好地接入平台能力，更快地开发智能产品，获得更好的创业平台。

我们要帮助更多的创业者在良好的产业生态中成就自己，我们深知，做“帝国”终有衰落的一天，只有生态才会生生不息。

我想，我们已无须讨论科大讯飞或者某企业有多少世界领先，我们要讨论的是这个产业集群将如何发展。

人工智能时代比拼的绝不是单个企业的市场，比的是产业链、比的是产业集群，所以我们要把核心技术开放出来，通过人工智能的能力平台来构建整个生态体系。

截至2018年7月，讯飞开放平台上已集聚了超过80万的活跃第三方创业团队，日均交互达到46亿次。

这是什么概念？目前在合肥，我们的人工智能平台1分钟可以为全世界300万人提供在线服务，如果我进行一次20分钟的演讲，就意味着同时有6 000万人已经在这个过程中得到了我们的服务。

我相信，这是属于科大讯飞的平台，更是属于整个人工智能产业的生态。

也会有人问我，这些开发者从何而来，中国人工智能产业发展所需的人才如何培养？

我认为对于应用型人才的培养，可以通过培训体系让现有的人工智能走下神坛，让计算机、数学专业的研究生和博士生利用半年左右的时间完成专门的课程和应用培训，以成为人工智能开发型人才。

2017年10月24日，科大讯飞上线的“AI（人工智能）大学”，是国内首个人工智能在线学习平台，面向AI兴趣爱好者、学生、个体开发者、创业者、企业级开发者等全社会泛人工智能群体，为其提供学习分享和经验交流的机会。目前，该大学已有23万学员，2018年的目标是学员人数达到50万，我们希望为中国人工智能的人才培养做更多贡献。

有了核心技术，又有了平台和人才，我们携手合作伙伴推动智能语音与人工智能技术深入教育、医疗、政法、智慧城市等多个领域，为越来越多的行业带来创新与变革。

以教育领域为例，我们针对教育全场景研发了“智考”“智学”“智课”“智校”等一系列智慧教育产品，现在已经覆盖全国1.3万多所学校，服务师生人数超过8 000万。这些产品可以实现个性化精准教学，助力因材施教。

在医疗领域，我们通过智能语音交互技术减轻医生文书压力，利用智能影像识别技术辅助医生阅片，降低阅片的漏诊率，深度切入医生工作流程，助力医疗事业发展。

在司法领域，我们研发了全球首个刑事案件智能辅助办案系统，并将其全面应用到侦查、批捕、审查、审判等各个环节，提高办案效率，助力司法公正。

在城市建设上，我们通过构建“城市超脑”，结合城市管理各领域的专家经验，打造行业领先的“互联网 + 政务服务”“智慧交通”“智慧旅游”“智慧园区”“智慧管廊”等应用服务。

人工智能在一定意义上推动了人类社会的进程，在万物互联的未来，人工智能还将深刻地影响和改变我们的生活。

可以说，正是因为开放发展的加速，科大讯飞获得了与时代共进的机遇，也正是因为持续深入的开放，科大讯飞有梦想更有信心成就产业生态的蓝图。

面向未来，在蓬勃的人工智能浪潮中，科大讯飞绝非孤独的奋斗者，我们愿和开放的中国一起，愿和志同道合的企业和伙伴一起，愿和千万科学家和开发者一起，见证因核心科技而强大的中国，见证人工智能像水和电一样造福人类，见证因为开放创新而改变的时代和每个人。

05
结语

2018 年是中国改革开放 40 周年。40 年上下求索，40 年众志成城，40 年砥砺奋进，40 年春风化雨。40 年来，中国创新速度不断加快，科技力量让世界瞩目。

科技的浪潮拍得太快，虽然我们不能准确捕捉它未来的路径和节奏，但人工智能一定是其中可窥一斑而知走向、趋势的关键一点。

在我们开启与 MIT 全新合作后的三个月，MIT 校长 L. 拉斐尔·赖夫（L. Rafael Reif）于 2018 年 8 月 9 日在《纽约时报》发了一篇社论，其中就提到中国的语音识别技术处于世界领先地位，也盛赞了中国的 5G（第 5 代移动通信网络）技术、量子计算研究等。他对中美科技之间合作的态度是合作共赢，而不是相互抵制、闭门造车。

从科技创新的角度而言，只有开放发展才能实现共赢，这一点，中国 40 年的发展已深刻阐释，科大讯飞于其中是受益者，亦是实践者。

中国的改革开放已经引起全世界的瞩目，中国的创新发展也已得到世界的认可。

在人工智能时代，中国正在科技关键领域积极进取，努力取得领先地位；在源头核心技术创新上，中国在很多方面已跟全世界并跑甚至在部分领域领跑，下一步的关键是如何强调“应用是硬道理”，在应用驱动中让数据迭代，不断进化并反复研究。

我相信，由于人工智能的数据驱动特点，由于中国的用户基础和政府应用创新方面的能力，中国一定能够赢得人工智能的未来。

心之所向，所以行之所至，我们已走过千山万水，但还需跋山涉水。

国家对科技创新企业的信任与鼓励催人奋进，在可预见的未来，科大讯飞将继续坚持源头核心技术创新，持续迭代核心技术产品，推动更多人工智能技术应用落地，实现在中国用人工智能建设美好世界的愿景。

我们相信，创新的力量只增不减，发展的道路必将永不停息，中国改革开放必将为世界做出大贡献！

19 茅忠群

方太如何靠『半部论语』成为行业老大

岛君说

方太是本土管理学界的一个典范，它根植中国优秀传统，学习西方先进经验，摸索出了独具特色的文化治企之路——“方太模式”。这背后，无比珍贵的，其实是创始人茅忠群先生以用户为上、与时代同行、与国家同频共振、坚定迈向伟大的一颗仁心与雄心。从产品到文化再到使命，方太走出了一条民族企业可资借鉴、值得自豪的路。

国家经济之间的竞争，根本上是企业家之间的竞争。在我们认真学习西方先进文明的同时，越来越多志存高远的企业家，谢绝浮躁，回归初心，踏踏实实做出让“洋品牌”佩服的好产品，探索出让外国企业点赞的商业与管理模式，打造出让所有人喜欢与尊敬的伟大品牌，在各自行业和领域成为强者、王者、遥遥领先者。这样，“我们的国”才会真正“厉害”起来。

01
我的创业之路：从“飞翔”到“方太”

先和大家聊一聊我创办方太的历程。1994 年，我从上海交通大学研究生毕业，被父亲召回了家乡慈溪一同创业。当时，我有很多道路可以选，比如出国留学、留校工作。那个时候，上海交通大学的硕士生，很少有人会选择回农村创业。有调查说，我是浙江省第一个回乡创业的名牌大学研究生。

当时，我父亲已经做到了点火枪行业的第一，人称“点火枪大王”。但是，由于点火枪的技术门槛比较低，其他人也一哄而上进行模仿，在广交会上打起了价格战，点火枪的单支出口价从 1.3 美元降到 0.3 美元。在这种情况下，我觉得介入这个行业的价值和意义都不大。所以，我和父亲协商：这个行业不理想，点火枪的整个市场就只有那么大，能不能做一个新的行业，而且做得更大一些，父亲答应了。

这之后的大半年时间，我一直在做市场调研，最终根据调研结果，选择了吸油烟机这个产品。其间，我以一个旁观者的身份去观察父亲的企业，发现了很多问题。比如，公司员工乡里乡亲的复杂关系，使有些问题处理起来很困难。

为了使新的创业尽可能避免这些问题，我向父亲提了三个要求：

（1）新公司不在这个村里，要移到慈溪市的开发区；

（2）除了我选中的一些人，老员工不能到新公司来；

（3）有关新业务的重大决策，要尽可能尊重我的想法。

父亲非常开明，加之对我从小到大的信任，他接受了我的要求。

在我调研吸油烟机市场的同时，父亲也在对微波炉市场进行调研。到最后碰头的时候，在分析出吸油烟机的三个优势因素后，我们就很快达成了共识：

（1）1994年，吸油烟机是家庭必需品，而微波炉不是；

（2）当时吸油烟机行业还没有洋品牌，但微波炉市场由日本、韩国的一些洋品牌占领。我们当然是优先选择竞争相对不激烈的行业；

（3）当时的吸油烟机正处于转型换代时期，由早期的薄型吸油烟机转型到一种深槽式、被我们叫作深型吸油烟机的新式产品。这是一个很好的机会，如果我们直接做深型吸油烟机产品，可以说是事半功倍。

我和父亲真正的分歧，是品牌名的选择。父亲以前一直用的是“飞翔”，这个品牌对他来说有感情寄托，而且在当地也有了一定的知名度，他希望我能沿用下去。

但我的想法和他的不一样。当时，我对品牌已经有了一些初步认知，总结起来有这样几点：

（1）笔画要简单；

（2）要朗朗上口；

（3）要让人能够联想到你做的行业。

在第三点上，“飞翔”就弱了一些。所以，我坚持要用新的品牌名。

后来，我们看到了杂志上刊登的一档香港节目——“方太美食广场”，我当时就坚持用“方太”。“方便太太”“方便太平”，让人怎么联想都是和厨房相关的。

方太成立于1996年，创立之初，就确立了三大定位：专业化、高端化、精品化。在“带三年，帮三年”之后，从2002年开始，我与父亲之间也基本完成了交班。

02 企业治理的“方太模式”是如何炼成的？

在方太走过的这些年中，我觉得有两个关键节点。一个是

1999年，那时吸油烟机行业爆发了价格战，走过3年高速增长期的方太，迎来了销售瓶颈期。

所有人都在问我怎么办，说不降价销售就不会有增长了，但我拒绝了。方太的高端战略才刚刚打开一条通路，如果降价跟中低端产品去厮杀，那么之前的工作成果就等于白费了。必须维持产品价格不变，同时狠抓新品研发。从国外考察回来，我们觉得为外观优雅的欧式吸油烟机安上中国芯是个出路。实践证明，当初的选择没有错。

另一个是2008年，一个在方太企业文化中具有划时代意义的年份。当年，方太在杭州湾新区的大楼，也是现在的方太园区刚刚建成，借着这个机会，我在大厅一角建了一个孔子堂，顺势慢慢为企业导入了传统文化。

从此，中华优秀传统文化成就了方太企业文化的灵魂，方太的使命、愿景、核心价值观逐渐深入人心，我们终于摸索出了属于方太的经营管理体系。下面，我就具体谈谈摸索这一体系的过程。

2000年，公司的快速增长达到了一个瓶颈，两年没有太大增长。我们分析的原因是管理滞后，于是在2000—2002年，我去中欧读了EMBA（高级管理人员工商管理硕士），在管理上引入了卓越绩效模式。也就是在中欧读完EMBA之后，我在想下一个课程应该学什么，并有了一些新的思考。西方的管理固然有它先进的一面，但单纯照搬无疑是在步别人的后尘。中国企业必须探索出自己的模式，才能具备持续不断的先发优势，实现永续经营。

1998 年 10 月 8 日，方太办公大楼奠基仪式剪彩

此时，日本的企业管理给了我一些启发。日本的企业管理和西方的企业管理有很多差异，它既吸收了西方企业管理中好的东西，又保留了日本本土文化中好的东西，二者融合得很好。所以 2004—2008 年，我在清华、北大先后学了四五年的传统文化课。听着听着，兴趣就越来越浓厚了，我觉得传统文化真是太博大精深了……但我在课堂上学习的是儒释道等纯国学，如何将其与西方的管理体系结合起来，而不是变成两张皮，对此我已经花了 10 年时间进行摸索研究。

在孔子堂读经的方太员工

这 10 年里，我一边不断深入学习、理解传统文化，一边不断总结、慢慢整理体系，最终把中华优秀传统文化与现代管理完美结合、不断升级。2017 年年底，方太发布的新版本的企业文化，在系统性、整体性、传播性与可复制性上都好多了。

至于为何用传统文化的精髓来治理企业，我觉得有句古话说得好："半部《论语》治天下。"这句话对我影响特别大，所以我们一开始就确立了将以儒家文化为核心的中华优秀传统文化与现代管理相融合，形成具有中国特色的中西合璧的方太文化体系的方向。

10 年来，我一直在企业中推行中华优秀传统文化。中华文化蕴含伟大的智慧，可以激发全体员工的归属感、使命感、敬畏感、幸福感，让企业积极承担社会责任，并获得可持续发展。我推行传统文化的过程可以概括为两步。第一步是把儒家文化的核心思想融入方太的使命、愿景、核心价值观等核心理念。

使命是一家企业存在的目的和意义。方太的使命是“为了亿万家庭的幸福”。其含义就是要提供无与伦比的高品质产品和服务，打造健康、环保、有品位的生活方式，传播中华优秀传统文化，让亿万家庭享受更加美好的生活，实现幸福美满的人生。

方太的愿景是“成为一家伟大的企业”。我从中华传统文化的视角去看企业，发现企业不仅是要满足并创造顾客需求的经济组织，还是要积极承担社会责任、不断导人向善、弘扬人类社会真善美的社会组织。

核心价值观是一家企业对是非善恶的信念。方太的核心价值观是“人品、企品、产品，三品合一”。作为一家追求伟大的企业，我们唯有修身心、尽本分、性命双修、德才兼备，才能积极承担社会责任；唯有打造最佳雇主，实现卓越管理，才能为顾客提供高品质的产品和服务。这三者相辅相成，缺一不可。

第二步是将核心理念落地，并将其转化为全体员工的思维和行为习惯。方太形成了自己的“四大践行体系”，即顾客得安心，员工得幸福，社会得正气，经营可持续。在2017年的敬业度调查中，我们取得了高于“最佳雇主”的得分，同时也成为行业内首家估值跨越百亿元的企业。

习近平总书记在十九大报告里讲道：没有高度的文化自信，

没有文化的繁荣兴盛，就没有中华民族伟大复兴。目前，方太可能在规模和体量上无法和千亿元级别的企业相提并论，但在中华文化的繁荣兴盛上，我们一定可以做出更大的贡献。

03
改革开放，中国出现了三大奇迹

2018 年是改革开放 40 周年，回想起来，我也是感慨颇多。1949 年，新中国成立，在短期内初步建立了较为完整的工业体系，在一穷二白的基础上从一个农业国家初步转型为一个工业国家。但由于长期受到西方世界的排斥，在新中国成立后近 30 年，我们的经济发展仍然处于较低的水平。1978 年，党的十一届三中全会做出实行改革开放的伟大决策，中国开始融入以西方为首的全球分工体系，中国经济开始快速发展。2001 年，中国正式加入 WTO（世界贸易组织），又进入了 10 年的经济高速发展周期。从 2012 年起，中国又进入了稳中有进、进中转强的经济发展新阶段。

我觉得，中国这 40 年通过改革开放与经济全球化所取得的成就是举世罕见的，其中最重要的是取得了三大奇迹般的成就。

一是中华文化进一步繁荣。

自 1978 年改革开放以来，中国陆续产生了邓小平理论、“三个代表”重要思想、科学发展观等与马克思列宁主义、毛泽东思想既一脉相承又与时俱进的重要思想，党的十九大又诞生了习近平新时代中国特色社会主义思想，这是马克思主义中国化的最新成果，也是对中华优秀传统文化的创新发展，是我们下一步实现中华民族伟大复兴的行动指南。

二是中国工业总产值排名世界第一。

目前，中国经济总量排名世界第二。截至 2017 年 11 月，中国工业总产值是美国的 1.6 倍，美国和欧洲的工业总产值加起来是中国的 1.25 倍。事实上，工业总产值是决定一国综合实力的最核心要素，其意义甚至超过 GDP。可以讲，全世界已经离不开中国制造。

三是 2018 年中国有望成为全球第一大消费国。

2017 年中国经济增长率为 6.9%，其中最终消费对 GDP 增长率的贡献高达 59%。日本瑞穗银行估计，2018 年中国零售额可能达到 5.8 万亿美元，有望超过美国成为全球第一大消费国。

上述三个奇迹分别代表中国改革开放 40 年取得成就的重要源泉、供给侧和需求侧，构成了中国经济强大而持久的内生动力与全球影响力。以上成就的取得主要有两个原因：一是中国共产党的正确领导，二是中国人民的勤劳与智慧。习近平主席在十九大报告中说：“文化是一个国家、一个民族的灵魂，文化兴国运兴，文化强民族强，没有高度的文化自信，没有文化的繁荣兴盛，就没有中华民族伟大复兴。”所以，奇迹的背后有一个重要源泉：中华文化。

今天，在习近平主席的领导下，当今中国在全球治理中的影响力越来越大，中华文化的影响力也将辐射全世界。到 21 世纪中叶，中国将建成富强、民主、文明、和谐、美丽的社会主义强国，实现中华民族的伟大复兴；“一带一路”经济圈成为率先消灭贫穷与战乱的文明和谐的文化圈；中华文化将逐渐为世界人民所认同和学习，并与世界各国文化互相融合，和而不同；人类命运共同体构建初步完成，人类面临的文明冲突初步得到解决。

除了这些辉煌成就，我相信，今后国家在信仰与教育、复兴中医药、遏制脱实向虚这几个方面也会有更大的改革举措。

04
下一个 10 年：迈向伟大

这些年来，方太的使命也是在与时俱进的。当初做调研的时候，我发现在整个家电高端市场，都是清一色的洋品牌。当时，我就有了一个理想：方太要么不做，要做就做家电行业中国人第一个自己的高端品牌。得益于改革开放的大势，方太从零开始，实现了持续且相对快速的增长。一直到 2008 年，我们最初的梦想初步实现，我们的产品比洋品牌的同类产品更加高端，销量更好，方太真正成了“中国高端厨电第一品牌”！

2014 年年底，在员工大会上，我正式宣布了方太的新愿景——“成为一家伟大的企业”，并把其作为下一个 20 年的梦想和初心。伟大的企业有四个特征：顾客得安心，员工得幸福，社会得正气，经营可持续。

在学习传统文化之前，我只是想做一个小而美的企业，不用太累太辛苦。而现在，我想要将方太做成一家伟大的企业，给别的企业家树立一个榜样、一个标杆。我希望更多企业家相信，根植中华优秀传统文化可以把企业做得比西方更好。

企业使命反映一个企业存在的目的和意义。原本的使命“让家的感觉更好”，我们践行了20来年，非常熟悉，也非常温暖。但“让家的感觉更好”主要是在产品体验层面，是通过提供高品质、有品位的产品让顾客对家的感觉更好。对方太的新愿景“成为一家伟大的企业”来说，仅仅提供好产品显然已经不够了，所以我们提出与伟大企业相一致的新使命“为了亿万家庭的幸福”。

我们不仅要制造高品质的产品，更要创造有意义的美善产品，还要提供有意义的幸福服务，让顾客及其家庭真正幸福安心，也将中华优秀传统文化传播给所有方太人、合作伙伴、广大顾客以及更多人。这是新使命给我们提出的新任务。

迄今为止，我们用11年时间让方太的企业规模超越了十亿元，用22年时间让其跨越了百亿元。我们打造了中国家电行业国人自己的第一个高端厨电领导品牌，用10年时间成为把中华优秀传统文化与现代企业管理相融合的企业典范，形成了具有中国特色和推广价值的方太文化体系。

我是一个平凡的人，但想做一些对国家、对社会有意义的事情，所以我相信，在未来 10 年，方太将坚定地沿着朝向伟大企业的方向前进，让千万家庭提升幸福感，让十万企业家成就伟大企业。方太将为中华文化的复兴，为“中国梦”乃至“人类命运共同体”的实现做出贡献！

20 夏华

人，要敢于与众不同

岛君说

她，出生于辽宁大连的一个农村家庭，家中兄弟姐妹五个，她最小，由于父亲在参加解放战争四平战役时受过伤，母亲成了家中最重要的劳动力。

在她 14 岁那一年，母亲因为患了气胸，突然离世，一贫如洗的家中竟然找不出一件可以为母亲送终的衣服。受了刺激的她，下定决心一定要努力学习改变命运。

当过老师，做过售货员，开过专卖店，还曾下海经商，她代表中国品牌参加国际会议，可由于她的服装品牌过于年轻而在这场大会上备受刺激。于是 2004 年，她走进大山，寻找最美的中国传统手工艺人，逐步有机会以家庭式“绣梦工坊”为单位，使很多人获得了永久脱贫的能力。

泰戈尔的《生如夏花》是她特别喜欢的一首诗，她觉得那是一首生命的赞歌。在这首诗里，她最喜欢结尾的这一段——“般若波罗蜜，一声一声。生如夏花之绚烂，死如秋叶之静美。还在乎拥有什么？”

她，就是依文集团董事长、正和岛副董事长夏华。

01
14 岁时的决心——一定要改变命运

我出生在辽宁大连的一个农村家庭，有三个哥哥，一个姐姐，五个孩子当中我是最小的。我父亲在参加解放战争的四平战役时受过伤，身体的右半部分完全失去了承重能力。打我记事起，家里真正的劳动力就一直是我母亲，几乎所有事情都是她在做。那个时候，我觉得母亲就是我的天，虽然贫穷，但只要有她在，日子就过得挺好。

但这一切都在我 14 岁那年的一个早晨被改变了。头一天夜里，母亲因为呼吸困难被送到了卫生院。第二天早晨我去卫生院看她的时候，她整个人的状况依然未见好转，但她安慰我说："没事的，孩子，你就上学去吧。"

回到学校后没多久，传达室的大爷便找到我。当时应该是预感到了什么，我的心咯噔了一下，大爷说："孩子，你赶紧上医院。"

听罢，我就急忙往卫生院跑。直到今天我都感觉，从学校到卫生院的那条路是我人生中经历的最漫长的一条路。当我见到母亲的时候，她已经去了。

我印象特别深刻的是，母亲走的时候，连一件送终的衣服都没有。那时候因为家里贫困，几个孩子的衣服都是轮着穿，母亲甚至都没有给自己做过任何一件新衣服。那天，我就对自己说，一定要让母亲穿件新衣服走。

我依稀记得邻居三奶奶家墙上挂着件崭新的寿服，便连忙找到三奶奶："奶奶，你能不能把这件衣服借给我妈妈，我希望妈妈能够穿上一件新衣服走。"已经 80 多岁的三奶奶说："好吧，你就拿走给你妈穿上吧。"

虽然当时我才 14 岁，但还是跟三奶奶写下了一张借条，我一定会还的。一年后，我们凑足了那套衣服钱，还给了三奶奶。也就是在那个时候，我给自己下了一个决心：一定要改变命运。

后来，我便努力读书，对于那个时候的我来说，这是唯一的出路。最终，我以辽宁省前三名的成绩考进了中国政法大学。大学毕业以后，我有幸获得了留校任教的机会。那段时间我父亲是最高兴的，经常跟邻里们说：我女儿在政法大学教书，我女儿教出来的都是法官，都是律师……

02
母亲的影响——“换钱不长久，换人一辈子”

在这里，我要特别讲一下母亲对我这一生的影响。

哥哥姐姐高中毕业以后就去工作了，哥哥在拖拉机厂，姐姐在师范学校，这在当时都是农村人很羡慕的工作，我们拮据的生活也有了好转。

突然有一天，母亲要求哥哥姐姐必须把工作辞了，因为那一年（1977 年）国家恢复了高考，母亲要求他们都要在家复习功课准备高考。“你们只有考上大学才能真正改变命运。”这是我那位从未读过书的母亲说给自己子女的期许，当时的我其实是非常不理解的。

后来，我的两个哥哥、一个姐姐都考上了大学，母亲便将家里所有值钱的东西都打成铺盖卷，让他们带走了。

这一下，我们刚刚好转的日子又变得拮据起来，甚至比以前更加困难。为此，我经常跟母亲抱怨：“妈，您养孩子不就是为了让他们长大赚钱过好日子吗？您这一弄，家里的日子更不好过了。”

母亲当时就说了一句话：“你还小，还不懂。换钱不长久，换人一辈子。”

当时年仅 8 岁的我是无法理解这句话的，但从母亲身上我知道了，母亲对于孩子来说有多么重要，她就是孩子这一生最重要

在中国政法大学读书时的夏华

的标杆。

我相信，很多中国母亲都是这样的，她们这一生最大的责任就是教育儿女，即使生长在大山深处、贫困农村，即使从未读过书、识过字，但依然坚持着同一个信条、同一个信念，那就是让孩子们更好，一代比一代更好。

这就是我的母亲，影响了我一辈子的那个人。

03
从大学老师到售货员——我的选择与坚持

毕业后，我在中国政法大学教了四年书。一个偶然的机会，我带着学生到福建石狮、泉州一带学习，看到了很多改革开放初期的个体户和刚刚成长起来的企业，他们给了我很大的触动。

参观完几家企业后，我们发现，很多老板连小学都没毕业，甚至很多人都没有读过书，但是他们却硬生生地站了出来，改变了自己的命运。

看着那一间间的服装工厂、制鞋工厂，以及工厂门前排起长队的加盟商，我内心突然蹦出一个念想：我要去创业。

回到学校之后，我在上交调研报告的同时也递交了辞职报告，我当时的所有家当只有一只小皮箱，这还是我上大学的时候姐姐们传下来的。

我拎着所有衣物，来到西单商场，不知道要从哪里开始，就这样在台阶上坐了整整三天。我看着来来往往的行人，研究着他们都买了些什么牌子的东西。我相信，哪个牌子多，就证明哪个品牌最受欢迎，然后我就去哪家品牌应聘做销售员。

8 个月的售货员经历，让我真正读懂了这个市场。站在柜台边上，看着迎面走来的人，我基本就能猜测出他是做什么的，包括他大概的职业背景，是公务员、大学老师、企业家，还是自由职业者……

那个时候我经常开玩笑说："我学了那么多年的犯罪心理学，今天都用在消费心理学上了。"

04
人，就要敢于与众不同

1994年的时候，所有男装都是灰蓝黑，放在柜台上让人很难辨认出品牌。因为我平日里喜欢看国外的画报，经常可以从上面找到一些时尚靓丽的元素，比如一些带小格子的彩色西装。有感于此，我便跟老板提议是不是可以借鉴这些时尚元素，做一些与众不同的衣服。那时候的人还是很保守的，这个建议直接被老板否决了，他觉得这些衣服太花哨，卖单一颜色的衣服才比较安全。

虽然建议被否决了，但我依然不死心，于是决定单干。可是我没有任何资源，便找到老板商量着跟他合作——他分出四根杆的柜台给我，如果衣服卖亏了算我的，如果赚钱了就平分。

就这样，我拥有了第一个属于我自己的四根杆的柜台。那个时候，我最多一次一根杆卖了100多件衣服，到了1999年，我第一次登上了领奖台，因为那时我成了男士西装的销售冠军。

05
创业心酸谁人知——两年未和父亲通电话

在创业的过程里，有你永远无法想象的突发困难和挫折经历。

辞职以后，我给父亲打了一个电话，告诉他我辞职了。我父亲在电话那一端沉默了好几分钟，他以为我在学校犯了什么错误，当他知道我辞职去做了售货员以后，一下子就火了。

父亲说：“想做售货员你咋不早做？咱们镇上就有供货商可以卖货！你让我供你念大学，现在大学念完了，放着好好的大学老师的工作你不干，跑去做售货员？”

我说：“爸，这只是一个过程，并不是结果。有一天，我一定会给您一个结果。”

打那以后，我跟父亲有两年多没通过电话。我没有主动给他打过电话，他也没给我打过电话。我之所以不想给父亲打电话的原因就是，我得干出个样儿来。

两年后的一个春节，我依然还是个售货员，因为当年休闲衫卖得特别火，以至于我都忘记了春节这回事。大年三十儿那晚忙完工作，我想去餐馆好好犒劳自己一顿，结果所有餐馆都关门了——过年了，大家都回家吃年夜饭去了。

回到家，家里也只有两片面包，我便自己烧了点热水打算应付一下。正在我吃面包的时候，传达室的大爷告诉我家里来电话了。那一刻，我就感觉脑子嗡了一下。

电话那头，我父亲就问了一句：“华，你吃饺子了吗？”我一下就哽咽了，我哪有饺子吃，我连顿热饭都没有呀。

但我那时不能跟父亲说这个，他都已经觉得我做了错误的选择，再让他知道我还在啃面包岂不是让他更不放心了？我咬了咬牙，说：“爸，我没吃饺子，我吃的是西餐。”

我明显感觉到父亲当时松了一口气：“看样子过得不错，都吃西餐了啊。”后来，我实在挺不住了就说：“爸，您别再问了。”

电话挂了，我自己找了个地方哭了一场。直到今天，我也没跟父亲说过这事。

06
创业心酸谁人知——对孩子心存愧疚

1999 年是我的创业爬坡期，也是在这个时候，我有了女儿。跟很多母亲不一样，我没有坐月子，在女儿大概刚刚 5 天的时候，我就开始带着她上下班了。

因为抱着女儿不方便开车，我就把她装到一个小篮子里，然后把篮子系上安全带，就这样带着她开车上班。有时候遇到急刹车，由于安全带系不牢篮子，女儿就会一下子滚下去。

因为这个，我好几次直接在马路中间把车停下来，交警看到后特别生气，就过来训斥我。这时候，我也顾不上其他：“您能帮我先把孩子抱起来吗？孩子滚到那个座底下了。”交警帮我把孩子抱起来的时候，看看我说：“您这当妈的真不容易。”

我女儿小的时候从来就不会爬，因为我怕办事的时候忘了她，就一直把她装在一个大一点的篮子或者筐里，再大一点的时候就把她放在学步车里站着。所以，她不会爬，只会挪。

大概在她六七个月大的时候，我开始让她吃盒饭了。我们公司也没有条件给她单做，我就把盒饭里的米饭压碎喂给她吃。看到女儿长大以后高高壮壮的，好多邻居就开玩笑说："你们家孩子吃什么长大的，养那么好？"我说"吃盒饭"，他们还真的买盒饭回来了。

这些年来，我真觉得挺对不起孩子的，因为工作忙真没有时间跟她在一起，几乎每天我回到家时，她就已经睡着了，等到我早晨离开的时候，她还没睡醒。我就经常给她留纸条，希望她能知道，"妈妈虽然没法陪伴你，但你不会缺少妈妈的爱"。所以，等到会写字的时候，她也给我枕头底下塞纸条。很长一段期间，我和女儿就这样用纸条进行交流。

一直以来，我最怕的就是出差。女儿小的时候，我每次出差，她都会抱着我的腿不放，因为她知道哭已经没有用了。每次都是机场的广播已经念我的名字了，我只好把她的手掰开。大一点的时候，她曾经给我写过一段话，发在了朋友圈里，我看后哭了半宿，她说：大部分跟妈妈在一起的时间，都是去机场的路上，去机场的路总是很短很短，回来的路总是很长很长。

我知道，女儿心里还是有很多的小遗憾，但是我想告诉女儿，我真的好爱好爱她。

07
创业心酸谁人知——当你想哭却不能哭的时候

创业的时候，我们在北洼路的地下室租了一间库房。每天下班的时候，我都会跟员工到库房盘点衣服，那时候看着进来的衣服越来越多，出去的衣服也越来越多，心里特别高兴。

但这种高兴没能持续太久，2004 年的那个夏天，我经历了创业以来最大的危机。

那年夏天突然下了一场暴雨，当时我还在商店卖货，库房管理人员哭着给我打电话："夏总，你快回来吧，所有库房都被淹了，水都已经到腰那么深了。"我立刻往回跑，因为暴雨，出租车开不进北洼路，我就在一个路口下车，蹚着齐腰深的水跑到了库房。

看到整个库房的衣服都泡在水里的那一刻，我什么都不管了，直接就冲进去了。当时的保安大哥被吓到了，想要拦住我："夏总，您别进去，有电会出人命的！"那时候，我哪里还顾得上出人命？唯一想做的就是赶紧跑进去捞衣服，员工看我进去了，也都一起冲了进去。

第二天，望着满地抢出来的衣服，有那么一瞬间我差点崩溃到大哭。了解服装行业的人都知道，一件好的西装，沾水就容易变形，更别说是在水里泡了那么久，根本就没法再卖了。这满地一件一件的，哪里是衣服，都是我们的血汗钱啊，几百万元就这样瞬间没了。

如果换作今天，我可以哭出来，可是当时我要压抑自己。我不能让自己哭，还有很多人等着我来拿主意，如果我就这样哭了，那么我的员工们就真的没有了念想。

事后我认识到，我们以后不能自己管理库房了，要找一家最好的物流公司，让它用最现代的方式来管理我们的库房。也正是在那一年，我开始了自己的第一个创新——做第三方物流。

于是，我带领着所有员工跑了大概 300 多个供应商的工厂，拿来了更多更好的衣服。那一年，我们又上了一个台阶，又创造了市场销售第一名的佳绩。

08
一场全球品牌大会——开启二次创业

我曾受邀参加过一场全球品牌大会，也是第一个有机会代表中国品牌在这个大会上发言的人。所以当收到大会的邀请函之后，我很高兴地就去了。

当时我以为，既然邀请我发言了，那我的座位怎么说也应该是前三排吧。但到了会场，我找了一圈愣是没有找到我的名字，最后我在倒数第二排找到了我的名字。原来，这场大会是按照品牌的年龄和历史来划分座位的。

我是第 11 个发言的，在听了前面 10 位品牌创始人的分享后，我突然意识到我的演讲稿可能出了问题。因为他们每一个人的演讲首先阐述的是自己品牌的历史，都是用 4~6 个老人的画像作为开篇，也就是说，他们每一个品牌都有数百年的历史了。

再看看我的演讲稿，就缺少了对品牌历史的阐述。当时我的

带着绣娘闯伦敦

助理就急了，直接问我："夏总，您有您爷爷的照片吗？"问题是，即便我当时拿出了我爷爷的照片也解决不了问题啊，我爷爷是个农民，他跟这事完全没关系。我想了会儿，便直接让助理在"5"后面给我加了 3 个"0"。

当"5 000"这个数字在屏幕上打了出来以后，底下很多人就乱了，很多老人家掰着手指在那里计算。随后，我的一句话让现场安静了下来。

"我知道，中国没有 5 000 年的品牌，当然全世界也没有。但我特别想说的是，中国 5 000 年的历史和文化，足以让我挺直腰杆在这里跟大家来一次平等的对话。"

说完，我的心里一下就有底气了。虽然我们创建的品牌还没有很长的历史，但我们的文化足够给我们支撑。

大会一般都是分享完了以后观众才会提问，但我还没开始讲，下面一位老人家就举手提问了："夏女士，你别拿 5 000 年吓唬我。我问你，你们有渊源吗？"

我经常说，胸怀是被委屈撑大的，智慧都是被激发出来的。那一刻，我一秒钟都没多想：

"有，而且比你们还要讲究。您应该知道《红楼梦》吧，我相信很多人都读过《红楼梦》，都从里面看到过中国家族的生活方式。《红楼梦》里面有一个故事，讲的是妙玉要给宝玉泡一杯茶，她把下雪之后梅花上粘上的雪收集起来，将雪融化烧开后泡了一杯茶，您觉得这与把红酒放在橡木桶里边，放个几十年再喝相比，哪一个更讲究呢？"

那一刻，我特别相信，虽然我是第一个代表中国品牌参加这次会议的人，但我觉得，我们中国有那么丰富的文化，有那么多老祖宗留下的讲究的东西，我们这一代人真的应该把它传承下去。

那次大会回来以后，我开始了自己的二次创业。我开始带着我们的设计师，带着我们的团队走进大山，去寻找传统的中国手工艺。

我们从苗族和布依族这两个民族开始，因为这两个民族的手工艺非常有代表性。我们的员工一个村子、一个寨子地找，在山里边一年走 39 000 多公里，去寻找那些有手艺的老人家，然后说服他们出来，用刺绣的方式来生产这些最好的时尚产品。

我们要把绣娘们的绣技、绣品从大山带到都市。

以 71 岁的潘玉珍奶奶为例，作为贵州大山里较为年长的绣娘，她靠着这种内外沟通的方式接收了很多来自城市的订单，也因此改变了全家人的命运。

截至目前，我们现在的数据库里已经有 8 000 多位绣娘了。潘奶奶现在跟我们一起在深山集市上卖她村寨里绣的那些绣片，潘奶奶今年的收入应该能有 50 万元以上了。我相信，我们可以让成千上万大山里的手艺人脱贫，让他们能够赚到钱。

09
结语

25 年前，改革开放的春风让我有机会投入创业的大潮。

2018 年是改革开放 40 周年，我特别希望能够带领更多的中国手艺人致富，让都市读懂大山，让未来读懂过去，让世界读懂中国。

21 倪润峰

我思考了整整一个冬天，得出的结论只有一个

岛君说

2018年是中国改革开放40周年，这四十年在路上，艰难困苦、玉汝于成。作为这个伟大时代的亲历者、见证者和实践者，刘体斌经历的许许多多的人和事，让他记忆犹新、深受感动。倪润峰是刘体斌的老领导，他们的感情很深。尤其是最近以来，这段感情犹如潮水放纵、奔流得越发强烈，每一天都萦绕在刘体斌的脑海，让他逐渐有了将之流淌笔尖与大家分享的冲动。

刘体斌曾在长虹公司工作三十多年，进入领导班子较早，得以有幸与时任企业掌门人倪润峰同志共事，当年近距离的言传身教和学习感悟至今令他受益匪浅。而作为他的老领导和业务导师，倪润峰在那个时代的一系列改革实践及取得的突出成就广为人知。在2018年这个特殊的年份，刘体斌深感很有必要以文字的方式来表达对倪老崇高的敬意，并以此作为一个时代的纪念，启迪今人、昭示后人。

今年是改革开放 40 周年。

40 年来，中国创造了令世界惊叹的奇迹。

40 年来，国有企业攻坚破难、脱胎换骨，成为中国经济崛起的脊梁。

40 年来，时势造英雄、英雄推时势。一批“改革闯将”“时代先锋”群星闪耀，书写了国企改革、发展、创新、开放的壮丽诗篇。

在我眼中，长虹原董事长倪润峰同志就是群星中最耀眼的一颗。作为中国改革开放的杰出代表，他为企业、行业乃至社会、国家所做出的巨大贡献，至今令人难以忘怀。

01
敬佩其解放思想、敢为天下先的勇气与担当

1978 年 12 月 13 日，在中共中央工作会议闭幕

式上，邓小平同志有一个讲话，题目是《解放思想，实事求是，团结一致向前看》。这个讲话实际上成为随即召开的十一届三中全会的主题报告。在讲话中，小平同志呼吁：干革命、搞建设，都要有一批勇于思考、勇于探索、勇于创新的“闯将”。改革开放 40 年以来，每一次重大的改革突破，都是以打破思想禁锢、解放思想为先导的，与此同时也都涌现了一大批改革闯将。1978 年以后，如果说当年小岗村那 18 户农民拉开了轰轰烈烈的“大包干”农村改革序幕，那么，其后的国有企业改革发展，同样呼唤着时代的“探路者”。改革大潮洪波涌起，“春江水暖鸭先知”，作为企业的领导者，谁率先解放思想、打破桎梏，就决定了企业不同的前途命运。

我大学毕业到长虹报到是 1984 年，正值国家农村改革大获成功，逐渐转入以搞活国有企业为主线的城市改革。1985 年，我们迎来了新厂长倪润峰的走马上任。那时，大部分的国企负责人脑子里还有比较浓厚的“官本位”思想。而作为当时电子工业部属企业中最年轻的厂长，作为改革伊始第一批厂长负责制中的一员，倪润峰一上任自身定位就显得与众不同。他是想带着职工大干一番的，压根儿就没想要在这个厂长位置上四平八稳地“混”。“厂长就是给职工找活干，给企业找效益的”，“不唯书、不唯上、只唯实”，这是当时大会小会上我们熟悉的倪总口头禅。在“个人官帽仕途”与“企业发展前途”之间，在“循规蹈矩”与“创新突破”之间，倪润峰毫不犹豫地选择了后者。其后他在带领长虹改革发展的道路上一次次打破陈规，逾越“雷池”，成了一员“敢为天下先”的国企改革发展“闯将”。

倪润峰在20世纪80年代的改革闯关“敢为天下先”最经典的案例，就是1989年引发行业内外第一次“长虹现象”大讨论的缘由：“不让你涨价你涨价，不让你降价你降价！”

1988年，中央放开价格管制，取消物价双轨制。而此时，之前对耐用消费品市场流通环节严格管制的文件却还余威尚存。但倪润峰却敏锐地意识到了突围之路。他顺风而行，在其他国内彩电厂家还没有反应过来的时候率先出手，以高于国家牌价，低于黑市的价格向工商银行提供大量彩电作为有奖储蓄奖品，为长虹起步阶段积累了第一笔宝贵的资金。

到了1989年，为抑制市场过热的抢购风，国家针对彩电行业的调控政策出台，每台彩电征收600元特别消费税。消费者一时开始观望，原本火热的彩电市场一下子降温陷入疲软。消费持续低迷让无数彩电企业备感压力。眼看工厂账上的流动资金只剩下了1 000多元，倪润峰在当年断然做出了一项惊世决定：在全国范围降价，每台让利350元，同时保证国家的税收一分不减。这是中国家电业有史以来的第一次降价。

降价的消息传出，国内同行一片哗然。他们纷纷向国家有关部门告状，称长虹严重违反国家物价政策，强烈要求上级主管部门给予严厉制裁，一时间山雨欲来风满楼。在最困难的时期，甚至有人提醒：“老倪，小心蹲班房哟！”倪润峰却不为所动，反倒亲临市场一线督战，要求销售部门加快执行。不久之后，国家出台了关于取消彩电特别消费税的决策。原来忙着奔走告状的同行厂家这才如梦初醒。当他们开始发力销售时，长虹的20万台库存彩电已经销售一空。

“世上本没有路，走的人多了也便成了路。”现在的人们可能已经很难理解，当年彩电企业自主定价销售居然会冒牢狱之灾。作为国内同行中“第一个吃螃蟹”的人，倪润峰决策前后面临的压力外人难以想象。没有将个人得失置之度外的勇气，没有为了企业生存破釜沉舟的担当，没有为了企业发展义无反顾的决心，做出这样的决策何其难也。随着国家改革开放的进程，多年后回顾这一幕，已是恍如隔世。从某种意义上讲，倪润峰当年的一系列改革发展“闯关”之举，既契合了那个时代，又在一定程度上超越了那个时代。正如今天习近平总书记讲的那样，历史从不等待一切犹豫者、观望者、懈怠者、软弱者。只有与历史同步伐、与时代共命运的人，才能赢得光明的未来。

02
敬佩其虽地处偏远，却胸怀世界的格局与谋略

多年产业界的经历，我最深的体会之一，就是一个企业领导人的格局和视野决定了企业未来之路的宽度和长度。在倪润峰同志领导工作期间，近距离的耳濡目染，我深感倪总的大格局、大

视野、大胸怀对企业发展格局的巨大影响。

长虹地处偏居西部的四川绵阳，民间素有“少不入川、老不出蜀”的说法。倪润峰对于川人传统的偏居一隅、自得其乐的“小富即安”思想深有体会。他在上任之初，就咬牙顶住重重压力，力排众议坚持抢在国家相关政策关门前夜，从日本松下引进了最新一代彩电生产线。这是当时国家批准引进的最后一条彩电生产线，也是同时期引进的国内同行业中自动化程度最高、单班生产规模最大的一条生产线。正是倪润峰的远见卓识，让长虹由此一跃从国内同行业中名不见经传的“小兄弟”跨入了第一集团军，为成就中国日后的“彩电大王”奠定了基础。

倪润峰在企业内部对于什么是“管理”有一项教科书上找不到的定义：“管理是管理者思维的管理，管理是管理者境界的管理，管理是管理者不断给自己树立更高目标的管理。”他特别重视对党和国家政策、国内外行业动态、技术潮流等信息的收集和研究，并善于从中国传统文化中汲取企业经营之道，经常从《三国演义》《红楼梦》等古典名著的故事中悟出经营之道。“大处着眼、小处着手”，“眼望着更高的目标，但要先干好手中的事”。他在企业组织开会，往往是以纵论天下政经大势开头，最后落脚到企业当前和下一步该怎么做，干部该怎么做，职工该怎么做。

——“独生子女战略。”在企业发展初级阶段，实力有限。这时，“揸开五指不如攥紧拳头”，集中资源聚焦彩电主导产业，做强做大之后“再生老二、老三”。

——“根据地战略。”从 20 世纪 80 年代中期到 20 世纪末，稳扎稳打，一步一个脚印。“先当蜀王，再占西南、辐射全国、走向世界。”企业的全球布局路线图有了清晰的规划。

——“员工能进能出、干部能上能下、收入能高能低。”严格的科学管理代替了人情管理，员工的“铁饭碗”变成了“瓷饭碗”，个人收入与绩效、与市场挂钩。20 世纪 80 年代末开始的企业“三项制度”改革、经营机制转换，在当时的内地国企，可谓石破天惊。

一系列独到的思想和观点、极具战略眼光的决策布局，配以倪润峰本人深入浅出、富有感染力的语言表达，这在当时彩电都还在普及之中、社会信息传播渠道还相对闭塞的年代，在干部员工听来感觉振聋发聩、催人猛醒，是对思维、观念的一次又一次巨大的震动、冲击和教育，使得长虹干部员工队伍很早就被引导着开阔眼界，在全国乃至全球范围进行行业对标、学习、赶超。

倪润峰深知，作为后发国家企业，闭门造车谋发展是没有出路的，用他的话说，企业“必须要打开大门、老老实实先当学生”。20 世纪八九十年代，长虹学习的对象是日本企业，不仅引进其先进的技术和设备，还注重学习其背后的技术、质量管理思想。“引进、消化、吸收、创新”，长虹开始了“十年磨一剑”的艰难跋涉。从 20 世纪 90 年代开始，随着一批优秀国内企业的崛起，倪润峰还要求干部员工不仅向国外同行学习，还要虚心向海尔、邯钢等国内企业学习，为此还一度专门成立了“学邯钢办”。正是在倪润峰的主导下，长虹从开放大门走出去到沉下心来自主创新，在自主创新中持续开放合作，与国外多家知名企业建立联合实验室，积极参与全球各大展会与技术论坛，博采世界行业优秀企业的技术和产品为我所用，企业始终保持与全球行业潮流同步的眼光和新鲜活力。

不仅如此，倪润峰还在国内证券市场起步阶段，就敏锐地抓住了这一历史机遇。1994 年 3 月 11 日，随着“四川长虹”在上交所挂牌上市，优秀的业绩激发资本市场助力长虹实力大增，次年就一鼓作气登上了中国电子百强榜首。

倪润峰的格局和谋略，使得长虹在他领导时期，抓住了彩电行业每一次发展机遇！从黑白到彩色，从卧式到立式遥控，从球面显像管到平面直角、超平、纯平，从小屏幕到大屏幕、背投超大屏幕。以至于到了 20 世纪 90 年代中期后，业内公认：“长虹的动向，彩电的方向。”

03
敬佩其“以产业报国、民族昌盛为己任”的情怀与责任

“修身、齐家、治国、平天下”，“为天地立心，为生民立命，为往圣继绝学，为万世开太平”。倪润峰祖籍山东、生长在东北、工作在四川，与同龄人一样经历了特殊的动乱年代，亲身感受了

国家的拨乱反正、改革开放。他的内心深处，饱藏着中国这一代知识分子传统的人文情怀和民族责任感。倪润峰在 1996 年 3 月 26 日发动的那场大降价，多年以后，中国企业史的研究者们仍然对其津津乐道，它被认为是标志着那个年代长虹与其他行业的民族品牌遥相呼应，率先打响了中国民族工业“收复失地”的大转折战役。

长虹原董事长倪润峰

1992 年以后，随着越来越多的跨国公司在中国市场发力，各个行业的本土品牌都面临空前的冲击，其中彩电企业经历了最艰难的苦战时刻。20 世纪 90 年代中期，长虹等企业已经具备了相当的实力。但是，由于厂家的技术和品牌力不足，在与国际品牌的竞争中始终处于下风。到了 1995 年，倪润峰在国内家电行业率先提出“以产业报国、民族昌盛为己任”的企业使命。倪润峰振臂高呼“振兴民族工业”，示范效应立显，其余国产品牌彩电也纷纷改弦更张，举起民族品牌大旗。1995 年年底，中央电视台播出专题节目《生死攸关话名牌》，引发社会各界热议。在这样的背景下，振兴民族工业既成为一个中国产业成长的战略构想，也成了一种浓厚的公众心理氛围。在无路可退的情形下，倪润峰决心在已经拥有相当的技术与质量的基础上，用自己的价格优势拼掉对方的品牌优势。事后，倪润峰说：“我思考了整整一个冬天，直到春节还在算账，考虑来、考虑去，得出的结论只有一个——不降价不行！”

经过 1995 年秋冬的谋划，长虹于 1996 年 3 月 26 日宣布：旗下彩电降价 8%~18%！长虹的这股降价风潮顿时在全国彩电市场上掀起风暴，其他国产彩电品牌随风跟进，沉寂多时的消费被彻底激活。长虹的市场占有率从年初的 22% 猛增到年底的 35%，超过所有国际品牌，市场老大地位进一步强化。到 1996 年年底，在全国彩电市场上，长虹等国产品牌已经占到了 70% 以上的市场份额。经此一役，到了 20 世纪 90 年代后期，日本家电企业逐渐失去了原有的领先优势和品牌号召力。倪润峰也由此被媒体公认为是中国家电业在改革开放浪潮中，首举大旗率众击败洋品牌，扛鼎中国民族产业崛起和领导中国家电品牌“雄起”的奋斗者！

1997 年，倪润峰当选第十五届中央委员会候补委员之后不久，在公司一次接受媒体采访的过程中，花了大段时间阐述“产业报国”的内涵：中国的崛起离不开民族品牌的崛起，中国走向世界需要一批大企业作为“名片”。作为一家大型国有企业，长虹当前的使命和责任，就是沿着跻身世界 500 强、树“百年长虹”的目标而继续努力。类似内容倪润峰在企业内外各种场合多次给周围的下属、朋友和各界人士宣讲。1998 年，倪润峰赴日本领取“日经亚洲大奖”，面对台下众多日本企业界和媒体人士，大谈中国博大精深的“天时、地利、人和”传统文化。从这个意义上，倪润峰后来已经超越了一个普通的“商人”或者平常企业家的层面。他内心浓厚的民族情结和强烈的使命感，不仅感染和触动现场听他讲话的每一个人，也深深地影响了周围的下属、员工，乃至同行和媒体。即使多年之后，提到倪润峰这份“以产业报国、民族昌盛为己任”的情怀和责任，依然让人们肃然起敬。

04
敬佩其专注技术质量，为客户创造价值的信念与执着

20 世纪末期，中国家电行业翻涌起一股炒作技术概念的暗流。

一时间，各种透支技术的概念新闻炒作满天飞，让消费者无所适从。而某些善于“忽悠”的企业，短时间内在市场上确实取得了一些意外收获。但技术专家出身的倪润峰，对于产品技术与质量，却有着近乎偏执的强调与坚持。他严令按耐不住的企业广告宣传部门：“嘴笨的不足要改进，但绝不能搞虚假宣传误导消费者”，“企业最终是靠产品说话的”。倪润峰深知，技术和质量是企业掌握竞争主动的关键，玩不得虚招，只有认认真真下“苦功夫”“笨功夫”。

与很多同行企业“重引进”但“轻消化”不同，从决策引进松下彩电生产线的那一天开始，倪润峰就督促企业技术和工艺设备部门经过无数次攻关，终于掌握了现代化全自动彩电生产线的设计和制造技术，为长虹在 20 世纪 90 年代持续快速扩大生产规模打通了现代化装备通道。“工欲善其事必先利其器”，平常提倡要过“紧日子”的倪润峰，对技术研发、升级改造的投入却非常慷慨，不吝投入。就在彩电炙手可热的 1988 年，长虹果断地减产尚在热销的金奖产品 18 寸卧式彩电，开始向市场大量投放刚研制出的国内第一台平面直角立式遥控机型，第一次引领国内彩电新潮流。

20 世纪 90 年代之后，发达国家的彩电市场逐渐开始进入大屏幕时代，25、29 寸成为市场主流。而此时，国内市场还是以 21 寸为主。倪润峰力主加快开发大屏幕彩电技术。1991 年之后，长虹选派技术骨干远赴海外建立联合实验室，不惜重金整合国内外技术资源，开发出了数款具有代表性的高端大屏幕彩电机芯。以此为平台，长虹很快推出了可与松下、东芝、索尼媲美的“红太阳一族”高端彩电系列，技术质量水平远超同时期国内其他企业同行。

在产品的品质管理上，倪润峰底气十足：“长虹的质量控制可以说是彩电行业中最严格、最严密的，不管在哪一个环节都可以保证质量。”正因如此，在后来的“3 · 26”战役中，长虹才能不无自豪地宣布：与国际一流品牌企业产品对标，它们拥有的技术，长虹拥有；它们拥有的功能，长虹具备；同样的质量，长虹具有 30% 的价格优势！ 2001 年，长虹在彩电高端市场又再度发力，推出“精显王”系列背投彩电，倪润峰因此而乐观地预言：“中国彩电业的春天即将来临！”这给当时因玩概念、低价恶性竞争后遗症而萧瑟遇冷的行业带来阵阵暖意。

05
敬佩其勤奋敬业、用实践诠释的企业家精神

1996 年秋天，倪润峰发起的民族彩电品牌绝地反击大获成功，引发国内行业和媒体第二次“长虹现象”大讨论。在总结研讨会上，我印象最深的，是与会的著名经济学家魏杰一语道破了“长虹现象”产生的实质——真正的企业家掌握了企业命运！

管理大师彼得 · 德鲁克在其代表作《创新与企业家精神》一书

中，第一次把创新和企业家精神视为企业成长的基因。“纸上得来终觉浅”，与倪总共事的日子，通过近距离的观察和学习，我感受到倪润峰用自己大量丰富鲜活的企业经营管理实践，深刻地诠释了“管理是一种实践”，直观地向我们展示了什么是企业家精神、我们需要学习怎样的企业家精神。

“创新创造”是企业家精神的核心。“管理的本质是创新。”和同时代的许多优秀企业家一样，有技术专家背景的倪润峰并没有受过系统的管理理论培训。他有时也给我们讲：“学管理不一定都要去读 MBA，在长虹，天天都有 MBA 的课堂。”但是，“不学有术”的倪润峰却具备极强的洞察力、领悟力、学习力和领导力。除了中央政策、时事新闻、传统文化，就连热播大剧也经常被他悟出管理之道、捕捉到市场商机。倪润峰经常引用某媒体主持人的一句话：“这个世界上很多看似不相关的事，其实背后都是有关联的。”例如，第一次海湾战争爆发，听到新闻的倪润峰还在出差的路上，他立即敏锐地觉察到与石油密切相关的工程塑料价格会受影响，立即指示采购部门紧急战略采购。其后不久，工程塑料价格果然大涨，仅此一项决策就为企业节约支出 2 000 多万元。欧美日的政治形势变化、中国各地秋季的玉米收成、各个年份新婚男女的数量、最近上星的电视台频道数量、国家打击走私的力度，这些都是倪润峰做出经营决策的参考。倪润峰是那种颇有战略直觉天赋的企业家，对市场的直觉以及准确的预见能力，使得他在产业的每一个转型点都能很早地意识到，并迅速地做出反应。因此，从 20 世纪 80 年代到 21 世纪初，他抓住了中国彩电行业每一次发展机遇。

“勤奋敬业”是企业家精神的底色。伟大的发明家爱迪生说：“天才就是百分之九十九的汗水加上百分之一的灵感。”作为一名优秀的企业家，倪润峰的勤奋敬业广为人知。在长虹内部，流传着两句截然不同的话：一句是“长虹没有倪润峰不行”，另一句则是“倪润峰当家让人受不了”。他讲究“事无巨细必亲躬”，即使在 20 世纪 90 年代先后因腰椎间盘突出、股骨头缺血性坏死而动过两次大手术，依然拖着病腿奔波在市场一线，巡视在生产车间，让无数顾客感动、让广大员工动容。有媒体不无钦佩地感叹：“中国彩电业的快速发展之路，是倪润峰拖着病腿带头闯出来的！”

倪润峰在管理上创造出让外界津津乐道的“倪氏二五三单元工作法”。即一年有 50% 的时间跑市场，到销售第一线掌握实情及督导销售工作，另外 50% 的时间抓企业内部管理，到研发、生产第一线指导工作。无论是在绵阳总部还是出差在外，倪润峰每天的日程表都是排得满满的，上午、下午、晚上三个单元连轴转，周末、节假日基本不休息。倪润峰这种高强度的工作节奏，宛如一个强大的磁场，在那个时代也深刻地影响了周围的人们。“猛将必发于卒伍”，倪润峰要求长虹的管理干部和各级主管必须要有市场营销经历，已经提拔的干部有“缺课”的，后面分期分批安排到销售一线“补课”。总部人员传呼机、手机被要求 24 小时开机，两次不接不回即会受到处罚。而晚上、周末召集开会则是家常便饭，原则上反馈的问题必须当天解决不许过夜。就这样，在企业掌门人的位置上，倪润峰从不惑之年干到花甲之年，19 年如一日，在云谲波诡的市场风云中奋勇搏击，一直带领广大干部员工战斗到自己退休的那一刻。

倪润峰在 2003 年 12 月 12 日央视年度经济人物颁奖现场

06
敬佩其利在当代、功在千秋的杰出贡献

桃李不言，下自成蹊。转身离去的倪润峰不带走一片云彩，只留下一段传奇。倪润峰的贡献，不仅在于提前十年让亿万中国

家庭看上了大屏幕彩电（20世纪90年代末期每三户中国家庭就有一台长虹彩电），而且其打下的人才、市场和技术等资源基础也使得企业后续发展获益良多。很大程度上，由于长虹的广告宣传效应带动，原本偏僻的四川绵阳在20世纪80年代中期之后逐渐广为人知。倪润峰时期的长虹产值、上缴利税长期占到绵阳市的半壁江山，企业营收规模增量甚至一度影响到了四川省的GDP增长，多年面向全国的各种巨额社会捐赠也突出地履行了企业社会责任。可以说，倪润峰以自己19年的努力奉献了显著的“倪润峰红利”。这是一个杰出的企业家以其企业家才能、企业家精神、企业家实践为企业、为行业、为社会、为国家创造的物质和精神双重财富。“倪润峰红利”所包含的企业理念、管理哲学、经营思想等丰富的实践经验，包括过程中的波澜起伏、收益得失，也是中国家电业乃至整个中国企业界可供传承的宝贵财富，利在当代、功在千秋！

一个时代有一个时代的使命，一个时代有一个时代的责任。倪润峰担当了一个时代压在肩上的责任，也完成了那个时代赋予的使命。他带领下的长虹作为身处充分竞争行业的一家国有龙头企业，以其强大的竞争力、凝聚力、影响力，引领了中国家电行业一个时代，受到了国内外企业同行、社会各界广泛的赞誉和尊重，注定会在中国国有企业改革、发展、创新、开放的历史上留下浓墨重彩的一页。

一个没有英雄的民族，是一个可怜的民族；一个不懂得尊重与珍惜英雄的民族，是一个可悲的民族。2018 年，在改革开放 40 周年之际，回顾倪润峰在国企改革发展中艰苦奋斗的点点滴滴，令人心潮澎湃。我要满怀敬意地向这位改革开放的杰出企业家代表致敬：

——致敬他所代表的那个时代，带给我们每个人的巨大变化！

——致敬他所代表的那个群体，在民族复兴、国家崛起进程中的杰出贡献！

——致敬他所代表的那种精神，必将激励我们在更高起点、更高层次、更高目标的新时代改革开放进程中不忘初心、砥砺奋进！

一切过往，皆为序章。在此，衷心祝愿今天的长虹继往开来，再创辉煌，书写企业改革、发展更加壮丽的新篇章！衷心期盼所有的国企锐意改革，创新发展，凸显国之重器的实力与担当，奏响改革开放、民族复兴的时代华章！

22

刘东华

我的三次觉悟

01

每个人都是昆虫，但我确信，我是一个萤火虫。

——温斯顿·丘吉尔

一个十来岁的小男孩，背着书包，走在上学路上。

春风和煦，万物生长。他一个人走在路上，走走停停，想着心事。

忽然，心里的一个念头，渐至清晰、明亮了起来。“我什么都可以跟别人换，心爱的卡片、招人待见的长相、最喜欢的小人书和小玩意儿等，都可以跟别人换。但是，唯有我的内心世界和谁都不换。”

这一发现，如一道光，照亮了一个懵懂少年的世界。多愁善感的敏感时期，不时有成长的烦恼，但他自此知道，不管外界如何变化，自己内心都有一个最美的花园、一个最大的宝藏。

要守护好它。

闲暇之时，55 岁的刘东华脑海中会浮现出小时候这一幕，每当这时，他都会心一笑。

他有坚定的信仰。“被上天拣选”的感觉让他骄傲、庄重、奋进。从此，他像一个战士，坚定地守卫着“自我”。在成年后与世界的屡次交手中，他背负的这种自我有时会成为武器，让他长驱直入；有时却成为负累，让他陷入窘境。

大学时代

但刘东华早已认定，“每个人的道路都是自己选择的，我的选择就是在‘大我’中实现‘小我’。万一‘大我’也没做好，‘小我’也做得很寒酸，那我愿赌服输，因为这是我的命”，“其实这么多年来，我行走于各类巨人之间，能够做到自信而有尊严，能够得到大家的认可和尊重，在很大程度上就是因为捍卫了自己的那颗初心”。

作为中国最具影响力的企业家杂志《中国企业家》的掌门人，他长年与中国顶级的政商人物合作、交锋。在复杂诡谲的商业江湖中，他笃信“童心统治世界”。后来，在创办生命中最重要的平台——正和岛时，他把开岛仪式定在了儿童节这天。“壁立千仞，无欲则刚。”他依然保有最初的自我。虽然回看来路，他和身边的那些巨人都已经走了很远。

终其一生，没有人能走出自己的童年，他从没有忘记在懵懂少年时顿悟的有如神启的那一刻。

02

一个人生命中最大的幸运，莫过于在他的人生中途，即在他年富力强的时候发现了自己的使命。

——斯蒂芬·茨威格

20世纪80年代是一个意气风发的时代，那时的中国百废待兴。

每个人心里都写有理想，每个人都充满家国情怀，“天下兴亡，匹夫有责”——当时在家乡《沧州日报》当记者的刘东华也抱有这样的理想。他是这家报社里最用功用力的人，写每篇稿子时，他都跟自己较劲，写了改、改了写，心里想着这是自己留给这个世界的最后一篇文章，“写完就可以死了”。

虽然笔下指点江山，但蜗居小城，“这个舞台远远承载不了他的梦想”。抱着成为《人民日报》评论员的理想，他考上了中国社科院研究生院新闻系，梦想着毕业后能走进中国记者的最高殿堂。不料，受 20 世纪 80 年代末的那场风波影响，人民日报社完全改变了对这批定向培养的研究生的态度，也许这就是命运的安排。1990 年，在导师的推荐下，他加入了中央最高财经媒体《经济日报》的评论部。

在经济日报社，刘东华遇到一个影响其一生的人——《经济日报》评论部主任冯并。冯并是中国官方媒体中最早意识到民营经济重要性的媒体人之一，正是在他的引领下，刘东华将重心从自己感兴趣的政治与宏观大势转向微观的民营经济。在此之前，时代洪流的裹挟加之个人志趣，刘东华的思索范围是家国天下，他的梦想是做一名“政治家”。他曾特别认真地写过一个北京申办 2000 年夏季奥运会的方案，竟引起《经济日报》总编辑范敬宜的高度重视，给他做了一个很长的批示。党的十三大以后，中央做出“以经济建设为中心”的决定，他还颇为纳闷儿：“那以后，我们这些关心政治的人该怎么办啊？”

一览众山小

冯并还有另一个能耐，让刘东华很是佩服：虽然身为央媒大报的领导，但他却“三教九流”“妖怪神仙”无所不交。冯并对这个头脑灵活的年轻人也很欣赏。在冯并的支持下，1993 年，刘东华创办《经济日报》“民营经济专版”，自此他开始频繁地跟企业家打交道，中国最早一代的企业家自此和他有了很多交集和故事。

在和他们接触的过程中，刘东华也渐渐发现，这些人很稀有，他们艰苦创业、激活经济、推动社会进步，是和平时代最可爱的一群人。政治家分配价值，企业家创造价值、发展经济、重建河山，应该成为最受社会尊重的群体之一。

由此发端，这个年轻人暗自将服务、陪伴，乃至引导企业家，作为自己此生矢志不渝的定位和目标。

1996 年，刘东华迎来了人生的一次转折。当时经济日报社下属的《中国企业家》杂志由于经营无方、管理混乱，日子难以为继。刘东华却出人意料地主动请求调任这个别人唯恐避之不及、烂得不可收拾的地方，接任《中国企业家》杂志总编辑，后又兼任社长。

二次创业，千难万险横亘于前。这个 33 岁的年轻人靠什么才能让杂志起死回生？当时，一位企业界大佬私下给他传经献策："东华，你现在吃的是市场饭，既然吃市场饭，就别那么要面子了。当真理和利益发生冲突的时候，立即把真理扔掉；当生存和贞操发生冲突的时候，立即把贞操扔掉。"他虽然表面点头，心里却完全不以为然，笑着对大佬说："我的贞操是只为爱情存在的。"

他把这种告诫当作耳边风，反其道而行之，一再对同事宣讲：要偏执于内容，守护媒体尊严，绝不能拿标准、原则、价值观和判断力做交易。让他自得的是，正是仰仗这种书生式的原则和坚持，数年后他的杂志成为业界最赚钱的平面媒体之一。

这时，虽然"92 派"企业家的崛起令世人瞩目，但社会公众对企业家的认知仍有不少误解、误读、误伤。在每一期为杂志撰写的卷首语中，刘东华都会不厌其烦地告诉这个世界：企业家究竟是怎样的一群人。"真正的企业家都是自愿被社会驱使的驴子"，"企业家是通过企业的价值创造，追求生命意义最大化的人。所有真正的企业家，都相当于战争年代无数次从死人堆里爬出来的将军、元帅”，“真正的企业家都是带着一群孩子赶路的妈妈，这些妈妈在带着孩子赶路的过程中，还经常遇到流氓和狼”……这些情动于衷的话常会让一些企业家红了眼眶。

爱之深，责之切。他信奉“欣赏你到骨子里，批判你到灵魂里”的原则，因此他也不吝批评、鞭策这个群体。他希望这部分人先强大起来、高贵起来，因为“国力的较量在于企业，企业的较量在于企业家”。如果这个最有行动力、影响力的群体能自我更新，弘扬企业家精神，建立群体自觉，负重前行，带领社会持续向上向善，国家岂能不变好？

他的一部分理想已经开花结果。

2006 年 12 月 8 日，刘东华联合 20 多位企业家、经济学家共同创办中国企业家俱乐部并出任执行主席，马云任首任执行理事长。这个机构以“推动企业家精神社会化，推动经济与社会的可持续发展”为追求，有着严苛的准入标准，不仅要求其成员企业业绩卓越，还要首先考量其价值观，要经所有理事一致同意才能获准入会：柳传志、马云、王健林、李书福、郭广昌……俱乐部成员在刘东华看来都是既正直又强大的商界“大家伙”。“东华有一个想法，他想做一个企业家的‘打滚中心’。这源于他对这个人群的理解。他觉得这个成功的企业人群其实是孤独的，对彼此是有需求的。但当时作为一个媒体人，他发现媒体是给不出这些东西的。”俱乐部秘书长程虹说。大众常以为这些成功企业家的生活鲜衣怒马、色彩缤纷。而刘东华看到的却经常是“栏杆拍遍，无人会，登临意”。尼采说：“唯有同类，才能理解。”

在中国企业家俱乐部成立的第三年，柳传志正式担任了这个俱乐部的理事长。在俱乐部成立之初，刘东华就一再相邀，但是他一直谢绝。那后来为什么又欣然接受了？“他确实觉得，不管是体制内还是体制外，很少有比中国企业家俱乐部更有代表性的地方了，既有影响力，又有健康的价值观。”刘东华回忆说。

做杂志，他抓的本质是内容；搞俱乐部这个公益组织，他抓的核心是价值观。刘东华认为，企业之间竞争的最高层次，是核心价值观的竞争。俱乐部是公益组织，但其密码也在于核心价值观。他定下了“先问是非，再论成败”的方向，并多次倡议整个中国商界以此为价值理念。

这一次，他又赢了。2016年5月，在俱乐部运行10年后，马云同意从柳传志手中接过主席职务。由俱乐部60位理事所领导的企业，年营业收入合计已超过4万亿元人民币。时任法国总统弗朗索瓦·奥朗德、英国首相特蕾莎·梅、瑞典首相斯特凡·勒文、加拿大总理贾斯廷·特鲁多、葡萄牙总理安东尼奥·科斯塔、马来西亚总理马哈蒂尔等纷纷造访中国企业家俱乐部，和理事们交流，而这也几乎已经成为近年各国元首与政府首脑访华议程的“必选题”。

03

我多么希望世界上有一个小岛，上面居住的全是智慧又善良的人们。

——爱因斯坦

过往的每一次出手，都成功了。

作为距离企业家最近的媒体人，刘东华认为，用创新模式服务企业家乃至千千万万的创业者有无限空间，但他所在的传统体制，成了拓展这个空间的天花板。眼看着纸媒创造的价值都被互联网蚕食，曾经让同事们引以为傲的这份杂志正在远离时代中心，而移动互联网的风口正在向目光敏锐的人揭示一个新时代的到来。

刘东华坐不住了。

2010 年年底，这位 48 岁的正局级干部辞职，再次成为一名创业者。他将那份因他而焕发新生的杂志抛在身后，去追求自己人生下半场的又一次新生。

2012 年，筹备一年后，正和岛上线。

与之前的体制内媒体、公益俱乐部不同，这是一家商业机构。刘东华站在海水中，努力适应着它的辽阔、冰冷与无常。他对这个机构所寄予的理想，依然是典型的“刘氏风格”：高蹈，决绝，情怀满溢。

作为公司首席架构师，刘东华设计了实名制、会员制、收费制、邀请制的会员登岛方式，加入正和岛的企业家被称为“岛邻”，取“千金买宅，万金买邻”之意，所有“岛邻”都要遵守正和岛的“五戒六规”，它是这个平台的价值观和准则。“五戒”是要戒除的五种行为，这些行为包括无诚信的交往、无底线的商业、无尊严的人格、无原则的行善、无良知的享乐；“六规”则是平台倡导的行为规范，这些规范包括理性地判断、建设性地表达，说话算话、恪守承诺，包容个性、尊重差异，互学互助、共建共享，不随便麻烦别人、不死缠烂打，不讨论敏感政治话题、不传播负能量。

在他的规划中，“正和岛上的所有企业家都是通过信任链连接的，是经受过考验的”。他为这个岛设定的使命就是“连接有信用的企业家，让商业世界更值得信任”。信用社交是立岛之魂，在此基础上，才会延伸出学习社交和合作社交。为此，他不惜在会员数量达到 6 000 左右时，将数名不合标准、口碑较差的会员驱逐出岛。而在应邀呼应雷军的《正和岛是谁，正和岛为什么而奋斗？》一文时，他锚定，正和岛就是中国乃至全球企业家的深度社交平台。“正和岛为商业世界更值得信任而奋斗，为最低成本、最高效率、最人可能、最好条件地实现企业家所代表的各种供需对接而奋斗，为天下没有坑人的生意、供需双方都踏实放心的全新标准模式而奋斗。”

6 年过去，借由刘东华的信念、人脉与积累，正和岛毫无疑问已成为中国最大、最有影响力的企业家社群之一。在这个平台之上，产生了诸多商业合作的成功范例，很多会员也对它在个人成长、企业转型方面提供的价值和帮助感念不已。但与每一个艰难图存的创业企业一样，它也面临着经营上层出不穷的压力与挑战。

刘东华曾对朋友谈及创业感悟，创办正和岛，如同让他重活了一次。

这一次，下了重注的他，会赢吗？一个一贯保持理想主义的媒体人创业，能取得商业上的成功吗？一个曾经的美食家，能学会做菜吗？

04

此心光明，亦复何言。

——王阳明

尽管几十年来，身边一直高手如云、将星如雨，尽管时常高朋满座、需要酬唱应答，刘东华最爱的却是一个人逛公园、想心事。那时候，内外皆静，他独与天地精神往来，人情冷暖、如烟往事与不可知的未来都可以供他反复咂摸玩味。“人间有味是清欢”，他感觉像又回到十来岁的时光，一个人走在上学路上……

在思想的世界里遨游，刘东华从来都是清高的，他曾自诩是这个世界的“精神贵族”，舍我其谁，不遑多让，直到遇见一个人。

2015年，刘东华加入阳明教育研究院组织的“企业家致良知学习小组”，开始系统修习“致良知”。打开这扇门，门后是一个新世界。

他发现，一年前他提出的“用良知驾驭资本”，多年来他一直信奉并倡导的“不伤害”“建设性”“只做益虫，不做害虫”，竟都与阳明先生的良知之说暗合道妙。而他盛年创业，自渡人生长河，所遇挫折横逆，原不过只是一场心灵的修行。

王阳明当年，历经艰难困苦，于人生低谷日夜反省，终于在一天半夜豁然大悟，认识到“圣人之道，吾性自足，向之求理于事物者误也”，史称“龙场悟道”。王阳明顿悟之时所说的那句话，归结为八个字其实就是禅宗的“本自具足，不假外求”。从最根本来说，所谓的成败荣辱、喜乐悲欢，关系的不过是自己内心的感受。

有智慧的人，人生终究会经历一个向内求的“王阳明时刻”。而这种觉悟，常常来自痛苦的磨砺与启发。“譬之金之在冶，经烈焰，受钳锤，当此之时，为金者甚苦。然自他人视之，方喜金之益精炼，而惟恐火力锤煅之不至。既其出冶，金亦自喜其挫折煅炼之有成矣。”

在刘东华看来，今时今日正是中国企业家修好自己这颗心的一个最好的炼丹炉。2018年以来，诸多大坎横亘在企业面前，成为企业经营空前的难关和挑战。一夜风雨，落花无言。但于未来，我们却有足够的理由保持乐观：中国大运初起，“神武景气”终将到来。10 年内，中国成为世界最大经济体的图景便会实现，而近中期，更大力度的实质性、系统性改革必将释放巨大红利。岁寒然后知松柏之后凋也，烧不死的是凤凰，烈火见真金。他相信，自己一辈子推动、激发与弘扬的企业家精神，将在冰与火的锻造中更加坚韧、闪光。

“我们正面临一个艰难的黄金时代，它必将是一个更了不起、更高层次、更全面的黄金时代，但是无比艰难。”刘东华说，“我相信，将来在中国商界会出现一批致良知的大榜样，不但‘人’做得好，更重要的是惠及天下的‘事’做得好。21 世纪，中国向世界输出什么？输出以良知为灵魂的中国企业家精神。通过越来越多的良知企业、良知企业家，赢得全世界对中国、中国企业、中国企业家越来越大的信任和尊敬。”

05

没有终局的成功，也没有致命的失败，重要的是继续前进的勇气。

——温斯顿·丘吉尔

与所有生命探索者一样，他是一个复杂多面的人。从天真勤力的记者到颇负盛名的媒体领导者，从慷慨热心的公益人到政商学各界的连接者，从安定的体制内官员到赤足下海的创业者，他未曾让生命有过长时间的萎顿与停歇，而是主动求变，完成了多次身份跃迁和认知升级。

也与所有有所成就者一样，他的诸多复杂际遇都奠基于初心，归结于专注。一路走来，堆砌在他身上的符号和标签众多：《中国企业家》杂志社社长、经济日报出版社社长、中国企业家俱乐部创始人、亚布力论坛联合创始人、中关村企业家顾问委员会首批成员、CCTV“经济年度人物”主任评委、品牌中国产业联盟执行主席、学习型中国促进会主席、慈传媒董事长、《中国慈善家》杂志出品人、中华慈善家联盟联合发起人、北京致良知四合院理事长……但你会发现，这些都只与一个群体有关系：企业家。

用刘东华自己的话来讲：“一个人围着一件事转，最后全世界可能都会围着你转；一个人围着全世界转，最后全世界可能都会抛弃你。”刘东华在中国企业家俱乐部的搭档、更擅长出产名言的马云也与他不谋而合，在某场活动上，这位即将隐退的企业家明星讲过类似的话：“十年前我很关心全世界，结果我的日子过得非常艰难；五年前我很关心中国的命运，我也过得很艰难；三年前我开始只关心公司，我的日子开始好起来。现在我只关心自己，日子反而过得越来越好。所以，每个人都关心好自己，把自己喜欢做的事情做好，这个世界就会好起来”。

出品人： 刘东华

编委会：

刘东华　正和岛创始人兼首席架构师

黄丽陆　正和岛执行董事、总裁

陈　为　正和岛总编辑

总策划： 陈　为　郭　龙

编辑团队：

郭　龙　赵　晨　叶正新　孙允广　夏　坤

高　军　李黎阳　潘珊珊

执行委员会：

史　船　王昆鹏　刘海燕　施星辉　杨丽英

项目支持：

曹延葳　杨学燕　苟忠伟　宋维俊　方　金

廖思渊　崔　明